A TRAJETÓRIA DE OCTAVIO FRIAS DE OLIVEIRA

A TRAJETÓRIA DE
OCTAVIO FRIAS DE OLIVEIRA

ENGEL PASCHOAL

PubliFolha

© 2007 Empresa Folha da Manhã S.A.
© 2006 Mega Brasil Comunicação - 1ª edição

Todos os direitos reservados. Nenhuma parte desta obra pode ser reproduzida, arquivada ou transmitida de nenhuma forma ou por nenhum meio sem a permissão expressa e por escrito da Empresa Folha da Manhã S.A.

PRIMEIRA EDIÇÃO
Coordenação Editorial   Eduardo Ribeiro e Marco Antonio Rossi
Pesquisa e texto de apoio   Lucila Cano
Revisão de texto   Rogério Ortega

SEGUNDA EDIÇÃO — PUBLIFOLHA
Edição   Arthur Nestrovski
Assistência editorial   Rodrigo Villela
Produção gráfica   Soraia Pauli Scarpa e Priscylla Cabral
Projeto gráfico e capa   Rita da Costa Aguiar
Foto da capa   JR Duran
Seleção de Fotos/Arquivo   Silvio Cioffi/Folha de S.Paulo
Revisão e índice onomástico   Ricardo Jensen

Dados Internacionais de Catalogação na Publicação (CIP)
(Câmara Brasileira do Livro, SP, Brasil)

Paschoal, Engel
    A trajetória de Octavio Frias de Oliveira/Engel Paschoal – 2º ed. – São Paulo : Publifolha, 2007.

    Bibliografia.
    ISBN 978-85-7402-776-0

    1. Depoimentos   2. Jornalistas – Brasil – Biografia   3. Oliveira, Octavio Frias de, 1912-
    I. Título.

07-0355   CDD-070.92

Índice para catálogo sistemático:
1. Jornalistas : Biografia e obra 070.92

A *1ª edição de* A Trajetória de Octavio Frias de Oliveira *foi publicada em 2006 pela Mega Brasil Comunicação.*

PUBLIFOLHA

Mega Brasil Comunicação,
Publicações e Eventos Ltda.
Rua. Cel. Artur de Godói, 143
04018-050 - São Paulo - SP
Tel.: 11 5573-3627/7573
www.megabrasil.com

Publifolha
Divisão de Publicações do Grupo Folha
Al. Barão de Limeira, 401, 6º andar,
CEP 01202-001, São Paulo, SP
Tel.: (11) 3224-2186/2187/2197
www.publifolha.com.br

A
FERNANDO SARONI (3/4/1929-10/6/2003), que foi reitor do Seminário Menor Diocesano, em São Carlos, interior de São Paulo, meu professor de português e de latim e um grande incentivador para que eu escrevesse. Foi ele também quem me apresentou a *Folha de S.Paulo*.

SUMÁRIO

09 **APRESENTAÇÃO**
Eduardo Ribeiro

11 **INTRODUÇÃO:**
O MEU TIPO INESQUECÍVEL DE TODOS

17 **1. ERA UM ESPETÁCULO VER OS CANHÕES ATIRANDO**

43 **2. COMEMOROU OS 20 ANOS ATRÁS DAS TRINCHEIRAS**

67 **3. COM 36 ANOS FUNDOU UM BANCO**

91 **4. DE BANQUEIRO A QUASE SEM-TUDO**

111 **5. CHEQUE SEM FUNDOS NUMA SEXTA-FEIRA, 13 DE AGOSTO**

131 **6. O OBJETIVO ERA CONFRONTAR O JORNAL** *O ESTADO DE S. PAULO*

153 **7. ANOS DE CHUMBO, ANOS DE OURO**

183 **8. NEM DOUTOR NEM JORNALISTA**

DEPOIMENTOS

- 203 Alberto Dines
- 207 Alex Periscinoto
- 210 Antonio Delfim Netto
- 213 Antônio Ermírio de Moraes
- 215 Boris Casoy
- 218 Carlos Alberto Cerqueira Lemos
- 221 Clóvis Rossi
- 226 Elio Gaspari
- 228 Fernando Henrique Cardoso
- 232 Getúlio Bittencourt
- 236 Ives Gandra da Silva Martins
- 240 Janio de Freitas
- 242 Jorge Paulo Lemann
- 244 José Sarney
- 247 José Serra
- 251 Lázaro de Mello Brandão
- 254 Mauro Salles
- 257 Olavo Egydio Setubal
- 260 Ricardo Kotscho

- 265 **AGRADECIMENTOS**
- 267 **FONTES**
- 271 **ÍNDICE ONOMÁSTICO**

APRESENTAÇÃO
Eduardo Ribeiro

Quanto mais entramos na história pessoal e empresarial de Octavio Frias de Oliveira, mais apaixonados por ela ficamos. É uma história que transborda emoção, simplicidade, determinação, ousadia, coragem, visão, serenidade e pragmatismo. A considerar os depoimentos que este livro obteve e publica de algumas das maiores personalidades de nossa história contemporânea, essa lista de adjetivos seria ainda muito maior, tal a estima, o reconhecimento e a admiração que tantos têm por ele, uma pessoa absolutamente genial na sua simplicidade.

Ter a oportunidade de editar um livro descrevendo a trajetória desse que é um dos maiores protagonistas da imprensa brasileira da segunda metade do século 20 e início do 21, mais do que uma alegria, é uma honra. Honra que, aliás, dividi prazerosamente com Engel Paschoal, autor da idéia, do roteiro e do texto e dono de um entusiasmo quase juvenil, demonstrado a cada pequena conquista que fomos amealhando desde as primeiras conversas, nas quais alinhavávamos o projeto.

Passeamos por corações e mentes, circulando pela intimidade de familiares e amigos, ouvindo histórias que o tempo tornou preciosas e poéticas, mas que, vistas na sua verdadeira dimensão, só reforçam a idéia de que o Frias, como carinhosamente o chamam, é um vencedor e foi, de fato, um bravo a vida inteira.

Perdeu cedo a mãe, amarga recordação que carregou consigo no coração para todo o sempre. Viveu privações na infância e adolescência e, depois de experimentar o sucesso ainda jovem, viu de perto o fracasso, perdendo tudo o que tinha. E aos cinqüenta anos, quando a maioria já se prepara para vestir o pijama e desacelerar, ele comprou a *Folha de S.Paulo*, provocando uma reviravolta em sua vida, fato que não o impediu, ao contrário, de fazer dela, anos depois, o maior e mais influente jornal do país.

De fato, não é pouco. Frias, forjado na adversidade, fez-se a própria têmpera do sucesso.

Avesso a homenagens, fez, por apreço aos filhos, algumas concessões – entre elas esta, de concordar com um livro que pudesse retratar seu perfil biográfico. Vai certamente se surpreender com os depoimentos, talvez sem ter a verdadeira dimensão do que ele representou para o jornalismo e para o Brasil ao construir, dia a dia, com inspiração e transpiração, o maior jornal do país, superando gigantes como *O Estado de S. Paulo* e *O Globo*.

Humilde e pragmático, se diz um "otimista sem ilusões" e um homem que já experimentou o sucesso e o fracasso. Pensa que, acima dessas vicissitudes, "o mais importante é trabalhar com afinco naquilo de que se gosta".

A Trajetória de Octavio Frias de Oliveira é uma leitura inspiradora, contemplada de boas histórias e ensinamentos de alguém que conseguiu "dar uma modesta contribuição no grande trabalho coletivo de criar riquezas, gerar empregos, fortalecer empresas e lançar novos produtos" e que atribui seu êxito "ao trabalho perseverante e a alguma sorte". Sorte que também o país teve de tê-lo, lutando com afinco para o aperfeiçoamento das instituições democráticas e pela consolidação de uma imprensa livre, pluralista e independente.

É de mencionar o carinho e o apoio que recebemos da família, dos amigos e dos colaboradores para a realização deste projeto. E cabe também um agradecimento especial à Telefônica, empresa que, reconhecendo o ineditismo, a pertinência e a oportunidade de fazer um livro sobre a vida de Octavio Frias de Oliveira, viabilizou a iniciativa.

A obra aí está, pronta para revelar ao leitor a vida de um brasileiro vencedor, que, esquecendo de si, jogou o tempo todo para a equipe e que, se perdeu batalhas, efetivamente venceu a guerra. Uma referência que o país deve cultivar.

Boa leitura!

INTRODUÇÃO
O meu tipo inesquecível de todos

Terno cinza, camisa branca, gravata cinza, cabelos brancos, óculos, olhos perscrutadores.

Calça escura, camisa branca, malha vinho (apesar do calor), cabelos brancos, óculos, olhos perscrutadores.

Até escrever este livro, tinha visto Octavio Frias de Oliveira apenas duas vezes na vida. Mais de trinta anos separavam a primeira da segunda vez. Na primeira, eu o vi a cerca de dez metros. Na segunda, a menos de um. Na primeira, não trocamos uma palavra. Na segunda, falamos por meia hora. Na primeira, eu estava na Redação da *Folha* e o vi de pé, junto de Cláudio Abramo, Antonio Pimenta Neves e Alexandre Gambirasio. Na segunda, eu estava na sala dele, no 9º andar do prédio da *Folha*, junto com Otavio Frias Filho, Lucila Cano e Eduardo Ribeiro. Na primeira, eu estava trabalhando na *Folha*. Na segunda, eu o estava entrevistando para este livro.

Meu primeiro contato com a *Folha* se deu em meados dos anos 60, bem antes de eu ouvir falar de Octavio Frias de Oliveira. Eu estudava no Seminário Menor Diocesano, em São Carlos, interior de São Paulo. Fernando Saroni, professor de português, mostrou um exemplar da *Folha*. Na primeira página havia, no título de uma chamada, a palavra "pedida". Foi a primeira vez que vi as duas: a *Folha* e a palavra. O professor usou o jornal para dar uma aula sobre neologismos. Meses depois, ali mesmo em São Carlos, fui assistir a uma palestra, se a minha memória não falha, de Flávio Barros Pinto e Emir Macedo Nogueira, que eram da *Folha*. Fiquei alucinado, ouvindo-os contar como era o jornal e que lá não trabalhavam dois jornalistas muito conhecidos na época: *Mister Cola* e *Mister Gilete*. Isso para dizer que a *Folha* não fazia algo comum: recortar notícias de outros jornais e colá-las em laudas, que eram enviadas para os linotipistas copiarem e depois serem colocadas como notícias do próprio jornal.

Dois anos depois, eu já tinha deixado o Seminário e terminava o último ano do então curso clássico em Catanduva, a quatrocentos quilômetros de São Paulo. Isso porque Urupês, minha cidade natal e a apenas trinta quilômetros de Catanduva, não tinha ainda o curso. Um amigo meu era repórter do jornal local e nós dois queríamos trabalhar na *Folha*. Soubemos que o jornal estava contratando e pegamos um ônibus para São Paulo. Depois de viajar a noite toda, descemos na rodoviária (nem sabia que o sr. Frias a havia construído, junto com o sócio Carlos Caldeira) e fomos para a *Folha*. Nenhum dos dois conhecia bem São Paulo. Nos perdemos e, no largo do Arouche, perguntamos pela localização do jornal, que, nos indicaram, já tinha ficado para trás. Fizemos uma ficha, mas infelizmente não conseguimos o emprego. Anos depois, eu entrei na *Folha*: foi quando vi o sr. Frias e ouvi falar dele pela primeira vez.

Mas estivemos sempre próximos. Bem depois de sair da *Folha* e de trabalhar em outros jornais, eu era redator de propaganda e fui trabalhar na então Norton Publicidade, na rua General Jardim, 482, no mesmo prédio onde o sr. Frias tinha a Transaco.

Nos mais de trinta anos entre essas duas vezes que o vi, Octavio Frias de Oliveira construiu com persistência e sabedoria, que inclui escolher os homens certos nos momentos certos para os cargos certos, o jornal que há mais de vinte anos se mantém como o primeiro do país. Mas, antes disso, ele já havia construído muita coisa.

Segundo Otavio Frias Filho, o pai "pertence (e graças à longevidade é um dos poucos remanescentes) a uma geração de empresários modernizadores que se projetou no pós-guerra (1945). Foram pioneiros, *self-made men*, homens dedicados a uma disciplina de trabalho, poupança e reinvestimento. Foi a primeira geração de empresários brasileiros cuja inspiração eram os Estados Unidos, não mais a Inglaterra. Foi também a primeira a empregar métodos racionais de administração, tais como planejamento associado a metas predefinidas, controle de custos, treinamento de pessoal, uso intensivo da publicidade etc.".

Nos anos 40 e 50, seu pai "esteve no âmago de duas atividades modernizadoras. Uma delas foi a das grandes incorporações imobiliárias, das quais o símbolo em São Paulo seria o Copan. O país começava a contar com um sistema bancário integrado e forte, apto a financiar projetos que se beneficiavam da urbanização acelerada. Não discuto os efeitos positivos e negativos dessa urbanização às vezes desenfreada, mas não tenho dúvida de que ela teve função de relevo na modernização do Brasil. A outra atividade inovadora foi a do então incipiente mercado de títulos, a que meu pai se dedicou por meio de uma pequena empresa chamada Transaco. Essa empresa foi uma espécie de plataforma de empreendimentos posteriores, como a estação rodoviária e a própria *Folha*".

A partir dos anos 60, Octavio Frias de Oliveira converteu um *hobby* de fim de semana numa empresa avícola de porte que teve atuação tecnológica de vanguarda no setor, tomando parte, assim, na primeira onda do que viria a ser chamado de agronegócio no Brasil. Para o filho Otavio, a transformação dos dois alqueires e meio que o pai havia comprado em 1954, em São José dos Campos, a pouco mais de 100 quilômetros de São Paulo, para passar os fins de semana, na Granja Itambi é um bom exemplo de que, na verdade, o *hobby* dele é o trabalho.

Aos cinqüenta anos de idade, Octavio Frias de Oliveira reinventou sua vida profissional ao ingressar, quase por acaso, no setor das comunicações. "À semelhança de Roberto Marinho e Victor Civita", diz Otavio, "meu pai ajudou a trazer uma mentalidade de empresa ao ambiente senhorial, pré-capitalista, da imprensa da época. As empresas jornalísticas passaram a ser menos um instrumento de poder político e prestígio mundano (quando não de negociatas) para se tornarem efetivamente empresas – voltadas a atender as demandas do público consumidor a fim de ampliar seus mercados e margens de lucro. Empresas mais profissionais propiciaram, por sua vez, a profissionalização do jornalismo, até então um trabalho irregular caracterizado por 'bicos', duplo ou triplo emprego e diletantismo."

Há uns vinte anos coleciono informações sobre jornalistas e empresários ligados aos meios de comunicação. Tenho mais de quinze mil, vinte mil nomes, sei lá, dezenas deles da *Folha* ou que já passaram por ela. Mas não tinha uma linha sobre Octavio Frias de Oliveira, mesmo lendo a *Folha* há anos.

Ele é avesso a aparecer. Por outro lado, todo mundo conhece o sr. Frias. O Vico, que corta meu cabelo e minha barba há uns 25 anos, trabalhou num salão de barbeiro na estação rodoviária. E lembra do sr. Frias. Sérgio Reis, que teve grandes idéias para o Bamerindus, inclusive aquela série "Gente Que Faz", de depoimentos para televisão e rádio, e assessorou o governo FHC, tinha dezessete anos quando foi trabalhar na Transaco.

Para o filho Otavio, "o aspecto talvez mais notável da atuação de meu pai à frente da *Folha* ficou mais evidente a partir de meados dos anos 70, quando o país ensaiava os primeiros passos da abertura política (e Caldeira se mostrava mais desinteressado em relação ao jornal). Meu pai constatou que, apesar da recuperação financeira e do avanço industrial realizado na *Folha*, em termos de imagem em meio às elites e de faturamento publicitário, ela continuava muito aquém de *O Estado de S. Paulo*. Ele concluiu que um jornal, se aspirasse à liderança, precisava desenvolver certa qualidade editorial que atraísse não apenas mais leitores, mas granjeasse credibilidade e com ela os grandes anunciantes. Essa qualidade editorial ele passou a chamar de 'independência', que se tornou uma obsessão nele a partir de então".

A *Folha* se fez "um jornal mais atuante, mais crítico, mais incômodo. O jornal passou a ter opinião definida – não apenas a sua própria, como era habitual, mas opiniões de todo um elenco de colunistas e colaboradores, divergentes entre si. Esse traço de pluralidade radical, que se tornou marca registrada da *Folha* e um valor cultivado (ao menos nominalmente) pela imprensa brasileira como um todo, não tenho dúvida em atribuí-lo à influência direta de meu pai. Com a ajuda decisiva de Cláudio Abramo, meu pai projetou sua própria personalidade aberta, informal, não-dogmática, amiga da controvérsia, nas páginas do jornal. A *Folha* passou a ser conhecida no mundo da mídia como jornal aguerrido, polêmico, sem 'listas negras', assuntos tabu ou 'amigos da casa'. Um afastamento ostensivo de governos, grupos de poder e partidos políticos passou a dar a tônica política do jornal, ilustrada numa frase que meu pai costuma repetir: 'Do governo só queremos distância'.

Do ângulo político-ideológico, meu pai sempre foi um entusiasta da livre iniciativa e do progresso técnico, embora sua propensão, pouco afeita à teoria, esteja voltada às soluções práticas. Do ponto de vista religioso, ele é agnóstico. Como pai, sua pedagogia foi baseada numa crença intuitiva na tolerância e no costume de tratar as crianças como seres pensantes, aptas a compreender e assumir responsabilidades. É uma das pessoas menos moralistas que conheço (apesar de seus hábitos puritanos) e também é uma das que menos valor confere a hierarquias, ritos e noções convencionais. Sempre foi franco, informal e bem-humorado. Sempre detestou a maledicência.

Uma curiosidade universal, mas dirigida a propósitos utilitários, alimenta sua brilhante inteligência. É uma pessoa inquieta que nunca vi se entregar a nenhum tipo de ócio ou passatempo, mas que em muitas situações revela uma paciência quase estóica. Nunca foi dado a luxo nem a vaidade. Não cultiva ressentimentos. Gostou de esportes (natação, tênis e equitação), mas nunca teve *hobbies*, exceto o trabalho. Trouxe das agruras da infância uma atitude de consideração pelos mais fracos. Parece ter herdado o senso de justiça e o interesse pela terra que eram características de seu pai, meu avô. Seu ceticismo em relação à natureza humana sempre foi compensado pelo temperamento otimista".

Uma personagem tão rica merece uma biografia. Só que biografia é um trabalho para, no mínimo, dois ou três anos. Portanto, este livro não tem a pretensão de ser uma biografia de Octavio Frias de Oliveira. É um perfil, traçado basicamente em três partes. A primeira é um retrato da vida pessoal e profissional dele, do nascimento aos dias de hoje. Contada em paralelo com a história do Brasil e da própria *Folha*, esta primeira parte está dividida em oito capítulos. Na segunda, conhecidos, amigos e jornalistas que trabalham ou trabalharam com o sr. Frias prestam os seus depoimentos, que foram colocados em ordem alfabética. A terceira parte traz fotos.

Ao longo das entrevistas para este livro, pelo menos três pessoas se lembraram da famosa seção "Meu Tipo Inesquecível", da revista *Seleções*, para se referir a Octavio Frias de Oliveira: Ives Gandra Martins, Clóvis Rossi e Alex Periscinoto. Todos os outros, no entanto, se referiram a ele da mesma forma, apesar de não citarem nominalmente aquela seção.

Por isso, acho justo considerar o sr. Frias o "meu tipo inesquecível" de todos.

1. ERA UM ESPETÁCULO VER OS CANHÕES ATIRANDO

Como muitos outros anos, 1912 poderia não entrar para a história. O Brasil estava bem no meio do governo do marechal Hermes Rodrigues da Fonseca, que fora eleito presidente para o período de 1910 a 1914.

No entanto, como todos os anos, 1912 reunia tristezas e alegrias muito particulares e anônimas, só importantes para aqueles que as viviam inteiramente.

Luiz Torres de Oliveira e Elvira Frias de Oliveira protagonizavam um momento que marcaria aquele ano como único, assim como já tinham sido outros sete anos anteriores e seria mais um, depois.

A família Oliveira descendia dos barões de Itaboraí e Itambi, duas grandes fortunas do Rio de Janeiro, políticos influentes no Segundo Reinado e fundadores do Banco do Brasil. Luiz Plinio de Oliveira, filho do barão de Itambi, construiu os Arcos da Lapa, adutora que trazia água do bairro de Santa Teresa para o centro da capital. Em 1872, quando Luiz Torres de Oliveira nasceu, a família de Luiz Plinio já não tinha a mesma riqueza da época dos barões, mas ainda era bastante rica. Tanto que pôde, depois, sustentá-lo estudando direito em São Paulo e, mais tarde, mandá-lo para Londres. Assim, Luiz Torres de Oliveira deu seqüência à tradição da família na área jurídica. E, ao retornar ao Brasil, casou-se com Elvira Frias, nascida em 1879 e também de tradicional família carioca.

Octavio Frias de Oliveira, oitavo filho de Luiz Torres e Elvira, nasceu em 5 de agosto de 1912, em Copacabana, Rio de Janeiro. Na época, os pais dele moravam em Queluz, na divisa do Estado de São Paulo com o Rio de Janeiro, cidade na qual Luiz Torres era juiz de direito. Naquele tempo, ter filho em maternidade, nem pensar. As mulheres iam direto para a casa da mãe e, por isso, Octavio nasceu num dos mais típicos endereços cariocas. Antes dele, os pais já tinham tido Luiz Plinio, nascido em 1900, Felix (1902), Maria Carlota, a Mocinha (1903), José (1905), Carolina, a Carola (1906), Maria Zélia (1909) e Rosaura (1910). E teriam mais uma filha, Vera, em 1915.

Como vice do presidente Hermes da Fonseca, Venceslau Brás Pereira Gomes havia correspondido plenamente à imagem do seu Estado natal, Minas Gerais, que trabalha em silêncio. Foi um vice discreto. Mas, quando assumiu a Presidência, em 1914, a Primeira Guerra já havia eclodido e ele não pôde mais manter a discrição. Já que o Brasil não estava diretamente envolvido na guerra, em vez de soldados, enviou navios como forma de ajudar os aliados no fornecimento de gêneros e em transportes marítimos. Mas o governo de Venceslau Brás foi obrigado a romper relações com o Império Alemão, que afundou o navio brasileiro *Paraná*. Logo depois, outras embarcações que tinham nossa bandeira também foram atacadas. Assim, em 26 de outubro de 1917, uma declaração de guerra levou o Brasil a participar do primeiro conflito mundial, tornando oficial uma posição a favor dos aliados que já era compartilhada pela opinião pública.

Apesar de a guerra se desenrolar na Europa, os reflexos dela foram sentidos aqui dentro. Com a interferência no comércio internacional, por um lado, nossas exportações despencaram. Por outro, surgiram muitas oportunidades, não apenas fazendo com que nossos alimentos e matérias-primas tivessem compradores dispostos a pagar altos preços. A impossibilidade de importar produtos desencadeou também um importante surto industrial, que provocou mudanças no Brasil tradicionalmente agrícola. Essa expansão industrial teria uma influência determinante no destino de Octavio Frias de Oliveira. Ainda com seis anos, Octavio não tinha consciência disso, nem da grande temeridade que tomava conta do país. O governo de Venceslau Brás foi chegando ao fim, em 1918, com o Brasil sendo alcançado por uma das mais trágicas conseqüências atribuídas aos gases usados na Primeira Guerra Mundial, a "gripe espanhola", que matou cerca de quinze mil brasileiros.

Felizmente, a família de Luiz Torres e Elvira Frias de Oliveira não foi atingida. E, mesmo sem a riqueza dos antepassados, era feliz, unida e aguerrida. Além de errante, a vida de juiz de direito não tinha a compensação financeira da qual desfrutam hoje os que seguem a carreira. Com os deslocamentos como juiz e o passar dos anos, Luiz Torres acumulava experiências em várias cidades do interior do Estado de São Paulo, sempre em companhia da mulher e dos nove filhos. Além de Queluz, ele foi juiz, entre outras cidades, em Jundiaí, Sorocaba, Guaratinguetá, Bananal e Campinas.

Luiz Torres era um homem muito sério e austero, mas também agradável e simpático. Grande leitor, gostava muito dos clássicos e de discutir a respeito com pessoas igualmente letradas. Admirava mulheres bonitas, mas com todo o respeito e se portava de maneira sempre muito correta. Como prova de sua integridade, uma vez, cerca de uma semana depois de julgada uma causa, uma pessoa bateu à porta de sua casa, entregando um presente. Ele perguntou do que se tratava e quem tinha mandado. Declinado o nome do beneficiado na causa que ele julgara, imediatamente o juiz Luiz Torres sentenciou: "Pode levar de volta, obrigado".

Em 1918, a Primeira Guerra Mundial chegou ao fim, mas manteve visíveis as feridas que levariam à Segunda, 21 anos depois. A família de Octavio morava em Jundiaí, interior do Estado de São Paulo. Luiz Torres de Oliveira resolveu, a contragosto, licenciar-se da magistratura (à qual só retornaria em 1931) para trabalhar com o empresário Jorge Street e mudar-se para a capital, São Paulo. O pai de Octavio tinha como ideal a social-democracia sueca, vista como de esquerda pelos da extrema direita. Mas ele não era de esquerda, porque sempre acreditou na iniciativa privada, embora firmemente contrário ao capitalismo selvagem. Essa maneira de pensar pode até ter ajudado, mas não foi o que decretou aquela mudança. Dona Elvira, mãe de Octavio, era sobrinha de Maria Zélia Frias Street, casada em 1897 com Jorge Street. Ambas tinham quase a mesma idade e por isso eram muito amigas. Dona Elvira achava que quem trabalhava com Jorge Street enriquecia. Isto foi, sem dúvida, o que realmente pesou na balança para o até então juiz tomar sua decisão.

Jorge Street era um industrial do setor têxtil, típico representante da emergente classe empresarial que se firmou após a Primeira Guerra. Havia um terreno à margem esquerda do rio Tietê, no Belenzinho, bairro da capital paulista, anos antes utilizado como pouso de viajantes e comerciantes. Ousado, Jorge Street, em sociedade com outro empresário, Guilherme Guinle, ali construiu, entre 1912 e 1916, portanto muitos anos antes da Revolução de 30 e do advento das leis trabalhistas, a Companhia Nacional do Tecido de Juta. No entorno da fábrica, Jorge Street construiu também uma cidade-operária modelo, a Vila Maria Zélia. Além da mulher, tinha uma filha com o mesmo nome, mas que infelizmente morreu jovem, com apenas dezessete anos. O pai de Octavio deixou a magistratura para ser o prefeito da Vila Maria Zélia.

Inaugurada em 1913, a vila foi projetada pelo arquiteto francês Jean Pedarrieux, tendo como base cidades européias do início do século. Nela havia 258 casas para os 2.100 operários da indústria, pequena fábrica de sapatos e chapéus, hospital, igreja, serviço de assistência social, médica, odontológica e farmacêutica, creche, clube, coreto, armazéns, lojas de comércio e duas escolas: uma para meninas, outra para meninos. Tinha até salão de festas, e tudo era regido por normas próprias, em regime de cooperativa. Os operários não moravam de graça, mas pagavam um aluguel bem reduzido. Por ironia, a Vila Maria Zélia se transformou num presídio político durante a ditadura Vargas. Depois, serviu de palco para filmes e novelas, como *O Corintiano*, de Mazzaropi, e *O Sobrado*. Anos mais tarde, foi tombada. Hoje (2006), os prédios da vila pertencem ao INSS e as casas, aos moradores, mas quase tudo ali necessita de restauro. No entanto, a vila ainda guarda resquícios que dão idéia do que foi, como dezesseis carteiras originais de pinho-de-riga, com espaço para guardar tinteiro, e escadas em mármore de Carrara na escola dos meninos. Um dos armazéns, reaberto em 2004, passou a abrigar a Companhia 19 de Teatro, que apresenta peças nos fins de semana pelas ruas da vila.

Street foi um pioneiro. Ergueu três impérios empresariais e por três vezes foi à falência. Era um homem extraordinário, porque das duas primeiras falências acabou se reerguendo. "E olha que naquela época era falência mesmo. A pessoa tinha que entregar tudo e ficava a pão e laranja", como Octavio Frias de Oliveira observaria anos depois. No livro *Notícias do Planalto*,[1] o jornalista Mario Sergio Conti relata o envolvimento dos princi-

---
1. São Paulo: Companhia das Letras, 1999.

pais veículos da imprensa com o governo do presidente Fernando Collor de Mello. Em determinado trecho, ele conta que, no início dos anos 30, Jorge Street foi convidado por Lindolfo Collor, pai do ex-presidente e ministro do Trabalho de Getúlio Vargas na época, para ajudar na criação da legislação trabalhista. Jorge Street, que havia nascido em 22 de dezembro de 1863, acabou falecendo na miséria, em 23 de fevereiro de 1939. O grande abalo financeiro dele começara com a hecatombe da Bolsa de Nova York, em 1929.

A mudança para São Paulo transformou completamente a vida da família Oliveira, em especial a de Octavio. Na capital paulista, Luiz Torres de Oliveira, dona Elvira e os filhos foram morar na Vila Maria Zélia. E costumavam passar todo o domingo na casa que Jorge Street tinha na região central da cidade. A casa ficava na esquina da alameda Glete com a rua Guaianazes, tendo na esquina oposta o Palácio dos Campos Elíseos. Street assistia à missa na vila com a família e depois levava todos para a casa dele. À tarde, após o almoço, às vezes iam a Santo Amaro, na época uma outra cidade, porque Street tinha um filho, também chamado Jorge, que era mentalmente deficiente. Foi mantido durante anos na Europa, mas acabou retornando ao Brasil. Como os médicos disseram que ele deveria ter uma vida mais tranqüila, Jorge Street comprou em Santo Amaro um sítio para o filho morar. No fim do dia, voltavam à casa do tio, onde jantavam, e então pegavam o bonde para a Vila Maria Zélia.

Octavio jamais esqueceu o contraste entre a ida de manhã para a casa do tio, que tinha todo o conforto – elevador, piscina, quinze empregados –, e a volta para casa. "Aquilo me marcou muito. A gente via os três carros na garagem do tio Street e ia para casa de bonde, aquele de cortina nas laterais, num frio danado. E depois ainda tínhamos de andar muito, porque o bonde só ia até a avenida Celso Garcia. Então, íamos dali até a Vila Maria Zélia, a pé. O papai achava aquilo muito natural, mas para mim era muito penoso."

Mas aquilo era só o começo e o menor dos tormentos pelos quais Octavio ainda iria passar. Em 19 de janeiro de 1920, dona Elvira, com 41 anos, morreu. Ela passou por três cirurgias seguidas no Hospital Santa Catarina porque o médico, professor Walter Senk, apesar de considerado uma sumidade na época, não conseguiu diagnosticar o que a afligia. Por causa de cólicas renais muito fortes, ele achou que dona Elvira estava com apendicite. Fez a cirurgia, mas não encontrou nada no apêndice. Então, resolveu operar a vesícula biliar e, em seguida, o rim, porque não encontrava a origem das dores.

Foi um choque terrível para Octavio, que ainda não tinha completado oito anos. Octavio jamais se esqueceu da última vez que viu a mãe, ao visitá-la no hospital na véspera da operação. No dia seguinte, como de hábito, estava passando o domingo na casa do tio Jorge Street. Octavio brincava pela casa, quando uma prima, também novinha como ele e com a qual se dava muito bem, veio lhe dizer: "Venha dar um beijo no seu pai porque sua mãe morreu". Octavio subiu ao segundo andar e viu o pai chorando, cercado por toda a família. A irmã mais velha, Mocinha, então tinha dezessete anos. Ela passou a tomar conta da casa. Vera, a filha caçula, ainda não chegara aos cinco anos. Maria Zélia, tia de dona Elvira, empenhou-se em ajudar de todas as formas, inclusive financeira, na criação da família. Seria, tempos depois, chamada de avó pelos netos de Luiz Torres. Nascida em 4 de abril de 1872, Maria Zélia faleceu em 12 de janeiro de 1959.

Logo em seguida ao falecimento da mãe de Octavio, Jorge Street perdeu a Companhia Nacional do Tecido de Juta. Só com o tempo Octavio conseguiu o devido distanciamento para ver o tio-avô como ele realmente era, e não simplesmente o homem admirável como o tinha naquela época: "Jorge Street era uma figura extremamente instigante. Brilhante, com uma inteligência exuberante e uma capacidade de exposição fantástica, além de bonito na aparência física, alto, de barba e com uma tremenda empatia pessoal. Mas, vaidoso e muito sensível à bajulação, tinha manias de grandeza terríveis. Era, acima de tudo, um grande vendedor e um péssimo administrador. E acabou prestando um mau serviço ao Brasil porque, com a derrocada da Companhia Nacional do Tecido de Juta, desmotivou os que poderiam imaginar o capitalismo moderno possível no Brasil. Com o fracasso da empresa dele, causou um entrave ao país porque passou a ser o exemplo do modelo que não funcionava". Segundo Octavio, não foram os benefícios sociais da Vila Maria Zélia que causaram a quebra de Street, apesar de ser esta a imagem que ficou.

Jorge Street e o sócio venderam a empresa para o conde Francisco Matarazzo. Com isso, o pai de Octavio perdeu o emprego e a família começou a passar muita dificuldade. Tiveram que se mudar da Vila Maria Zélia para a rua Bela Cintra, que não tinha nada da sofisticação que viria a ter depois. Era ainda de terra batida, sem calçamento e com ladeiras íngremes. A única rua calçada naquela região da cidade de São Paulo era a Augusta, cujo calçamento sendo feito por operários foi durante um tempo motivo de curiosidade para Octavio. Assim que a família se mudou para a Bela Cintra, ele passou a estudar no Colégio São Luís, na avenida Paulista, bem perto de casa.

O Colégio São Luís era o único aprovado pela elite paulistana. Estudar nele poderia ter sido motivo de orgulho e de felicidade para Octavio. Mas apenas veio somar-se aos demais infortúnios que o menino já vivia. O pai estava enfrentando grande dificuldade financeira e muitas vezes atrasava o pagamento do colégio, o que deixava Octavio numa situação humilhante. Ele estudava num colégio freqüentado por pessoas riquíssimas, mas não tinha roupa nem sapatos adequados para ir às aulas. Ia ao colégio de sapato furado, com jornal dentro para tapar o buraco, e era rejeitado pelos colegas, que ostentavam situação econômica muito confortável e bastante superior à dele. Enquanto circulava de bonde, os colegas só andavam de automóvel. Sua única forma de destaque era o futebol, que jogava razoavelmente bem. Foi uma fase extremamente penosa para Octavio, que não tinha incentivo para ser um bom aluno. Só se distinguia em história universal, da qual gostava realmente. As demais matérias, nem se sentia em condições de estudar.

Além do futebol, Octavio tinha uma outra distração: andava muito de bicicleta. Costumava ir da rua Bela Cintra ao Clube Germânia, que durante a Segunda Guerra adotou o nome de Pinheiros. Não existia ainda o Jardim América. Por ser muito plana, e sem nenhuma casa, a região era um campo de aviação. O Jardim Europa era um eucaliptal. Octavio ia de bicicleta, no meio de trilhas, até o Germânia e aprendeu a nadar no rio Pinheiros, que passava pelo clube. Só anos depois desviaram o curso do rio, fazendo com que o Clube Pinheiros "mudasse" para a atual avenida Faria Lima.

Como Octavio, o Brasil também enfrentava momentos difíceis. Eleito em 1918 para substituir Venceslau Brás na presidência, Francisco de Paula

Rodrigues Alves faleceu em 18 de janeiro de 1919, antes de tomar posse. Delfim Moreira, o vice-presidente, assumiu o cargo, e convocou uma nova eleição, na qual Epitácio da Silva Pessoa venceu Rui Barbosa para governar o país no período de 1919 a 1922. A manipulação eleitoral pelas oligarquias era tal que Epitácio Pessoa nem estava no Brasil ao ser eleito: chefiava a delegação brasileira à Conferência de Paz, em Paris.

Apesar da experiência acumulada como senador e ministro da Justiça no governo Campos Sales (1898-1902), Epitácio Pessoa teve no Congresso um feroz opositor à sua administração. Mesmo assim, ele cuidou do desempenho do café, conseguindo manter em nível compensador os preços do nosso principal produto. E, logo no início do governo, percebeu que a prosperidade trazida pelos negócios durante a Primeira Guerra não era sólida, o que o levou a adotar uma severa política financeira.

Embora fosse um juiz dedicado, Luiz Torres de Oliveira não era um apaixonado pela magistratura. Por isso, não quis voltar ao antigo cargo logo após perder o emprego na empresa de Jorge Street. Ele havia comprado uma fazenda em Itupeva, entre Campinas e Itu, a cerca de cem quilômetros de São Paulo, e tinha verdadeira adoração por aquelas terras. Com a ajuda do filho mais velho, Luiz Torres trabalhou duro nelas, plantando inclusive algodão, mas jamais conseguiu ter lucro. A fazenda também não trouxe alegria alguma à família: ninguém ia lá porque não havia casa. Octavio foi uma única vez. E a família passava muitas necessidades. Inclusive no Natal e no Ano-Bom, como se chamava o Ano-Novo na época. Na casa deles, não havia festas nem presentes.

Octavio nem imaginava, mas, pouco antes de completar nove anos, a poucos quilômetros da casa na rua Bela Cintra, nasceu um novo jornal, que iria mudar a sua vida completamente. Em 19 de fevereiro de 1921, exatamente um ano e um mês após a morte da mãe de Octavio, os jornalistas Olavo Olívio de Olival Costa e Pedro Cunha lançaram a *Folha da Noite*. Os dois eram de *O Estado de S. Paulo* e tiveram, durante um tempo, um segundo emprego na edição vespertina do jornal, o "Estadinho", fechado em 1918, logo após o fim da Primeira Guerra, e precursor do *Jornal da Tarde*, que viria a ser lançado em 1966.

Olival Costa nasceu em Amparo, interior do Estado de São Paulo, em 18 de junho de 1876, filho de imigrantes portugueses. Jornalista desde os 19 anos, viveu e estudou na terra natal até 1906, quando se mudou para São Paulo. Foi redator do jornal *O Estado de S. Paulo*, no qual teve também outros cargos. Dirigiu a *Folha da Noite* desde o lançamento até 1931, um ano antes de sua morte, ocorrida em 13 de dezembro de 1932, aos 56 anos de idade. Carlos Guilherme Mota e Maria Helena Capelato, que escreveram a *História da* Folha de S.Paulo *(1921-1981)*,[2] registraram que, "para Olival, um jornal deveria ser escola de civismo, em que se cultivaria a integridade nas colunas, a elegância nos métodos de combate e disciplina vernacular". Pedro Cunha, que era natural de Taubaté, também no interior de São Paulo, se retirou da sociedade em março de 1929 e depois foi diretor da revista *Platéia* e de *O Dia*, trabalhou no *Diário do Comércio e Indústria* e foi editor da revista *Problemas Brasileiros*, além de secretário da Comissão do IV Centenário da Cidade de São Paulo, em 1954.

Olival Costa e Pedro Cunha propuseram aos diretores de *O Estado de S. Paulo* um acordo através do qual a empresa faria a impressão e distribuição da *Folha da Noite*. Os custos seriam pagos com a receita da venda avulsa e de anúncios. A proposta foi aceita e o próprio Júlio de Mesquita Filho, diretor de *O Estado de S. Paulo*, redigiu o editorial de apresentação da *Folha da Noite*. A Redação foi instalada em uma sala do segundo andar do prédio 66-A da rua São Bento, no centro de São Paulo, cedida por Mariano Costa e Ruy Bloem, dois taquígrafos do Legislativo estadual. A impressão foi feita nas oficinas de *O Estado de S. Paulo*, à rua 25 de Março, até meados de 1924, quando este jornal foi fechado temporariamente por causa de problemas políticos. A partir daí, a *Folha* passou a ser impressa no *Jornal do Comércio*, na rua Direita.

A *Folha da Noite* foi lançada a cem réis o exemplar. Ao fim da primeira semana de circulação, os fundadores foram convidados a saldar um pequeno déficit – pouco mais de 100 mil-réis de cada sócio. Mas o sucesso da *Folha da Noite* foi imediato e, dali em diante, a receita passou a ser suficiente não só para cobrir os custos como para proporcionar lucro crescente.

O que distinguia a *Folha* de outros veículos era a linguagem simples e um estilo mais leve, "que contrastava com a sisudez e austeridade dos demais jornais", como dizia Pedro Cunha. Seus fundadores achavam que o jornal

---

2. São Paulo: Impres, 1980.

deveria se manter independente em relação a partidos e adotar uma linha flexível, mudando de opinião sempre que fatos novos assim o exigissem, já que posições assumidas no passado não eram pretexto para a "estagnação da razão". Mal sabia, mas Octavio teria justamente no seu caráter a flexibilidade que o ajudaria a fazer daquele jornal um dos veículos mais importantes do país e reconhecido internacionalmente.

A *Folha da Noite* era um jornal vespertino, voltado para os assalariados urbanos. Os empregados que regressavam para casa após o serviço queriam ter acesso às últimas notícias. Como na época não havia rádio, os vespertinos cumpriam essa função. Na visão da *Folha,* a missão primordial do jornal era "fiscalizar o governo", o que se concretizou numa série de campanhas, entre as quais a defesa do voto secreto, a construção de habitações operárias, o direito às férias, a regulamentação do trabalho dos menores nas fábricas e a ampliação da rede escolar, até porque já se falava que "saber é poder", o que somente décadas depois viria a ser destacado pela sociedade como um todo e pela imprensa em particular como um importante papel da educação. Incrível como o jornal já embutia na sua concepção ideais que o menino Octavio abraçaria com convicção quando adulto. No entanto, Octavio e família nem tomaram conhecimento da *Folha da Noite*, até porque o pai havia sempre assinado *O Estado de S. Paulo*.

Mesmo sem a atenção da família Frias, a *Folha da Noite* fez sucesso. O jornal não lançou mão do sensacionalismo para ganhar leitores. Entre outras coisas, o que contribuiu também para isso foi a preocupação do jornal com os imigrantes, que representavam expressiva parcela de São Paulo na época. Por isso, como Carlos Guilherme Mota e Maria Helena Capelato registraram no seu livro, os dirigentes da *Folha da Noite* "se voltaram para os imigrantes (aí englobados operários, pequenos comerciantes, artesãos) com o intuito de 'promover a integração do alienígena também *povo* com o jornal'. A preocupação em conquistar suas simpatias se revela na original iniciativa de *dirigir-lhes sua mensagem na língua de origem*. Dessa forma, encontramos nas páginas do jornal escritos em alemão, árabe, italiano, japonês, ídiche, para que 'todas as nacionalidades se familiarizassem e se habituassem com os problemas do país'".

Um dos pontos-chave do sucesso, no entanto, foi retratado por Mota e Capelato da seguinte forma: "Como sintetizou [Francisco] Pati, o companheiro de redação de Olival em 1946: 'A *Folha da Noite* revelou aos homens o mais belo dos assuntos: o povo. O povo 'existiu' nas suas próprias páginas. Impôs-se à consideração dos governantes. Entrou a ser objeto de considerações. Um jornal não fala ou não deve falar nunca em 'seu' nome. Fala invariavelmente em nome dos que lêem. Fala em nome do povo'". Daí é que surgiu a imagem do "Juca Pato", personagem criada por Benedito Bastos Barreto, o caricaturista Belmonte, nascido na capital paulista em 15 de maio de 1897. "Juca Pato, um pequeno-burguês calvo, terno e gravata, *white-collar* típico mas não massificado, perplexo com o mundo e mordaz com os poderosos. A figura de Juca Pato, expressão de São Paulo na Primeira República, traduzirá essa personagem irônica e indefinida, cheia de contradições, exigências, aspirações e frustrações constantes, imobilidade social e insegurança."

Se não se tornasse marcante pelo nascimento da *Folha da Noite*, 1921 tinha pelo menos mais duas chances de se notabilizar: naquele ano, Albert Einstein ganhou o Prêmio Nobel de Física e os soviéticos deram independência à Criméia.

No final do governo de Epitácio da Silva Pessoa, a cidade de São Paulo sediou um dos mais importantes acontecimentos culturais do país, que deixaria para sempre sua marca na vida do Brasil. A Semana de Arte Moderna, em 1922, reuniu um grupo que queria um modo de fazer arte tipicamente nacional, longe das tendências européias. Entre outros, escritores como Oswald de Andrade, Mário de Andrade e Manuel Bandeira e pintores como Anita Malfatti encabeçaram o movimento que chocou os conservadores.

O governo de Epitácio Pessoa viveu também as comemorações do centenário da Independência do Brasil, que incluíram uma grande exposição internacional e visitas de importantes figuras da política mundial, como Alberto 1º, rei da Bélgica, e o presidente de Portugal, Antônio José de Almeida. Ainda em 1922, foi fundado o Partido Comunista Brasileiro (PCB), o Partidão. E, se o começo do governo não tinha sido de tranqüilidade, o final manteve o clima, com agitação ainda maior. A campanha do futuro presidente Artur Bernardes foi desenvolvida em meio a permanente ameaça revolucionária. Os Estados do Rio Grande do Sul, Rio de Janeiro, Bahia e Pernambuco não concordaram com a candidatura oficial de Artur Bernardes e lançaram Nilo Peçanha.

Em 5 de julho de 1922, a revolta dos 18 do Forte de Copacabana, no Rio de Janeiro, marcou a posição dos que se opunham ao governo. Ela começou no Forte de Copacabana, chegou ao Forte do Vigia e se estendeu até os alunos da Escola Militar. Foi o primeiro levante brasileiro chamado de "tenentista".

Foi nesses anos 20 que surgiu uma corrente mais progressista no Exército brasileiro, formada por jovens oficiais que, empolgados por apelos nacionalistas, queriam libertar o Brasil da República Velha e da tradicional oligarquia. A corrente recebeu o nome de tenentismo, porque a maioria dos que aderiram ao movimento era formada por capitães e tenentes da classe média. Apesar de extremamente difuso, com posições às vezes radicais e outras demonstrando uma visão social até avançada para a época, o tenentismo tinha algumas linhas gerais definidas. A base do movimento era a insatisfação com a República Velha, manchada com as falcatruas das eleições. Por isso, os tenentistas defendiam o voto secreto e um maior centralismo político. Também queriam ensino público para que a população carente tivesse acesso mais fácil às informações. Essa mistura de militares com idéias voltadas para civis deu origem ao ideal de "Soldado Cidadão". No entanto, as contradições entre idealismo e elitismo, de um lado, e golpismo e reformismo, de outro, não causaram surpresa ao levar os líderes tenentistas a movimentos os mais antagônicos: uns tornaram-se comunistas, outros, nazi-fascistas e outros ainda, conservadores.

A revolta dos 18 do Forte de Copacabana visava derrubar o governo de Epitácio Pessoa e impedir a posse de Artur Bernardes. Na verdade, a grande maioria dos oficiais que haviam aderido à revolta desistiu, restando apenas dezessete, aos quais se juntou um civil. Os dezoito saíram pela praia de Copacabana enfrentando o restante do Exército. Metralhados, dezesseis morreram e dois, mesmo baleados, sobreviveram. Apesar disso, Artur da Silva Bernardes venceu a eleição para o período de 1922 a 1926, o que não significou que o país o tivesse aceito. O clima tenso perdurou, a ponto de muitos considerarem que os quatro anos seguintes foram de "estado de sítio". A oposição da campanha lançou, logo no início do novo governo, a Aliança Libertadora, um partido de luta ostensiva.

Em 5 de julho de 1924, o general reformado Isidoro Lopes chefiou uma revolução em São Paulo, que mesmo tendo o apoio da opinião pública não resistiu às forças do governo. Foi a primeira revolução com a qual Octavio conviveu. E, aos olhos de um menino de doze anos, ela representou um verdadeiro *show*: "Morávamos ainda na rua Bela Cintra e íamos até a avenida Paulista para assistir ao tiroteio, porque canhão era uma coisa fantástica. Era um espetáculo ver um tiro de canhão. E a gente, lá do espigão da Paulista, ficava vendo os tiros cruzando o céu. As tropas legais tentaram tomar São Paulo, que estava em poder de Isidoro Dias Lopes e do marechal Miguel Costa. Como a revolução prosseguiu mais do que o esperado, nos mudamos com a tia Fina, irmã da mulher do tio Street, para aquele sítio em Santo Amaro, onde estava o Jorginho. Tínhamos medo de que a cidade de São Paulo fosse bombardeada. Passamos toda a Revolução de 24 lá no sítio. O tio Street tinha ido para a Europa antes de começar a revolução".

A descrição, de uma forma até poética, pode não servir para registro histórico, mas deve representar, mais do que outros relatos, a verdade a respeito do que foi a Revolução de 24. Apesar do espetáculo dos canhões, Octavio lamentou a mudança para Santo Amaro. A nova rotina dele não era nada espetacular. Para ir ao Colégio São Luís, levantava-se às 6h e pegava o bonde. Era um bonde amarelo, que "apitava", como os carros, para sinalizar sua presença e advertir contra algum acidente. Octavio ia até o largo Ana Rosa, na Vila Mariana, e pegava outro bonde até o colégio, na avenida Paulista. Ficava no colégio até as 17h, porque era semi-interno, e fazia o caminho de volta, chegando a Santo Amaro por volta das 18h30, 19h. "Mas entre o ponto do bonde e a chácara em que morávamos havia uma grande distância. Eu descia ali e ia andando, com muito medo, sozinho. O tio Street tinha um cachorro policial capa preta e eu morria de medo de cruzar com o cachorro."

Octavio sentia ainda mais a falta de amigos que sua condição econômica afastava. Como a única diversão dele era jogar futebol no Colégio São Luís, voltar-se apenas para o esporte foi o caminho, mesmo que inconsciente, para esquecer os problemas. Assim foi crescendo, sem nenhuma preocupação intelectual. Nessa época, ele brigava com a irmã Mocinha, que tinha assumido a casa após a morte da mãe. Mocinha era a mais velha e depois dela vinha a Carola, com quem Octavio se dava muito bem: "Com a Carola é que eu chorava as minhas mágoas. Por isso, sempre tive um carinho muito especial por ela. Mas com o tempo fui convivendo com a Mocinha e nos tornamos muito amigos também. Eu discutia muito com o meu pai porque era um mau aluno. Ele tinha toda a razão, mas queria me dar aulas e, coitado, não tinha a menor vocação para professor. Ele adorava dar aulas, mas eram aulas detestáveis. Papai nunca bateu em nenhum filho, mas era rigoroso verbalmente".

Apesar disso, a família se mantinha unida, como se pode ver por este bilhete de Octavio ao pai:

Santo Amaro, 23-1-1924
Querido pae,
Estou com muitas saudades suas.
Como vão os filhos de tia Marieta
Dau estava de cama hontem. Teve 38 mas hoje esta com 37. O José passou com 5 e meio em Francez. Não sei se papae sabe que o José passou em Portuguez com 6.
As notas dos meus exames são as seguintes. Portuguez 5 Francez 6 Inglez 5 Arithmetica 7 Geografia 6 e meio.
Quando papae tenciona vir antes de Fevereiro não? Hoje Carola Mocinha Lula e Celina e Lulu vão tomar chá na Celecta.
Mirinha machucou o braço.
Muitos beijos e abraços de seu filho

D.r Octavio

É interessante observar que ele assinava "D.r Octavio". Estava acostumado a ouvir chamarem o pai de "doutor", a despeito de o juiz estar afastado da magistratura nessa época. No entanto, adulto e empresário bem-sucedido, se alguém se dirige a Octavio Frias de Oliveira dessa forma, na hora ele responde que não é doutor.

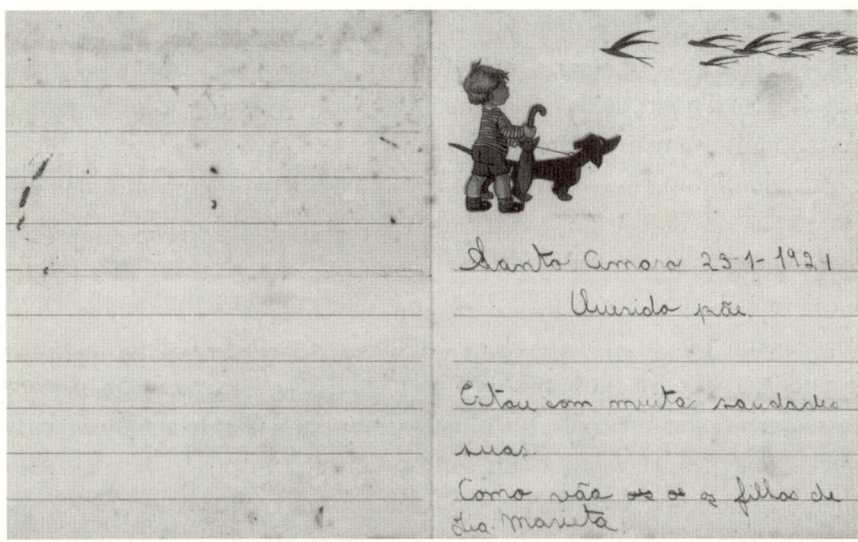
1924. Bilhete de Octavio Frias para o pai, Luiz Torres de Oliveira

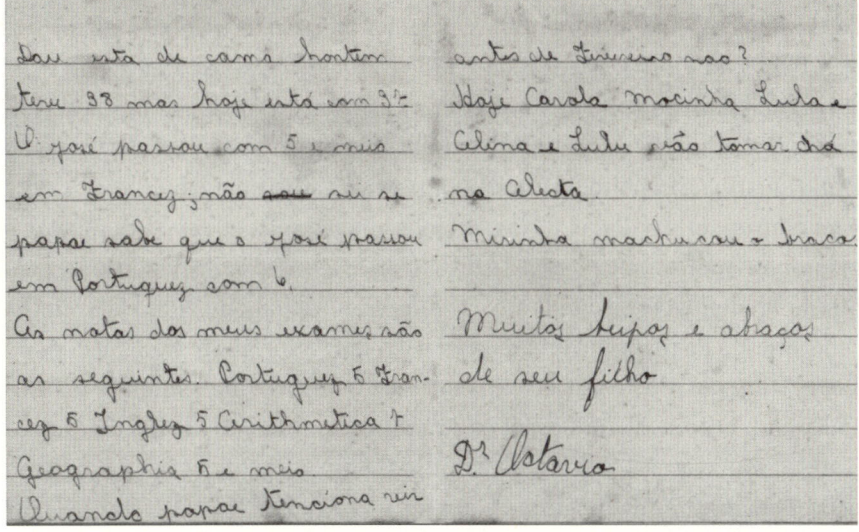

Em 1924, a publicação, na Alemanha, do livro *Mein Kampf* (Minha Luta), de Adolf Hitler, não foi suficiente para alertar que o mundo caminhava em direção à Segunda Guerra.

Nesse mesmo ano, a *Folha da Noite*, que já comemorava três carnavais, demonstrou simpatia pelos movimentos chamados tenentistas. E sentiu pela primeira vez o peso de ter opinião própria: foi proibida de circular entre os dias 3 e 31 de dezembro de 1924. Procurou, então, uma saída criativa: nesse período saiu com o nome de *Folha da Tarde*. Isso tudo dava maturidade ao jornal, que conquistava mais leitores e progredia. Em 1925, Pedro Cunha e Olival Costa adquiriram uma rotativa usada, a alemã Koenig-Bauer, alugaram um casarão na rua do Carmo, 7-A, e, no dia 1º de julho, lançaram a *Folha da Manhã*, edição matutina da *Folha da Noite*. Uma charge na primeira página não deixava dúvidas a respeito do tipo de barulho que o jornal pretendia. Duas crianças com jaleco da *Folha da Manhã* anunciavam a chegada do jornal. Uma, tocando corneta, e a outra, caixa, embaixo de três janelas, nas quais se viam pessoas com caras amarradas por terem sido despertadas. Ocupando uma das janelas, duas pessoas estavam com gorro de dormir, num dos quais se lia "Telephonica" e no outro, "Light". Na segunda janela, mulher aparecia com a legenda "Camara Municipal" e homem, "Senado". Na terceira janela, homem com a legenda "Açambarcador" segurava uma vela. No pé da charge, o texto: "Côro dos somnolentos – Oh! senhores! Agora o barulho é pela manhã também?!!".

O lançamento desse primeiro número foi histórico, inclusive pelas circunstâncias em que se deu, como lembram Mota e Capelato, em sua já citada *História da Folha de S.Paulo*: "'Lembro-me dessa noite aflitiva', escreveu Paulo Duarte no depoimento de 1966, 'pois a rotativa empacou e foi uma luta para convencê-la a andar... Nas oficinas achavam-se, além do pessoal das máquinas, apenas três pessoas, Olival Costa, e um jornalista português, da ilha da Madeira, correspondente da *Folha* no Funchal, Alcântara Carreira. A cada ameaça da máquina que se punha a rodar, soltava este exclamações de alegria com palavras e frases bem portuguesas [...]. Afinal, antes da madrugada, com grande alívio nosso, os primeiros números da *Folha da Manhã* começaram a ser lançados pela máquina, num crescendo, como animada pelas exclamações de Alcântara Carreira...' (FSP, 6/3/1966)".

Apesar de ter fracassado em São Paulo, a Revolução de 1924 deu origem a motins no Rio Grande do Sul, Pernambuco, Pará, Amazonas e Sergipe e também fez surgir a Coluna Prestes. A Coluna reuniu 1.500 revoltosos de São Paulo e do Rio Grande do Sul que, entre 1925 e 1927, percorreram 25 mil quilômetros nos sertões brasileiros, em meio a aventuras e sofrimentos, na esperança de contribuir para a deposição do regime que condenavam. O comandante, Luís Carlos Prestes, que deu nome ao movimento, iniciou a marcha em Alegrete, no Rio Grande do Sul, tendo alcançado o Piauí e o Maranhão. Mesmo sem jamais perder uma batalha, a Coluna acabou se dissolvendo, com alguns de seus remanescentes internando-se na Bolívia.

Nas lembranças de Octavio, que tinha treze anos quando a Coluna Prestes começou a caminhada, o movimento chamou a atenção de todos porque era algo inusitado: "Um maluco atravessando o Brasil de ponta a ponta, acompanhado de muitos seguidores".

A edição da *Folha da Manhã* de 5 de junho de 1926, um "sabbado", trazia "As Aventuras Rocambolescas de Meneghetti". Décadas depois, ele seria tratado como um ladrão folclórico diante das atrocidades cometidas por bandidos que naquele momento ainda não tinham nascido, mas certamente já existiam nos DNAs dos avós. No entanto, as chamadas abaixo da manchete davam não apenas uma idéia do profissionalismo do jornal na cobertura, mas também de como a população já se mostrava impaciente com a violência: "O formidável cerco no quarteirão onde se homisia'ra o bandido – O chefe de policia evita o seu lynchamento – Discute-se a intelligencia e a valentia do ladrão – Uma entrevista no carcere – O estado do dr. Doria – Pormenores completos". Uma composição com quatro fotos completava a matéria, que pegava quatro das seis colunas de alto a baixo da primeira página.

A posse de Washington Luís Pereira de Sousa, em 15 de novembro de 1926, foi o início do fim da chamada República Velha. O governo dele, que foi até 1930, tinha duas grandes preocupações: a construção de estradas e a reforma financeira. Datam dessa época as rodovias Rio — São Paulo e Rio — Petrópolis, que depois se estenderia até Belo Horizonte. Para chegar à estabilização monetária, Washington Luís procurou formar reservas em ouro, inicialmente através de empréstimos. No entanto, a situação econômica não era nada confortável, em especial porque calcada no café. Já antes do governo Washington Luís, nosso principal produto havia ultrapassado suas possibilidades de exportação por causa do crescimento contínuo das áreas cultivadas. Para se ter uma idéia, enquanto nossa produção anual média era de 21 milhões de sacas, o consumo mundial não passava de quatorze milhões.

A situação de Octavio era praticamente um espelho dos problemas do país. Em 1926, com quatorze anos, ele completava oito anos de Colégio São Luís, o que, por si só, poderia ser considerado um milagre, dada a condição de penúria da família e o desempenho dele como aluno. Octavio estava no quarto ano do colégio, que corresponderia à oitava série de hoje. Não conseguiu passar nos exames e resolveu trabalhar. "Eu não agüentava mais aquela vida." E nunca mais voltou a estudar, interrompendo ali o sonho de ser advogado de júri: "Eu achava lindo fazer um belo discurso defendendo o injustiçado".

Talvez inconscientemente Octavio imaginasse fazer da advocacia um meio de compensar o que estava sofrendo desde que a mãe tinha morrido. Por muito tempo atribuiu tudo de mau que lhe acontecia à ausência da mãe. A falta dela era devastadora e o acompanhou para sempre. Mesmo depois, já empresário e com filhos crescidos, se emocionava ao ver qualquer criança sofrendo. Inclusive ao assistir a um filme e sabendo que aquilo era ficção. Tudo porque teve na infância o que considerou seu pior período de vida.

Nem podia apelar a Deus porque havia perdido a fé. Tinha sido coroinha na igreja da Vila Maria Zélia, quando acompanhava o padre rezando missa em latim. Mas depois da missa ouvia o padre dizer barbaridades. A convivência com alguém que praticava a religião e devia ser exemplo, mas na prática era totalmente o oposto, o tornou agnóstico. Nem mesmo depois, no Colégio São Luís, os padres de quem gostava conseguiram restituir-lhe a fé.

O tio Felix Frias, irmão da mãe de Octavio, tinha sido um dos fundadores do Fluminense Futebol Clube, no Rio de Janeiro, e depois se tornou gerente da Companhia de Gás de São Paulo, na rua do Carmo, por sinal a mesma rua onde ficavam a *Folha da Noite* e *da Manhã*. Bebia muito e era um boêmio inveterado, conhecido por Kiki entre os amigos da noite. Ia sempre à casa de Octavio e levava frutas, o que contrastava com a vida nada saudável dele. Vivia com uma francesa e resolveu casar-se. Mas, um mês depois, pediu o divórcio.

Decidido a mudar de vida, Octavio aproveitou a reprovação no Colégio São Luís e foi pedir emprego ao tio. O pai não se opôs, porque entendeu que o filho não tinha alternativa. Na falta de roupa e de sapatos decentes, pegou os do irmão, também chamado Felix. O irmão era muito exótico: tinha sapatos de cores bastante estranhas no conceito de Octavio, mesmo levando-se em conta que quem andava com sapatos cheios de jornal para tapar os furos não podia ser muito exigente. Apesar de encabulado com os sapatos do irmão nos pés, Octavio procurou o tio. Ainda tocado pelas cervejas que já havia bebido às 8h, Felix percebeu os sapatos do sobrinho e começou a rir. Octavio fechou os olhos e desejou que o chão se abrisse e o engolisse. Mesmo assim, o tio arrumou-lhe um emprego. Octavio foi admitido como *office-boy*, ganhando 28 mil-réis por mês, o suficiente para comprar algo mais que um par de sapatos. A partir desse dia, ele passou a dar cinco mil-réis em casa.

Octavio era o de melhor nível entre os *boys*, o único que havia estudado. Por isso, ele morria de vergonha ante a possibilidade de se encontrar com algum ex-colega do Colégio São Luís no trabalho. Para pagar a conta do mês, a pessoa ia à Companhia de Gás e informava qual o nome da rua e o número da casa em que residia. O funcionário ia à contabilidade e pedia para que fizessem a conta. Quando ela estava pronta, Octavio a levava para o caixa, onde o cliente esperava para pagar. A qualquer momento ele podia encontrar algum ex-colega. Ao fazer também algum trabalho na rua, Octavio procurava ser rápido para não cruzar com alguém do São Luís. No entanto, justamente por causa do seu nível e também por causa dessa "rapidez", Octavio se destacou entre os *boys* e três meses depois foi promovido a mecanógrafo. Havia uma máquina de calcular, da marca Elliot Fischer, da qual se tiravam as contas de gás. Era uma máquina mecânica que funcionava à base de acumuladores: calculava o valor da conta e emitia um papel com o total e, ao mesmo tempo, um outro para controle.

Inicialmente havia três máquinas e três mecanógrafos. Dois eram italianos, sendo um, o Testa, o chefe, baixinho, e o outro, filho de um açougueiro, meio destemperado. O terceiro era irmão do Lagreca, um jogador de futebol famoso. Mesmo em meio a tamanha diversidade, todos se davam bem porque eram boas pessoas. Foi comprada uma quarta máquina e Octavio se candidatou a operá-la. Ele nunca havia visto máquina daquele tipo, mas aprendeu rápido, porque era muito curioso e esperto. Na verdade, como conta Mário Sérgio Conti no já citado *Notícias do Planalto*, Octavio "pegou o serviço porque ninguém mais o queria. Era preciso se debruçar sobre a mesa alta, de superfície ampla, forçando as costas, que com o passar do tempo doíam cada vez mais". Na extrema situação em que se encontrava, ele tinha que se agarrar a toda e qualquer oportunidade. E ganhou um aumento de salário, que não era muito, mas já era melhor que o de *office-boy*. Assim, uma vez por mês podia ir ao restaurante Taverna Paulista, na praça da Sé, e comer risoto de camarão, que adorava. Ia almoçar em casa todos os dias, mas com o aumento já podia se dar a esse luxo pelo menos uma vez por mês.

Esforçado e determinado, logo Octavio passou a ser o campeão em tirar contas de consumo de gás com a nova máquina. Havia os funcionários que percorriam as casas, rua por rua, e apuravam quanto gás tinha sido utilizado. Eles anotavam num caderno o número da casa, o nome da rua e a quantia consumida e levavam para os operadores das máquinas que lançavam os dados. A máquina automaticamente dava o consumo, o operador aplicava o valor e tirava o total da conta. Em pouco tempo, Octavio era quem mais tinha produção na máquina. Os maus tempos começavam a ficar para trás e um novo mundo se abria diante dele.

Para a *Folha*, também. Em 1929, Pedro Cunha deixou a sociedade e a linha editorial do jornal mudou: Olival Costa, o sócio remanescente, passou a apoiar ostensivamente a candidatura do paulista Júlio Prestes, pelo Partido Republicano Paulista (PRP), à Presidência. A escolha dos candidatos ia desencadear a mais importante revolução da história republicana. Júlio Prestes era o governador de São Paulo, tinha sido líder do governo na Câmara Federal e era o candidato que contava com a simpatia dos que transitavam pelo Palácio do Catete, no Rio de Janeiro. No entanto, de acordo com a política do café-com-leite, era a vez de o candidato ser mineiro, ou seja, de Antônio Carlos de Andrada, governador de Minas Gerais. A chamada política do café-com-leite vinha da tradicional alternância no poder de paulistas (São Paulo era produtor de café) e mineiros (Minas Gerais produzia laticínios). Getúlio Vargas, que depois da pasta da Fazenda ocupara o governo do Rio Grande do Sul, era o terceiro candidato. Até então, nenhum gaúcho havia chegado à Presidência da República. Vidal Soares entrou como vice de Júlio Prestes, formando a chapa Concentração Conservadora, dos candidatos situacionistas. E em torno de Getúlio Vargas e da Aliança Liberal reuniram-se as forças da oposição.

Com o colapso da Bolsa de Nova York, em outubro de 1929, a crise econômica alastrou-se pela Europa e chegou ao Brasil, atingindo São Paulo, tradicional fornecedor de café para os países envolvidos financeiramente na Grande Depressão. O Brasil perdeu o seu maior mercado consumidor, os Estados Unidos, e enfraqueceu São Paulo, o Estado no qual o governo federal depositava suas esperanças. Com a desvalorização do café, a economia brasileira afundou.

Em meio às fraudes que eram comuns, foi feita a eleição, com a vitória da chapa do governo. Mas Júlio Prestes e Vital Soares não chegaram a assumir porque, 22 dias antes de terminar o mandato de Washington Luís, Getúlio Vargas liderou a chamada Revolução de 30. A insatisfação popular era grande em relação ao governo, mas, como sempre, as classes dominantes não queriam o poder nas mãos do povo.

Ter uma idéia do governo Washington Luís é importante para entender como o Brasil chegou à Revolução de 30. De um lado, o fator político. À insatisfação do tenentismo com o governo somaram-se as da classe média, da burguesia e do movimento operário, que começavam a surgir. De outro, o econômico. São Paulo e Minas Gerais eram privilegiados pelo governo, o que deixava insatisfeitos os demais Estados da Federação. Os outros setores econômicos – charqueadores, produtores de açúcar, cacau, borracha, arroz, industriais etc. – recebiam poucos incentivos e não viam com bons olhos a política de priorização do café.

No entanto, o assassinato do governador (na época, chamado presidente) da Paraíba, João Pessoa, em 26 de julho de 1930, numa confeitaria de Recife, Pernambuco, acelerou as causas que levaram à revolução. Apesar de o assassino ter confessado "que matou o presidente da Parahyba por uma questão de honra pessoal", como registrou no dia seguinte a *Folha da Manhã*, João Pessoa tinha sido o candidato a vice de Getúlio Vargas. A morte dele deflagrou uma grande comoção nacional.

Para se ter uma idéia da imagem de João Pessoa, quando a revolução completou um ano, o jornal publicou na primeira página a foto dele junto com a de Getúlio Vargas, um general e um coronel. Em 5 de outubro de 1930, Osvaldo Aranha e Flores da Cunha iniciaram a revolução, tomando, com apenas cinqüenta homens, o quartel-general de Porto Alegre, no Rio Grande do Sul. Minas Gerais e Paraíba aderiram de imediato. Pernambuco juntou-se aos revoltosos através de Juarez Távora, que, em Recife, pôs em fuga o governador Estácio Coimbra. Em seguida, todo o Norte e o Nordeste passaram às mãos dos revolucionários. Juarez Távora marchou em direção à região Sudeste, chegando à Bahia, enquanto Getúlio Vargas rumou para Santa Catarina e Paraná. Quando ia atacar Itararé, considerada imprescindível para a ocupação de São Paulo, um grupo de generais e almirantes sediados no Rio depôs o presidente Washington Luís. Getúlio Vargas chegou ao Rio em 3 de novembro de 1930 e assumiu o governo em nome do Exército, da Marinha e do povo.

Em 1930, a família de Octavio morava na avenida Pompéia, bairro do Sumaré. Ele tinha dezoito anos, seis anos mais do que na Revolução de 1924. Por isso, o que viu foi além do espetáculo de canhões atirando. Foi testemunha da loucura coletiva que tomou conta de São Paulo, transformando a chegada de Getúlio Vargas "numa apoteose fantástica". Assistiu ao empastelamento do jornal *A Gazeta*, que ficava na rua Líbero Badaró, entre a avenida São João e o largo São Bento. "Me lembro da euforia das pessoas naquele dia. Parecia um Carnaval pró-Getúlio. Mas eu não me interessava por nada daquilo. Eu não lia jornal, nem O *Estado de S. Paulo* que chegava em casa."

Ele não viu o empastelamento da *Folha da Manhã*, que havia atacado os líderes da Aliança Liberal. A vingança dos aliados de Getúlio Vargas foi a destruição do jornal. "Na noite de 24 de outubro de 1930, a multidão que comemorava a deposição do presidente em São Paulo destruiu as instalações da *Folha*. As máquinas de escrever e os móveis foram jogados na rua e incendiados. Olival Costa assistiu da esquina ao empastelamento. Quando a multidão deixou o local, pediu licença aos soldados para entrar no prédio. Lá, viu um homem vestindo seu sobretudo. Ao observar que aquela roupa era sua, recebeu a seguinte resposta: 'Foi sua, amigo. Hoje tudo isto é nosso'. A *Folha* ficou sem circular até 15 de janeiro de 1931, quando Octaviano Alves de Lima, de uma família de fazendeiros de café, comprou a empresa de Olival – que morreria em dezembro de 1932."[3]

Apesar de ter ficado sem circular normalmente até 15 de janeiro de 1931, a *Folha da Manhã* saiu com algumas edições esporádicas, como uma,

---

3. Mauricio Puls, "Getulistas Destroem Máquinas da *Folha*", caderno especial dos oitenta anos da *Folha de S.Paulo*, 19/2/2001.

em 25 de dezembro de 1930, a primeira depois do empastelamento. Nessa edição o jornal contou, no texto "Duas Palavras", aqui reproduzido,[4] o que havia acontecido:

Após interregno motivado por factos conhecidos plenamente pelo publico – a depredação e o saque exercidos contra nossas installações de redacção e officinas – attentados esses praticados por quem, aproveitando horas de perturbação, se animou ao crime, tentando escusal-o como "manifestações de jubilo popular", reapparece hoje a "Folha da Manhã". Ansiedade com que a sabiamos procurada e as manifestações reiteradas que, durante esses quasi dois mezes em que a "Folha da Manhã" esteve sem circular, nos foram trazidas de condemnação ao crime e de interesse pelo nosso reapparecimento, constituiram estimulos que nos encorajaram a, multiplicando esforços, tudo operar no sentido de, no mais breve tempo possivel, fazer o nosso jornal retomar o posto que lhe pertence no meio do periodismo paulistano.

E hoje, finalmente, aqui estamos. Apresentação? Programma? Desnecessarios. Não é um jornal novo que surge. É um orgam já feito, que retoma a normalidade de sua vida, mas que aproveita esse ensejo para, subscrevendo a apresentação da "Folha da Noite" – recebida de braços abertos pelo publico que della se sentia saudoso – salientar que a sua norma será esta: "nem apoio, nem opposição. Independencia, apenas. Sempre longe de partidos e de facções. Desapaixonadamente. Patrioticamente."

Inflexivelmente presos a essa linha de acção, sem parti-pris *de especie alguma, nada de intransigencias descabidas, nem de condescendencias injustificaveis.*

Transmudado como o foi, radicalmente, o ambiente brasileiro, como tudo o indica, num sentido benefico, conservar-nos-emos como attentos espectadores, patrioticamente interessados, do grande momento historico que vive a nossa patria. Em taes condições, despeados de quaesquer compromissos de ordem partidaria, esforçar-nos-emos por ser criticos serenos, numa época como a actual, em que tanto rareia a serenidade de espiritos, influenciados ainda pela confusão que inevitavelmente tem de se seguir como corollario de uma convulsão da ordem dessa que mudou a physionomia politica do Brasil.

A DIRECÇÃO

---

4. Apud Mota e Capelato, op. cit.

Filho de Octaviano Augusto Alves de Lima, Octaviano Alves de Lima nasceu em 28 de fevereiro de 1883, em Tietê, interior do Estado de São Paulo, tendo depois estudado na Escola Modelo Caetano de Campos, na capital. Ele entrou para o comércio do café com menos de vinte anos de idade, como sócio da firma Alves de Lima & Cia., de Santos, cidade portuária do Estado de São Paulo. Entre 1903 e 1944, foi também sócio da Café Paulista S.A., na Argentina, onde conseguiu a independência financeira. De 1914 a 1942, foi fazendeiro em Campinas, a 95 quilômetros da capital paulista. Ao comprar a *Folha da Noite*, Octaviano tinha 48 anos. Ele bancou o empreendimento sozinho e foi graças ao dinheiro dele que as *Folhas* conseguiram se recuperar do empastelamento. Se não fosse Octaviano ou outro interessado, é muito provável que a história da *Folha* morresse ali.

Octavio não viu o empastelamento nem acompanhou a recuperação do jornal. A partir de 1931, com Octaviano Alves de Lima, a *Folha* mudou, por motivos óbvios, o foco dos problemas urbanos para defesa da lavoura cafeeira, inclusive porque viria a considerar o café "a única coisa séria que há no Brasil" (*Folha da Manhã*, 12/3/1935). No entanto, isso foi feito com uma visão superior aos interesses do dono. Foram instaladas sucursais no interior, e todos os assuntos relativos à agricultura passaram a ser acompanhados com a máxima atenção, elevando a tiragem das *Folhas* de quinze mil para oitenta mil exemplares por dia. O nome da companhia passou a ser Empresa Folha da Manhã.

Nesse mesmo ano de 1931, Luiz Torres de Oliveira retornou à magistratura. Octavio considerava o pai um juiz fantástico. "Ele se orgulhava de nunca ter tido uma sentença dele reformada pelo tribunal. Uma vez, quando era juiz em Sorocaba, um homem se acidentou numa fábrica. Ele tinha mulher e cinco filhos. Por causa do acidente, a mão gangrenou e o homem acabou morrendo. Papai deu uma sentença condenando a fábrica e essa foi a única sentença dele reformada pelo tribunal. O tribunal entendeu que o homem não tinha procurado imediatamente o pronto-socorro e por isso a fábrica não era culpada pela morte dele. Mas papai era tão rigoroso com a moral que resolveu incorporar a mulher e os filhos daquele homem à nossa família. Naquela época, os juízes ganhavam muito mal. Mesmo assim, ele simplesmente chegou em casa e disse com a maior naturalidade: 'Bom, a partir de hoje, cada um de nós tem que comer um pouco menos, porque precisamos alimentar a mulher e os cinco filhos do homem que morreu'. Como juiz, ele era muito tolerante, compreendia as fraquezas, era muito humano. E dedicado. Me lembro que já no fim da carreira, em Campinas, pouco antes de se aposentar, ele tinha um começo de catarata. Muitas vezes quando eu chegava tarde em casa o via debruçado sobre os autos, lendo com uma lente de aumento. Como juiz era muito humano, mas como pai, rigoroso. No entanto, no fim da vida dele, quando eu já era independente, passei a me dar muito bem com ele. Apesar de ser o caçula dos filhos, eu era o que ele mais respeitava. Só a mim é que ele pedia opinião."

Octavio continuava na Companhia de Gás, mantendo a performance de rapidez com a calculadora. Um dia apareceu na empresa o representante da Assunção & Cia. Ltda., que era ligada ao Banco Comercial e responsável pela venda das máquinas Elliot Fischer em São Paulo. O representante ficou impressionado com a velocidade com que Octavio operava a calculadora, conseguindo o dobro da produção dos outros. A Recebedoria de Rendas estava fazendo uma concorrência para a compra de calculadoras e a Assunção & Cia. Ltda. queria participar para vender as máquinas. O representante chamou Octavio e disse: "Precisamos fazer uma demonstração da calculadora lá na Recebedoria. Você não quer trabalhar como nosso demonstrador?". E ofereceu um salário três vezes maior do que Octavio ganhava. Ele aceitou na hora. Mal sabia aonde aquela velocidade iria levá-lo.

2. COMEMOROU OS VINTE ANOS ATRÁS DAS TRINCHEIRAS

Octavio fez a demonstração na Recebedoria, deixando todos admirados com o duplo desempenho, da calculadora e dele. A Assunção & Cia. Ltda. ganhou a concorrência, mas perdeu Octavio. A Recebedoria resolveu contratá-lo, a fim de organizar a confecção mecânica dos tributos estaduais. A Recebedoria era uma repartição da Secretaria da Fazenda do governo do Estado e fazia o recibo dos impostos Predial e Territorial. Era um emprego disputadíssimo, porque pagava bem. Por isso, só tinha filho de políticos importantes. Octavio virou funcionário público e passou a receber 600 mil-réis por mês.

A vida estava melhorando para ele, mas Octavio tinha responsabilidades com a família, que continuava enfrentando dificuldades, mesmo após o retorno do pai à magistratura no ano anterior, 1931. Assim, apesar do aumento de salário, ele resolveu ganhar um pouco mais. Na época, 1932, a Cássio Muniz era um grande magazine da capital paulista e foi um dos primeiros a vender rádios. Além de novidade, na década de 1930 o rádio representava não apenas uma fonte de informação, mas um meio eletrizante de comunicação por causa de artistas e cantores, como Francisco Alves, Carmen Miranda, Mário Reis, Orlando Silva e outros, que arrebatavam multidões. Atento a oportunidades e premido pela necessidade, Octavio começou a vender rádios: "Eu batia na casa e oferecia um rádio, deixava o aparelho lá de experiência e dias depois voltava. Era um bico, que eu fazia à noite".

Dessa época de vendedor de rádio, Octavio guardou um episódio. Ele tinha um colega, vendedor como ele, que entendia muito do aparelho de rádio. Um dia, esse colega teve uma discussão com um cliente a respeito de uma peculiaridade técnica do equipamento. Quando foi relatar a discussão para o chefe, ouviu do superior o seguinte: "Olha, você tem que decidir se quer ficar com a razão ou com o pedido. Com os dois não dá para ficar". Ou seja, "você tem que decidir se quer vender o rádio que ou se quer ter razão". Foi mais uma lição "de venda" que Octavio aprendeu.

Octavio nem imaginava o que o jornal *O Estado de S. Paulo* ainda viria a significar na sua vida, mas estava sempre próximo dele. O chefe da Recebedoria de Rendas era Bento de Cerqueira Cesar, tio de Júlio Mesquita, diretor de *O Estado*. "Cerqueira Cesar era um político de grande influência, sério, decente e muito dedicado ao trabalho."

Octavio ainda não tinha completado vinte anos e entrou na Recebedoria da Secretaria da Fazenda como chefe do novo serviço implantado com as máquinas compradas da Assunção & Cia. Ele comandava cinco funcionários e o trabalho do departamento era fazer os recibos dos impostos e uma ficha de controle. Trabalhava sob as ordens de um homem muito culto, que não entendia nada de contabilidade, mas tinha estudado na França e conhecia muitos intelectuais de São Paulo. Foi através do superior que Octavio conheceu Paulo Duarte, Guilherme de Almeida, o escultor Victor Brecheret e outros.

Paulo Alfeu Junqueira Duarte nasceu em São Paulo a 17 de novembro de 1899. Era cronista, memorialista, ensaísta e tradutor. Diplomou-se em direito e foi o fundador do Departamento Cultural da cidade de São Paulo. Exerceu função política, foi professor, dirigiu diversos jornais e revistas e fundou a revista *Anhembi*. Foi membro da Sociedade Paulista de Escritores e assinava seus textos com os pseudônimos Alfeu Caniço, Caniço Filho, Gabica Diniz e Tietê Borba. Foi colaborador da *Folha da Noite* desde a fundação do jornal.

Guilherme de Almeida nasceu em Campinas, a 95 quilômetros de São Paulo, em 1890, e foi advogado, jornalista, poeta, ensaísta e tradutor. Em 1930 foi eleito para a cadeira número 15 da Academia Brasileira de Letras.

Victor Brecheret nasceu em São Paulo, em 1894. Fez os primeiros estudos no Liceu de Artes e Ofícios e em 1913 foi estudar em Roma, onde ficou até 1919. Em 1921 foi para Paris com uma bolsa do governo paulista, lá ficando até 1935. "O Brecheret eu conheci pouco. Parecia um açougueiro. Nunca compreendi como é que ele conseguia fazer coisas tão leves sendo grosso daquele jeito."

No entanto, Octavio não estava interessado na vida intelectual: "Nessa época, eu só pensava em ganhar dinheiro e gastar. Preferencialmente com mulher. Eu gostava de cinema, ia bastante, mas não era apaixonado. Meu *hobby* era mulher e esporte. Não era um namorador, mas gostava de farra. E no esporte, eu gostava de tudo: futebol, tênis. Eu gostava de praticar e de assistir. Eu torcia para o Paulistano na época. E depois para o São Paulo. Futebol eu não jogava mais, mas tênis praticava no Palmeiras, nadava, gostava de nadar, de ir a Santos. Já tinha a Estrada do Mar".

Em meio a isso tudo, veio a Revolução Constitucionalista de 32. Os políticos paulistas, sobretudo os dirigentes do Partido Republicano Paulista (PRP), não engoliam a vitória da Revolução de 30 e aproveitaram a nomeação de um interventor para o Estado para iniciar uma grande campanha contra o governo federal. Os gritos e lemas de "São Paulo conquistado", "São Paulo dominado por gente estranha", "Convocação imediata da Constituinte" e "Tudo pela Constituição" refletiam o clima da época. O interventor acabou se demitindo, mas os ânimos continuaram exaltados, em especial por parte dos universitários, que ainda não haviam criado os caras-pintadas. Velhos inimigos do PRP e do Partido Democrático (PD) se uniram na "Frente Única". Nem mesmo as promessas de eleições, nova Constituição e nomeação de um interventor paulista foram suficientes para abafar o descontentamento, que foi crescendo, como na noite de 23 de maio. Quatro jovens estudantes foram mortos pelas tropas federais na praça da República: Miragaia, Martins, Dráusio e Camargo, que deram origem à sigla MMDC.

A revolução paulista se iniciou em 9 de julho de 1932 e, como São Paulo já era governado por um civil e paulista, a grande reivindicação foi a constitucionalização do país. O general Isidoro Dias Lopes comandou a revolução, mas ele havia convidado para esse papel o general Bertoldo Klinger, que, esperava-se, viria de Mato Grosso com cinco mil homens bem adestrados e equipados. No entanto, Klinger enviou uma correspondência crítica e violenta ao ministro da Guerra e foi demitido, em 7 de julho, do comando da Circunscrição Militar de Mato Grosso. Com isso, os líderes políticos paulistas, que tinham decidido eclodir o movimento em 15 de julho, resolveram antecipá-lo para o dia 9.[5] O Estado de São Paulo tinha muitos recursos materiais e humanos e uma tecnologia de ponta, que permitiu fazer munição de infantaria e transformar trens e automóveis em couraça. As fábricas paulistas adaptaram suas máquinas e passaram a fabricar munição de infantaria, morteiros, granadas de mão e lança-chamas.[6] Para Octavio, a indústria paulista sustentou a revolução: "Foram três meses. Fizeram bônus, que Getúlio depois pagou, não deu calote. E construíram fábricas que, de repente, viraram fábricas de armamentos. Fizeram blindados e um trem de aço que escreveu histórias".

Para melhor entender por que São Paulo fez a Revolução de 32 é preciso adentrar um pouco a história. Entre 1930, quando triunfou como líder da revolução, e 1937, Getúlio Dornelles Vargas constituiu um governo provisório que começou suspendendo a Constituição de 1891, dissolvendo os órgãos legislativos e passando a governar por meio de decretos-leis. Interventores foram nomeados para os Estados e a União passou a dispor de dois novos ministérios: o do Trabalho, Indústria e Comércio e o da Educação e Saúde. Para solucionar a grave crise com a superprodução do café, o governo queimou milhares de sacas, procurando manter um preço mínimo. O Brasil conseguiu avançar na industrialização durante os anos 30 e 40, mas até a década de 1950 o café continuou sendo nosso principal produto.

Octavio mal tinha assumido como chefe do novo serviço implantado na Recebedoria de Rendas quando estourou a revolução. Era a terceira da vida dele, e elas tinham ocorrido num período de apenas oito anos. Em 1924, tinha sido uma diversão assistir da avenida Paulista aos canhões atirando. Em 1930, chegou a ver o empastelamento do jornal *A Gazeta*, mas não tomou conhecimento do da *Folha*. Agora, ele ia fazer parte da revolução.

"Foi uma histeria coletiva em São Paulo, todo mundo se alistou. Eu não acreditava naquela revolução, achava que nós íamos perder, mas a

---

5. Carlos de Meira Mattos, general-de-divisão reformado e veterano de 32, em "Por Que São Paulo Foi Derrotado", artigo publicado no Boletim nº 84 da Academia Paulista de História e reproduzido em *A Revolução de 32 — Um Painel Histórico* (3ª edição, São Paulo: CIEE/Academia Paulista de História/Instituto Roberto Simonsen, 2001).
6. Luiz Gonzaga Bertelli, "São Paulo, o Solitário Defensor da Lei", em: *A Revolução de 32 — Um Painel Histórico*, op. cit.

pressão geral era tão grande que eu resolvi me alistar também, para desespero de meu pai, que não queria que eu fosse de jeito nenhum. Aquilo era sacanagem dos paulistas da UDN (União Democrática Nacional). Sempre achei isso. Por que nenhum filho de gente importante estava lá? Só estavam o povinho ou os ingênuos como eu. Foi uma das sacanagens mais bem armadas que eu já vi. No entanto, as pessoas achavam que estavam defendendo São Paulo. O lema do brasão paulista era *Pro Brasilia fiant eximia*, 'Para o Brasil o que há de melhor'. Mas as pessoas agiam como se fosse *Pro São Paulo fiant eximia*. Talvez a cúpula da revolução fosse separatista, mas o povo, não. No entanto, a histeria pró-revolução era em todas as classes. Você saía na rua e pegava um bonde – era bonde aberto, com estribo –, e as moças se levantavam, vinham para o estribo e, com ironia, ofereciam o lugar delas para a gente, como que dizendo: 'Você é mais fraco do que eu. Então vá sentar-se que eu fico aqui de pé'. Quer dizer, não havia como os paisanos não aderirem. Era pressão moral, não aderir era sinal de covardia."

Para ter uma idéia do clima, a primeira página da *Folha da Manhã* de 12 de julho de 1932 tinha como manchete "A Marcha Triumphal do Movimento Constitucionalizador". E no rodapé, com destaque, "Palavras do governador Pedro de Toledo à *Folha da Manhã* quando falou ao nosso representante no Palacio dos Campos Elyseos", pegando as seis colunas: "São Paulo acorre ao apello do Brasil com o Brasil e pelo Brasil! A nação inteira reclama o regime da ordem e da lei: Alteando tal bandeira a victoria da causa constitucionalista representa a victoria da propria nacionalidade". Mas Octavio continuava não acompanhando os jornais. Para ele, "o rádio foi o grande instrumento de comunicação na campanha. Cesar Ladeira tinha um programa de rádio e sempre, quando começava, tocava a 'Paris Belfort', a marcha da revolução".

Foi formada a Liga de Defesa Paulista e junto com Octavio se incorporaram ao exército constitucionalista o chefe dele na Recebedoria da Receita e alguns dos conhecidos. Só que o chefe dele ficou em São Paulo: "Não era bobo". Mas Octavio, Guilherme de Almeida, Tácito, irmão dele, Carlos Pinto Alves, o popular Carlos Piteira (um grã-fino que usava piteira), e o pintor Antonio Gonçalves Gomide estavam juntos no batalhão que saiu de São

Paulo, acampou em Guará e em seguida foi para Cunha, na direção do Estado do Rio de Janeiro, próximo a Paraty.

"Fomos para Cunha de noite. Eu me lembro bem que o Guilherme de Almeida chamava o fuzil de espingarda. Subimos num caminhão e foi a primeira vez que nos deram munição. O Guilherme nem sabia armar a espingarda. Então, eu disse: 'Me dê as suas balas que eu guardo aqui no bolso. Lá na hora eu dou, senão você vai acabar dando tiro na gente'. Todo mundo dizia que tínhamos que retomar Cunha, mas ao chegarmos lá não tinha tropa nenhuma. Então nos instalamos em Cunha. No dia seguinte, quem eu vejo tomando conta do armazém? Meu pai sempre me escrevia cartas dizendo para eu voltar. Nós tínhamos um parente que era auditor das tropas em São Paulo. Papai foi falar com ele e ele disse: 'Faço o que você quiser. Seu filho vem para cá para ser auditor também'. Então papai queria que eu voltasse, e eu dizia: 'Não, vou ficar aqui mesmo'. E meu pai desesperado, coitado. Então, quando chegou de manhã, eu vi o Guilherme de Almeida e o Carlos Pinto Alves tomando conta do armazém, os dois vivos, não é? E eu na tropa, na trincheira, fazendo exercício. 'Que bobo que eu estou sendo', pensei."

Octavio conta que aconteciam coisas engraçadíssimas: "As tropas do governo tinham uns aviõezinhos vermelhinhos, que ficaram célebres. Voavam uma vez por dia, davam uns tirinhos e tal. Eu me lembro bem que, num exercício que estávamos fazendo em Cunha, assim que chegamos, apareceu um sujeito apavorado, correndo, e disse ao tenente: 'Estão procurando lá em cima o avião? Eu achei um deles'. Isso porque esse tenente, que se achava muito importante, num determinado momento em que houve um *raid*, como diziam antigamente – ou seja, um ataque dos aviõezinhos vermelhinhos –, começou a correr esbaforido, dizendo 'são os tenentes que eles querem, são os tenentes que eles querem', como quem diz 'eles querem pegar os tenentes, querem atirar lá de cima nos tenentes'.

Dias depois, fomos a uma trincheira, e aí nos colocaram junto com soldados da Força Pública. Foram dias curiosos, interessantes, porque ali a gente percebia o que é a filosofia popular. Um soldado da Força Pública, com quem fiz boa camaradagem, dizia coisas pitorescas. Muitas vezes chegava um oficial lá e dizia: 'Temos uma missão e precisamos de voluntário. Quem se candidata?'. Aí o soldado me dizia: 'Não vai não, meu irmão. Tu é besta? Quem gosta de mim é mim mesmo'. Nunca mais me esqueci disso.

Um dia, fizemos um avanço geral em direção a Paraty e foi uma *débâcle* desgraçada. Os marinheiros estavam entrincheirados. Eu fiquei na trincheira muito tempo, dia e noite, e completei os vinte anos lá. E nem precisamos cavar a nossa trincheira. A trincheira que ocupamos já estava cavada. Era dos marinheiros que tinham recuado. Só saía de noite, porque de dia nós estávamos entrincheirados. E de manhã estávamos lá de novo. Trocávamos tiros, gastávamos munição pra burro. Mas ninguém matava ninguém porque estávamos longe, a uns quinhentos metros de distância uns dos outros. Mas, quando apontava uma cabecinha nossa, eles atiravam".

Nem tudo era engraçado. Um dia Octavio caiu numa emboscada: "Eu estava fazendo uma patrulha. Nesse dia, era uma grande operação de avanço, nós fomos de caminhão até certo trecho. Aí descemos – eram muitos caminhões, uns dez ou quinze – e em cada um havia um comandante, um soldado graduado. Estávamos indo por uma estradinha, dessas de carro de boi, com sulcos profundos e capim ao lado. De repente, começou um tiroteio terrível. Nos jogamos nos sulcos das rodas. Pus meu capacete de aço na frente e olhei por debaixo dele. Era como quando chove, depois de uma seca, e cada pingo de água levanta uma poeirinha no chão. Os tiros levantavam a poeirinha do chão. Então fomos recuando até que chegamos a uma curva e aí todo mundo deu no pé. Porque não tinha como atirar em alguém. A gente não via nada, o pessoal que nos atacava estava no meio do capim. Foi um fracasso".

O perigo era grande, até por imprudência do recrutamento: "Eu não tinha aprendido a atirar, não tive treinamento nenhum. Estávamos ali em Cunha com a cara e a coragem. Um dia, fomos defender a usina de energia elétrica que abastecia Cunha. Estávamos num grupo de umas trinta pessoas, quinze soldados da polícia e quinze do nosso batalhão de patriotas. Em Cunha, a usina ficava numa depressão forte, cercada por montanhas. Foi uma bruta discussão com o sargento que chefiava a missão, e que era um grosso, para sabermos se a melhor posição para defender Cunha era ficarmos em cima, no meio ou embaixo. Eu estava com o Nelson Perrone, que trabalhava comigo na Recebedoria de Rendas. Eu lhe disse: 'Nelson, vamos cair fora daqui porque esse negócio vai dar chabu'. Aí fomos cavar trincheira e, quando escureceu, caímos fora. Voltamos para Cunha e dormimos lá. No dia seguinte, os que voltaram chegaram esbaforidos porque os federais tinham atacado e tomado a usina e inclusive matado alguns companheiros.

Nós tínhamos um canhãozinho, manobrado por um oficial de artilharia do Exército, que dava uns tirozinhos, mas com pouca munição. Na trincheira ficávamos horrorizados quando víamos nosso canhão atirando porque aí eles respondiam com, sei lá, cinco ou dez. Era uma coisa horrorosa. Até que fomos fazer um avanço geral que resultou num fracasso completo. Esse episódio me faz lembrar desses quadros de fim de batalha, que de vez em quando a gente vê por aí. Foi a imagem que me ocorreu quando voltamos, porque avançamos e tivemos que recuar. Recuo totalmente desorganizado. Aí resolvi ouvir o meu pai e aceitar o convite para ser tenente de auditoria; estava indo para o sul, lá em Itararé, quando a revolução acabou. Felizmente, não tive nenhum amigo que morreu. E, durante o tempo todo em que estive lutando, foram poucas as mortes, talvez umas vinte. Graças a Deus, eu nunca acertei um tiro em alguém. Ao menos, que eu visse. E também não tive medo de morrer, não. Eu achava que voltava vivo".

Para ter uma idéia da desigualdade, São Paulo contava com 44 canhões e seis aviões, enquanto o governo federal tinha 250 canhões, a Marinha e 24 aeronaves, além de cerca de cem mil combatentes do Exército. A capitulação de São Paulo e o armistício ocorreram em 1º de outubro de 1932. A revolução durou menos de noventa dias e terminou com cidades bombardeadas, portos minados, 1.037 feridos e cerca de 830 mortos, quase o dobro do número de pracinhas que tombaram na Segunda Guerra Mundial.[7]

Terminada a revolução, Octavio voltou à Recebedoria de Rendas. Um episódio o marcou e mostra o quanto ele tinha a cabeça aberta a novidades e mudanças, o que seria fundamental mais tarde. Na Recebedoria de Rendas havia um chefe de seção que era um homem muito direito, o "seu" Rabello: "Ele foi contra a adoção do papel-carbono na Recebedoria. Antigamente, cada lançamento era feito em três vias: uma ficava no corpo do livro, a outra era para efeito contábil e a primeira era o recibo da pessoa que pagava. E as três vias eram preenchidas manualmente, uma a uma, porque não existia

---
7. Apud Luiz Gonzaga Bertelli, op. cit.

papel-carbono. Quando inventaram o papel-carbono, um vendedor foi lá mostrar que aquilo reduzia o trabalho para um terço. E a resposta do 'seu' Rabello foi: 'Mas por quê? Eu sempre fiz assim. Por que você quer me convencer para mudar?' Eu era muito novo quando ouvi, mas aquilo nunca mais me saiu da cabeça. Eu tive pena do homem que não foi capaz de visualizar um progresso inexorável, que não havia como evitar.

A mesma sensação eu tenho às vezes quando vejo uma classe brigar para manter um emprego que o progresso está eliminando. Essa sensação para mim ficou clara quando veio o cinema falado. Houve um protesto enorme dos músicos, porque antigamente as fitas não tinham nenhum som. E todos os cinemas tinham uma orquestrinha que tocava uma musiquinha ou um velhinho, coitado, desamparado, que ficava ali a noite inteira tocando piano. E, quando veio o cinema falado, eles foram eliminados. Então, pintaram o diabo, fizeram greve. E eu me lembro de uma vez que eu tinha ido a um cinema perto da Paulista e vi os velhinhos da orquestra com olhos de maior interesse. Fiquei com pena e pensei: 'Coitados, estão roubados, porque vão perder o emprego. Não há como, é inexorável. E quem é que vai ser contra o cinema falado?'. Então, me lembrei também do Rabello, que era contra o papel-carbono".

Se, por um lado, as pessoas eram refratárias a mudanças, por outro não havia corrupção, como bem observaria Octavio anos depois: "No serviço público, a rejeição ao corrupto era muito violenta. A questão moral era muito importante. E, que eu me lembre, não havia tentativa de suborno. A administração não era corrupta, mas o processo eleitoral, sim. No entanto, os governantes eram de elite e todos preparados. O preparo era lento, porque o sujeito começava lá de baixo. E não existia naquele tempo a imagem do bandido, do corrupto que vai se eleger para roubar, para ficar rico. No serviço público se entrava muito por apadrinhamento ou por indicação do partido. Mas o partido fazia uma seleção. A célula *mater* do partido era composta de gente essencialmente decente. Podiam ser retrógrados, politicamente atrasados, mas tinham uma ética moral muito rígida. Na prefeitura, por exemplo, eram todos filhos de políticos importantes, mas não me lembro de um que fosse apontado como 'aquele lá rouba'. Os lançadores eram muito bem pagos, tropa de elite, e seus cargos, muito disputados. Mas se progredia na carreira só por pistolão público. Eu fui um caso excepcional".

Getúlio Vargas sufocou a Revolução de 32, mas percebeu dois problemas sérios: era difícil governar sem os paulistas e os militares legalistas não toleravam as reivindicações dos tenentes "mais à esquerda". Para não perder o poder, Vargas convocou uma Constituinte, que resultou na Carta de 1934, visando conciliar as diversas tendências. Com esta Carta, o cargo de vice-presidente foi extinto; o Executivo podia intervir nas áreas política e econômica; os ministérios deveriam adotar assessoria técnica; foram criadas as justiças Trabalhista, concedendo os primeiros direitos aos trabalhadores, Eleitoral, garantindo a lisura das eleições, e Militar; as mulheres passaram a ter direito a voto; o nacionalismo foi fortalecido com a limitação da imigração e a nacionalização de empresas de seguros, do subsolo e da imprensa. Foram também instituídas eleições indiretas para o primeiro presidente da nova Constituição, com a vitória de Getúlio Vargas contra Borges de Medeiros. Justamente por atender a alguns dos anseios do tenentismo, a nova Constituição sepultou de vez o movimento.

No entanto, a partir de 1934, o Brasil viu nascerem duas novas tendências políticas, o nazi-fascismo e o socialismo marxista, as primeiras a terem uma ideologia, o que as fez angariar simpatias nacionais e não apenas regionais, como os movimentos anteriores. Apesar de terem em comum a crítica contra o Estado burguês-liberal e a "democracia" por ele desenvolvida, as novas tendências políticas eram diferentes na essência.

O fascismo brasileiro, que tinha como nome oficial Ação Integralista Brasileira (AIB) e era conhecido por integralismo, foi criado por Plínio Salgado em 1932. Defendia a criação de um Estado ditatorial ultranacionalista e anticomunista. Em uniformes verdes, ostentando como símbolo do partido a letra sigma do grego, similar a "um M deitado", os integralistas tinham como saudação a expressão "anauê!". Na língua tupi, "anauê!" significa "você é meu irmão" e serve de saudação e grito. No integralismo, era usada para "exaltar, afirmar, consagrar e manifestar alegria". Como bem descreve Rafael Dubeux na sua página na internet, *História da República do Brasil*,[8] "este fascismo

---

8. http://elogica.br.inter.net/crdubeux/historia.html

caboclo impressionava a classe média, o alto clero e parcelas reacionárias da sociedade em geral. Seu lema era a trilogia 'Deus, pátria e família'. [...] Os integralistas alimentavam o sonho de atingir o poder com o apoio de Vargas".

A outra tendência, a do socialismo marxista, era a Aliança Nacional Libertadora (ANL), de oposição a Getúlio Vargas. Era contra "todos os totalitarismos de direita, preconizava a criação de um Estado democrático, popular, o cancelamento do pagamento da dívida externa, a efetuação de uma reforma agrária e a nacionalização das empresas estrangeiras". É interessante notar que o item da nacionalização, em vez de afastar, aproximava a ANL de Vargas, porque ele fazia parte da Constituição de 34. Quem comandava a ANL era o mesmo Luís Carlos Prestes que, entre 1925 e 1927, liderou a Coluna Prestes e que, nas lembranças de Octavio, então com treze anos, era "um maluco atravessando o Brasil de ponta a ponta, acompanhado de muitos seguidores".

Pressionado pelas oligarquias, Getúlio Vargas reprimiu a ANL, obrigando-a à clandestinidade e levando o Partido Comunista Brasileiro, que se aliara a ela, a optar pela revolução armada para tomar o poder. Conhecida como Intentona Comunista, a rebelião se deu entre 25 e 27 de novembro de 1935, no Rio de Janeiro e no Nordeste, onde começou em Natal, capital do Rio Grande do Norte. Em Recife, Pernambuco, chegou a ser tentada, mas sem êxito. Em 26 de novembro, Getúlio Vargas decretou o estado de sítio, prendendo os chefes e levando-os a julgamento pelo Tribunal de Segurança Nacional. O estado de sítio durou até 1936. Toda a oposição de esquerda foi violentamente reprimida.

O nacionalismo de Getúlio Vargas fez o Brasil evitar ao máximo a entrada de capital estrangeiro e aumentou a intervenção estatal na economia. No Estado Novo (a partir de 10/11/1937), o governo passaria a ter grandes empresas e a atuar na economia como planejador e investidor. No início de 1937, as mais variadas correntes políticas lançaram candidatos à Presidência: Armando de Salles Oliveira, em São Paulo; José Américo de Almeida, na Paraíba; e Plínio Salgado, representando a ultradireita. Mas Getúlio Vargas queria continuar presidente e, portanto, não apoiou ninguém. No entanto, contava com o apoio de praticamente todos. Alinhavam-se com ele os conservadores, por temerem o comunismo; os integralistas, por defenderem um Estado forte; e os militares, como o ministro da Guerra, Eurico Gaspar Dutra, o chefe do Estado-Maior, Goes Monteiro, e o secretário de Segurança

Pública do Rio de Janeiro, Filinto Müller, que começava ali a despontar como um linha-dura que, no futuro, seria odiado pela esquerda.

Rafael Dubeux resume o que aconteceu: "Os políticos começaram a desconfiar dos planos continuístas de Vargas logo que ele começou a afastar militares legalistas do comando de áreas estratégicas e, em seus lugares, nomeou oficiais de sua confiança. Para dar mais 'veracidade' à necessidade de um golpe, o governo forjou um plano mirabolante, pelo qual os comunistas tomariam o poder: era o Plano Cohen. A fobia ao comunismo decorrente de hábil propaganda propiciou ao governo conseguir a decretação de um 'estado de guerra' em plena paz e a adesão de vários governadores. Neutralizadas as oposições de esquerda (desde 35 abatidas), não foi difícil para Vargas esvaziar a resistência liberal. A 10 de novembro de 1937, pretextando a 'salvação nacional' contra o perigo comunista, o Congresso foi cercado, a resistência liberal dominada e uma Constituição outorgada, a Polaca (redigida por Francisco Campos). Começa aí a segunda fase do governo Getúlio Vargas, o Estado Novo. O pouco de abertura que restava foi fechado".

Com o tempo, as máquinas de contabilidade Elliot Fischer, que Octavio havia ajudado a demonstrar e foram compradas pela Receita, ficaram obsoletas. "A coqueluche do momento eram os cartões perfurados. E havia dois sistemas que disputavam o mercado: um era da Powers e o outro, chamado Hollerith, da IBM. Daí se originou a expressão 'holerite', que todo mundo ainda usa hoje como sinônimo de contracheque. Eram duas empresas que faziam e trabalhavam na base de cartão perfurado. A gente perfurava numa maquininha os dados do cartão, depois outra máquina classificava esses cartões como você quisesse e uma terceira máquina imprimia o que estava nesses cartões e fazia alguns cálculos. A base do cartão perfurado era essa, o que representava um avanço enorme sobre o sistema manual da Elliot Fischer. Mas o cartão perfurado também ainda era mecânico."

Foi feita uma concorrência na Secretaria da Fazenda e ganhou a Powers. Na opinião de Octavio, "a Powers estava mal colocada, e devia ter ganho a IBM. Um sujeito chamado Carlos Nehring era o gerente-geral da Powers e foi ele quem implantou o serviço na Recebedoria de Rendas. Aliás, nessa ocasião, ela já tinha deixado de ser Recebedoria de Rendas para se transformar na Divisão de Contabilidade. E eu fui indicado para ser o assistente do Nehring, para fazer a transferência do sistema anterior para o da Powers. Eu me dei muito bem com o Nehring, que me ensinou tudo. Mas ele não queria ficar lá plantado na Secretaria da Fazenda. 'Eu não vou ficar aqui. Vou-me embora, porque meu negócio é empresa privada. Eu ganho bem lá fora, estou aqui por uma imposição da concorrência que me obrigou a vir implantar o serviço', ele dizia. Quando o Nehring considerou o serviço implantado – não estava totalmente, mas estava caminhando –, ele foi ao secretário da Fazenda, que era o Clóvis Ribeiro".

Clóvis Ribeiro foi o secretário de Armando de Salles Oliveira. Engenheiro e jornalista, Armando de Salles Oliveira nasceu em 1887, na cidade de São Paulo, e foi uma grande liderança política nos anos 30. Formado em 1905 pela Escola Politécnica de São Paulo, especializou-se na instalação de usinas de energia elétrica em várias cidades paulistas. Foi diretor do jornal O *Estado de S. Paulo*, em 1915, e um dos fundadores da *Revista do Brasil*, em 1916. Após a Revolução de 1932, foi nomeado, em 1933, interventor federal no Estado de São Paulo. Depois de promulgada a Constituição estadual, em 1935, elegeu-se governador do Estado e fundou a Universidade de São Paulo, mas renunciou ao cargo para disputar a Presidência da República por uma coligação de partidos com o nome de União Democrática Brasileira (UDB). Teve, então, sua carreira comprometida com a implantação do Estado Novo, quando foi preso e exilado, e só recebeu permissão para voltar quando já estava muito doente, morrendo logo depois, em 1945, em São Paulo. Clóvis Ribeiro, que tinha feito uma grande reforma na Secretaria da Fazenda, era cunhado de Waldemar Ferreira, um dos fundadores da UDN (União Democrática Nacional), um dos líderes da Revolução de 32 e ligado à família Mesquita. Octavio considerava "Waldemar Ferreira uma das principais figuras políticas da época, uma pessoa direita, advogado, homem sério e que não tinha grande fortuna".

Quando Carlos Nehring foi falar com Clóvis Ribeiro, secretário da Fazenda, Octavio nem imaginava o que o futuro estava reservando para ele. Nehring disse: "A minha função está completa, e o serviço, entregue. Vou-me embora, vou tratar dos meus negócios". Clóvis Ribeiro perguntou: "E quem o senhor indica para o seu lugar?". Nehring respondeu: "O melhor é um rapazinho chamado Octavio Frias de Oliveira". Clóvis Ribeiro mandou chamar Octavio e ficou espantado quando o viu: "Mas é um menino, iniciante. Como ele vai pegar uma diretoria daquela na Contabilidade?". Octavio tinha cerca de 23 anos: "O secretário Clóvis Ribeiro fez um escândalo geral por toda a casa, mas me nomeou diretor da Divisão de Contabilidade da Secretaria da Fazenda e melhorou bem o meu salário. Acima de mim tinha só o diretor da Receita e, acima dele, o secretário da Fazenda. Já era um bom salário para mim pelo menos, que ainda era um garoto".

O pai de Octavio ficou feliz porque o filho começava a vencer na vida. Nessa época, Octavio já tinha o apartamento dele, uma *garçonnière*, como se dizia, alugado, claro. "Mas eu ia sempre em casa, tinha roupa e tudo mais lá. Tive vários apartamentos, numa porção de lugares. À medida que ia melhorando, ia melhorando o apartamento. Também comprei o primeiro carro. Era um carro novo, um Ford 36. Nessa época era raro uma pessoa ter carro, era difícil de comprar. Mas eu ganhava um bom salário. Ganhava e só gastava, não investia em nada." A essa altura também, os cabelos de Octavio começavam a ficar brancos, mas não de preocupação. "Sempre tive cabelo branco. Com dezoito, vinte anos, já tinha uma mecha." Quando Octavio assumiu como diretor da Divisão de Contabilidade da Secretaria da Fazenda foi um escândalo, porque todo mundo pensava que ele tinha proteção política: "Mas eu não havia conhecido político algum até aquela época".

Apesar de o Brasil viver em constantes turbulências políticas, tudo estava indo muito bem para Octavio. Havia anos que a vida dele embicara para cima e não deixava dúvidas sobre o futuro que o aguardava. Mas, em 1936, ele viveu sua segunda perda: a irmã Rosaura, que tinha nascido em 1910, dois anos antes dele. Com apenas 26 anos, ela faleceu por causa de uma espinha que infeccionara. Ainda não havia antibiótico, e a deficiência da medicina, que já lhe tirara a mãe, acabou por lhe impor outra vítima.

Foi também nesse período, como diretor da Divisão de Contabilidade da Secretaria da Fazenda, que Octavio tomou contato com o integralismo. "Eu nunca pertenci ao movimento integralista e o via com uma desconfiança atroz. O Plínio Salgado era o chefe incontestе. O Lair Júnior, que era irmão do Orozimbo Roxo Loureiro, com quem eu teria muito contato anos depois, era um dos líderes do Integralismo, junto com Miguel Reale, Roland Corbusier, Goffredo Telles Júnior, Gustavo Barroso."

Octavio tinha um primo-irmão, Luís Assis Fonseca, que "era integralista fanático, andava sempre de camisa verde e fazia 'anauê', a saudação integralista". Um dia Luís Fonseca levou Octavio para "assistir a uma apresentação do Plínio Salgado no Clube Comercial, num prédio que depois virou o Banco Mercantil, na rua Líbero Badaró, centro de São Paulo. Foi a coisa mais impressionante que eu vi na minha vida. Eu tinha uns 25 anos. O ambiente parecia o mesmo do Hitler na Alemanha, que eu via naqueles jornais que passavam então no cinema. Era o mesmo fanatismo, o mesmo clima de entusiasmo maluco. Tive a impressão de uma loucura, uma histeria coletiva completa. O pessoal era fanático, uma coisa indescritível. O Plínio Salgado empolgava a turma, fazendo aquela gesticulação imitando o Hitler. Até fisicamente ele lembrava o Hitler porque tinha um bigodinho como o dele. Eu nunca vi nenhum líder nacional conseguir – a não ser o Getúlio, talvez – o fanatismo que ele despertava. Não, nem o Getúlio conseguiu. O pessoal punha a camisa verde e tinha uma letra grega, o sigma. E faziam a saudação 'anauê'. Tinha de tudo, classe média, alta e um pouco da classe baixa. Eu fui ver de curiosidade, queria ver aquele fenômeno do qual todo mundo falava".

Octavio foi ver e ficou "impressionadíssimo com a histeria coletiva que o Plínio Salgado conseguia despertar. O integralismo ia crescendo, e o Getúlio, jogando de morto. Até que organizaram uma passeata monstruosa no Rio, que foi uma loucura, porque o integralismo era um partido militarizado, tinha tropa de choque, fazia também depredações. Cópia fiel do Hitler. Todo mundo pensava que no dia seguinte o Plínio Salgado ia ser chamado pelo Getúlio para ser ministro ou primeiro-ministro, a menos que tivessem decidido derrubar o Getúlio, porque a infiltração nas classes armadas também era violenta. O Getúlio estava na sacada do Palácio das Laranjeiras, ao lado do Plínio Salgado, assistindo ao desfile. Era o mesmo fenômeno do nazismo. Isso foi antes do Estado Novo, e todo mundo estava esperando que o integralismo tomasse conta do país. Daí veio o golpe do Estado Novo. Foi no dia seguinte ou dois dias depois dessa demonstração de apoio. Na primeira hora, ninguém sabia do que se tratava o golpe do Estado Novo. Todo mundo pensava que era um golpe integralista e que o Plínio Salgado tinha tomado o poder".

No dia do golpe, Octavio foi para a Secretaria da Fazenda. O prédio no qual ele trabalhava ficava na alameda Barão de Limeira, abaixo de onde está a *Folha de S.Paulo* hoje (2006), ou seja, mais em direção à rua Lopes de Oliveira. "Não tinha ninguém na secretaria. Só encontrei lá o Américo Portugal Gouvêa, que era o diretor-geral da secretaria. Então, ficamos nós dois conversando para ver quem é que vinha tomar posse da Secretaria da Fazenda de São Paulo." Naquele dia não apareceu ninguém. Mas, depois, ia aparecer, sim.

Octavio se dava muito bem com Américo Portugal Gouvêa. O irmão dele, Sebastião Portugal Gouvêa, era diretor do Terpsichore, um clube de dança que ficava no parque Trianon, na avenida Paulista, e que Octavio freqüentava. Na época, o Trianon tinha um belvedere, na parte de cima, e um salão de festas embaixo. E havia lá um prédio que anos depois foi derrubado para se fazer o Museu de Arte de São Paulo (Masp). Nesse salão de festas, madame Poças Leitão, uma francesa que era professora de dança, fazia, dois domingos por mês, uma matinê de dança freqüentada pela classe média alta. Apesar disso, não foi através de Sebastião que Octavio conheceu Américo. Ele conheceu Américo Portugal Gouvêa dentro da própria secretaria e ficaram muito amigos. Então, em meados de abril de 1938, quando Octavio estava ainda com 25 anos (ia completar 26 apenas em agosto), houve uma reviravolta no governo do Estado de São Paulo. Adhemar Pereira de Barros foi nomeado interventor do Estado.

Nascido em Piracicaba, interior do Estado, em 1901, Adhemar passou sua infância em São Manuel, também no interior paulista. Após estudar no Ginásio Anglo-Brasileiro, na capital, foi para a Escola Nacional de Medicina, no Rio de Janeiro, tendo feito pós-graduação no Instituto Oswaldo Cruz, nos cursos de parasitologia, helmintologia e microbiologia. Posteriormente, fez residência médica na Europa, onde permaneceu dois anos entre Hamburgo e Berlim, na Alemanha, e em hospitais da França, Áustria, Suíça e Inglaterra. Após voltar para o Brasil, enveredou pela política, tendo sido nomeado interventor do Estado de São Paulo, função que exerceu de 1938 a 1941. Ao assumir, Adhemar de Barros fez uma composição com a velha turma do Partido Republicano Paulista (PRP).

Clóvis Ribeiro, que até então era o secretário da Fazenda, havia feito uma grande reforma na secretaria e tinha afastado uma porção de protegidos políticos. Com Adhemar no governo, foi indicado para secretário da Fazenda um político inexpressivo. Com isso, puseram um velho como diretor da Divisão de Contabilidade, e Octavio foi rebaixado para chefe de seção, tendo o salário reduzido. Octavio não havia precisado de político para subir, mas foi necessário um para fazê-lo descer. Ficou muito chateado e chegou a pensar em sair. "Mas o Américo Portugal Gouvêa sempre me dizia: 'Não, continue, agüente mais um pouco'. E eu agüentei, apesar de insatisfeito." Octavio teve que suportar as mudanças durante anos, mas não se arrependeu.

O ano de 1945 foi dos mais importantes para o mundo, para o Brasil, para a *Folha* e para Octavio. Getúlio Vargas deixou a Presidência da República. A Força Expedicionária Brasileira (FEB) tinha sido enviada no ano anterior para lutar na Itália, ajudando os aliados na Segunda Guerra Mundial, que havia começado em 1939. Mas, com a bomba atômica, os Estados Unidos destruíram Hiroshima e Nagasaki, no Japão, o que levou ao fim do conflito. Logo depois, a Organização das Nações Unidas (ONU) foi criada. Octaviano Alves de Lima, que havia comprado a *Folha* em 1931, decidiu vender o jornal por considerar "inútil o trabalho e insana a espera". Por coincidência, os quinze anos em que a *Folha* pertenceu a Octaviano corresponderam à chamada República Nova (1930-37) e ao Estado Novo (1937-45), quando o Brasil foi governado por Getúlio Vargas. Em 10 de março de 1945, José Nabantino Ramos, Clóvis Medeiros de Queiroga e Alcides Ribeiro Meirelles assumiram a Empresa Folha da Manhã, manifestando o intuito de defender a democracia e manter "absoluta imparcialidade em relação a partidos e intransigente defesa do interesse público".[9]

José Nabantino Ramos era advogado, agricultor e jornalista. Nasceu em Queluz, divisa do Estado de São Paulo com o Rio de Janeiro, em 11 de novembro de 1908. Fez os estudos primários em Bauru, interior de São Paulo, e os secundários na capital paulista, formando-se em 1934 pela Faculdade de Direito da Universidade de São Paulo. Advogou em Bauru e região entre 1934 e 1940, transferindo-se no ano seguinte para São Paulo, onde continuou a exercer a advocacia. Alcides Ribeiro Meirelles era médico e agricultor, originário de Santa Rita do Passa Quatro, interior do Estado de São Paulo.

---

9. Mauricio Puls, op. cit (nota 3).

Nesse mesmo ano de 1945, Octavio começou a se aproximar da *Folha*, mas de maneira totalmente inconsciente. Maria Zélia, uma das irmãs dele, nasceu em 16 de setembro de 1909. Depois que a mãe de Octavio morreu, em 1920, Maria Zélia Frias Street, mulher de Jorge Street, assumiu o papel de avó de Octavio e de todos os irmãos e irmãs dele, inclusive ajudando-os financeiramente porque o pai, Luiz Torres, estava numa situação muito difícil. Pelo nome, vê-se que dona Maria Zélia tinha afeição especial pela sobrinha-neta. Ela praticamente criou a menina, bancando os estudos dela no Colégio Nossa Senhora do Sion, em São Paulo.

Maria Zélia e Jorge Street tinham um filho, Luiz Street, que era muito amigo de Clóvis Medeiros de Queiroga. Nascido na capital paulista em 30 de março de 1905, Queiroga freqüentava muito a casa dos Street, onde conheceu Maria Zélia, irmã de Octavio, e acabaram casando-se em 1937. Nesse mesmo ano, Queiroga começou a trabalhar com o conde Francisco Matarazzo, filho do primeiro e lendário conde Francisco Matarazzo. Em 1942, quando já tinha os filhos Regina, com quatro anos, e Eduardo, com dois, Queiroga foi com a família para Barranquilla, na Colômbia, instalar e colocar em funcionamento uma fábrica do Grupo Matarazzo. Ficou lá até 1945, quando retornou a São Paulo, onde depois nasceu Edgard, o terceiro e último filho de Maria Zélia e Clóvis Queiroga.

No entanto, a *Folha* e Octavio correram o risco de não se encontrar. Octaviano Alves de Lima, de uma família de fazendeiros de café e que comprara em 1931 a *Folha* diretamente de quem a havia lançado, ia vender o jornal para um grupo do Rio de Janeiro. De 1941 a 1945, Fernando de Souza Costa foi o interventor no Estado de São Paulo. E o secretário da Justiça do governo dele, Costa Neto, que depois foi ministro da Justiça do presidente Eurico Gaspar Dutra, tinha sido o chefe do escritório de advocacia de José Nabantino Ramos em Bauru, interior do Estado de São Paulo. Um grupo de paulistas ficou sabendo da intenção de Octaviano Alves de Lima e achou que não podia permitir que um jornal como a *Folha*, que se transformara em defensor da lavoura, fosse vendido para gente do Rio de Janeiro. Então, o grupo foi falar com Fernando de Souza Costa, que chamou ninguém menos que o secretário da Justiça, Costa Neto, e pediu-lhe para dar um jeito para que aquilo não acontecesse.

A solução encontrada foi arrumar três sócios, segundo Octavio: "Chamaram o conde Francisco Matarazzo, e ele aceitou. Depois pegaram um agricultor de bom nome em São Paulo, o Alcides Ribeiro Meirelles, para ser o presidente do jornal. Cada um deles ia entrar com dez mil contos. Mas o Alcides Ribeiro Meirelles não tinha dinheiro, só patrimônio. Então, o Banco do Estado emprestou o dinheiro para ele. A terceira parte ia ficar com Costa Neto, secretário de Justiça e ex-chefe do escritório do Nabantino Ramos. Mas, como não podia ser ele, porque ficava mal, ele indicou o José Nabantino Ramos, dizendo: 'O José entra no meu nome e esquenta o negócio para mim'. O Nabantino também tinha patrimônio, mas não tinha dinheiro. Então, ele hipotecou no Banco do Estado uma fazenda que tinha no Paraná com os irmãos João Batista e Luís. Assim, o único que entrou com dinheiro mesmo foi o conde Matarazzo. O Alcides Ribeiro Meirelles ficou como presidente, o José Nabantino Ramos, superintendente, e o Clóvis Queiroga, meu cunhado, como diretor comercial e representando o Matarazzo. Aliás, o conde o chamava de 'Brasileiro'. E o Matarazzo aparecia publicamente como um dos donos".

Apesar dessa versão de Octavio Frias de Oliveira, Carlos Guilherme Mota e Maria Helena Capelato dizem, na já citada *História da Folha de S.Paulo (1921-1981)*, que Alcides Ribeiro e José Nabantino Ramos representavam os interesses do interventor Fernando de Souza Costa, "expressando, de certa forma, os interesses do capitalismo agrário, de setores das oligarquias rurais".

O interesse do conde Matarazzo no jornal era por conta da briga que ele travava com Assis Chateaubriand, que tinha o *Diário da Noite* e o *Diário de São Paulo*. Chateaubriand usava os jornais para dar destaque a qualquer notícia contra as Indústrias Reunidas Francisco Matarazzo (IRFM), como queixas trabalhistas por parte de funcionários da empresa. O ódio entre ambos podia ser medido pela forma como se tratavam: o conde chamava Chateaubriand de "lazarento", e este respondia com "nauseabundo". É interessante notar que a *Folha da Noite* também fizera denúncias contra as Indústrias Matarazzo, conforme registra o mesmo livro de Mota e Capelato: "As *Folhas* batalharam pelo cumprimento dessas leis (sanitárias e as que regulamentavam o trabalho infantil), denunciando os que as burlavam, como por exemplo '... na Fábrica Mariângela do Sr. Conde Matarazzo onde são comuns os acidentes, havendo dois ou três por semana sem que isto venha a público' (*Folha da Noite*, 23/3/1921)". Claro que o tom era completamente diferente das matérias dos *Diários*, e as críticas eram a qualquer empresa que infringisse as leis.

Na época, o jornal *O Estado de S. Paulo* ocupava o primeiro lugar, a anos-luz de distância dos *Diários*. As *Folhas*, mesmo somando os exemplares de todas elas, figuravam em terceiro lugar, mas bem distantes dos *Diários*. Matarazzo começou a intervir no jornal para combater Chateaubriand e resolveu baixar o preço do exemplar da *Folha*, de cinqüenta para trinta centavos, para ver se provocava a falência dos *Diários*. José Nabantino protestou. No entanto cumpriu a decisão. "Mas, sem contar nada para o conde, abriu no livro da empresa uma conta corrente em nome de Francisco Matarazzo e passou a debitar a diferença da venda avulsa de cinqüenta para trinta centavos. O conde não sabia, mas o Clóvis, meu cunhado, devia saber. Daí, um belo dia o conde chamou o Nabantino no escritório dele, nas indústrias Matarazzo, e disse: 'Esse negócio de jornal não é para você. Você não entende disso, mas é um bom advogado. Você vai ser o chefe do contencioso das minhas indústrias, eu lhe pago um bom ordenado e eu vou importar uns italianos que sabem fazer *giornalo*'. Era Giannino Carta, pai de Luis e Mino Carta, que em 1947 veio da Itália para dirigir a *Folha*.

Nabantino voltou para o jornal arrasado. Conversou com Clóvis e resolveram que não podiam permitir que a empresa fosse parar nas mãos deles. Nabantino foi falar com Alcides Meirelles, que era o diretor-presidente, mas estava sempre distante do jornal. E vendeu para ele a idéia de que não se podia permitir isso, porque era contra as leis do país entregar um jornal a um estrangeiro, ainda mais um italiano, com o risco de ele querer implantar aqui o fascismo."

Para poderem ficar com o jornal, Nabantino combinou com Queiroga que ele fosse para a Europa ou para os Estados Unidos a pretexto de comprar equipamento e ficasse em lugar incerto, sem dar o endereço para ninguém. Assim, o conde Matarazzo não tinha como chamar Clóvis Queiroga de volta para o Brasil, e Nabantino e Alcides Meirelles ficaram majoritários porque contavam com dois terços dos votos. Nabantino foi falar com Matarazzo e disse:

"Agora não temos mais nada a ver com o senhor. O senhor tem suas ações, mas estão reduzidas por causa de um débito relativo à diferença de vinte centavos no preço do exemplar".

Antes disso, em 1946 José Nabantino tinha conseguido levar a impressão da *Folha* da rua do Carmo, onde o jornal estava funcionando, para um terreno que Matarazzo tinha embaixo do viaduto Santa Ifigênia. Ali foi instalada uma rotativa Goss, de fabricação norte-americana. Anos depois, aquele foi o endereço da *Última Hora*. Nabantino ocupou o prédio embaixo do viaduto Santa Ifigênia e disse: "O senhor não entra mais lá agora. O senhor é acionista do jornal, mas se quiser discutir o assunto terá que ser numa assembléia geral".

Segundo Octavio, "O conde ficou louco da vida. Um dos irmãos do Nabantino, o João Batista Ramos, que mais tarde entraria para a política, colaborava com o jornal escrevendo o 'Sancho Pança', uma crônica que a mim parecia saborosa. Por segurança, o outro irmão, o Luisão, trouxe uns capangas da fazenda que tinham em Araçatuba para defender o prédio, porque eles temiam que o Matarazzo fosse mandar destruí-lo a qualquer momento, jogando bombas de cima do viaduto". Matarazzo acabou indenizando Giannino Carta, que por um tempo trabalhou com Chateaubriand e, depois, foi para *O Estado de S. Paulo*.

Para Octavio, Nabantino teve um papel importantíssimo na *Folha*: "Ele era um homem neurótico em larga escala, tendo feito, não sei, doze, quinze anos de análise. Mas era sério, direito, aplicado, terrivelmente aplicado. Ele defendeu a *Folha* como advogado em todo o processo que armou para o Matarazzo. Foi uma coisa genial, o Matarazzo perdeu todas. Mas Nabantino sofria muito. E foi o homem que organizou a *Folha*, realmente. A *Folha* era um pequeno jornal. Jornalisticamente ele fez alguns erros, como uma campanha contra os latifúndios, que foi um desastre para o jornal. Mas ele administrou o jornal com seriedade sempre. Nunca vendeu a opinião do jornal para ninguém. Era um homem decentérrimo.

Houve um tempo em que ele se cercou de intelectuais, de homens mais competentes, depois se desencantou com eles e resolveu fazer um jornal com jornalista desconhecido, sem mérito maior. Em seguida, chamou Armando Nieto para ser diretor do jornal. Eu me dava muito com o Armando, ele era meu amigo e tinha sido meu corretor no BNI[10], mas era muito discutido e causou muito mal ao jornal. O Alcides Meirelles já tinha morrido, e aí o Nabantino assumiu a presidência e aumentou a diretoria para cinco pessoas: manteve o Clóvis na direção comercial, chamou mais um, pôs um cunhado e o Armando Nieto na diretoria e mais ele. Mas quem mandava era o Nabantino, ele tinha poder absoluto. E a responsabilidade pelo fato de a *Folha* ter virado um jornal de grande circulação foi totalmente dele".

José Nabantino Ramos imprimiu a sua personalidade na *Folha*, deixando um pouco de lado a visão agrária de Octaviano Alves de Lima e acentuando o caráter urbano, mais claramente a ideologia das classes médias urbanas do Estado de São Paulo. Sob o comando dele, o jornal desenvolveu campanhas pioneiras, como a melhoria dos transportes nos subúrbios da capital e até na defesa ecológica do Estado, atacando os interesses do Grupo Camargo Corrêa, o que, como disse Octavio, lhe trouxe prejuízos financeiros. Também fez denúncias de irregularidades administrativas contra a Companhia Metropolitana de Transportes Coletivos (CMTC) na época do prefeito Jânio Quadros, em 1952.

A mais famosa das campanhas foi a das "Reformas de Base", realizada na Faculdade de Direito da Universidade de São Paulo e em conjunto com o jornal *Correio da Manhã*, do Rio de Janeiro. Como uma espécie de "Congresso Nacional Para Definição de Reformas de Base", ela criou e publicou documentos de grande importância crítica.

Nabantino também implantou, em 1948, o "Programa de Ação das *Folhas*" e, em 1959, as "Normas de Trabalho da Divisão de Redação". O "Programa de Ação" definia que "em razão dos diferentes aspectos da atividade jornalística, devem considerar-se separadamente a informação, a opinião, a colaboração e as fontes de receita". A partir das "Normas de Trabalho", foi criado o Conselho de Redação, que reunia diariamente os chefes de todos os departamentos para decidir os assuntos relativos à Redação.

Regina e Eduardo, filhos de Maria Zélia e Clóvis Queiroga, hoje moram num mesmo apartamento em São Paulo. Regina é viúva e Eduardo, separa-

---

10. O BNI — Banco Nacional Imobiliário — foi fundado em 1948 por Octavio Frias, junto com outras pessoas.

do. Eles contam que o pai acabou saindo das Indústrias Matarazzo: "Papai moveu uma ação trabalhista muito grande contra o Matarazzo. E um dos advogados da causa era o Nabantino. Pode ser que com o produto da ação que ganhou tenha comprado a parte dele na *Folha*. É uma coisa meio nebulosa para nós. E aí ficaram os três como sócios: papai, o Nabantino e o dr. Alcides. Até o falecimento do dr. Alcides". Eduardo se casou em 1961. Alcides Meirelles foi padrinho de casamento dele e morreu logo depois, nesse mesmo ano.

Eduardo conta que foi trabalhar com o pai na *Folha* entre 1957 e 1958, quando tinha cerca de dezessete, dezoito anos de idade: "Nessa época, eu resolvi parar de estudar, porque estava apaixonado e queria casar logo. Eu me casei com vinte anos. Ao fazer 21, já estava casado havia dois meses. Comecei no Departamento de Publicidade da *Folha*, como contato e, depois que o dr. Alcides morreu, passei a assessor da presidência. Antes, o dr. Alcides era o presidente, o Nabantino, superintendente, e o meu pai, diretor comercial. Depois que o dr. Alcides morreu, o Nabantino passou a presidente e o meu pai a vice, mas acumulando as funções de comercial. Acompanhei a construção daquele prédio, na Barão de Limeira. Ele foi inaugurado em 1952, quando eu tinha doze anos. Estive várias vezes lá, durante a construção". Regina, irmã de Eduardo, lembra: "A gente ia jantar, todo mundo junto, a família inteira. E depois passávamos lá para pegar o jornal, que estava saindo. Então, a gente via aquelas máquinas imprimindo o jornal. E ficávamos todos entusiasmados".

Octavio também ia ficar entusiasmado com a *Folha*. Mas ainda levaria alguns anos.

3. COM 36 ANOS
FUNDOU UM BANCO

Em 1938, Octavio havia sido rebaixado, na Secretaria da Fazenda, de cargo e de salário. E, em 1945, ao começar a se aproximar indiretamente da *Folha*, através do cunhado Clóvis Medeiros de Queiroga, fazia sete anos que obedecia ao conselho de suportar aquela situação e permanecer no emprego. Isso não significa que o avião no qual embarcara em 5 de agosto de 1912, e do qual começara a assumir o comando em 1926, embicara para baixo, iniciando uma nova descida. No máximo, pode-se dizer, Octavio havia passado o avião para o piloto automático, mas a aeronave ainda mantinha uma grande velocidade e continuava a milhares de pés de altura. O céu podia não ser de brigadeiro, mas em breve Octavio iria reassumir o comando e faria o avião subir muito rapidamente e bem mais alto.

Em 1946, o cenário no Brasil mudou: após quinze anos de Getúlio Vargas, Gaspar Dutra foi empossado presidente do Brasil. Lá fora, também havia ares de mudança, com a primeira Assembléia Geral da ONU, criada no ano anterior. Por essa época, Sebastião Portugal Gouvêa, amigo no clube de danças da avenida Paulista e irmão de Américo Portugal Gouvêa, o diretor-geral da Secretaria da Fazenda, chamou Octavio para uma conversa: "Um grupo de amigos meus está fundando um banco. Você não está interessado?". Como conversar não custava nada, Octavio disse sim e foi apresentado ao xará "Octavio Orozimbo Roxo Loureiro, famoso como Roxo Loureiro. Um homem extremamente controvertido e discutido. Era um rapaz muito inteligente, brilhante, com boa cultura e uma disposição fantástica, mas pobre.

Ele queria fazer um banco e estava nas primeiras articulações. Então, conversei com o Roxo Loureiro, de quem depois eu me tornei bastante amigo, e ele me convidou para ajudá-lo a fazer o banco e ser um dos diretores".

Nascido em 1913, Orozimbo foi um empresário pioneiro em várias áreas, como o descreveu Douglas Lara, editor do jornal *on-line Acontece em Sorocaba*: "Quando ele morava em Campinas, produziu o café solúvel no Brasil. Posteriormente mudou-se para São Paulo, onde foi morar na casa de um de seus irmãos e trabalhava como corretor de imóveis. [...] Acredito que foi ele também que criou a 'poupança no Brasil', usando como instrumento de captação os 'cangurus-mirins' que motivavam as crianças a guardar moedas em cofrinhos. Podemos afirmar que foi um dos mentores da Sumoc. Começou com ele a Superintendência da Moeda e Crédito (Sumoc), posteriormente sucedida pelo Banco Central do Brasil. Ainda como banqueiro, criou o primeiro clube de executivos do Brasil: o Clube Nacional. [...] Em uma conversa, solicitei que ele me fornecesse algum material sobre a sua vida. Ele disse que tinha destruído tudo num período de depressão [...] Orozimbo Roxo Loureiro, um brasileiro que sempre esteve vinte anos à frente de seu tempo, merece ser para sempre lembrado".[11] Orozimbo faleceu em 1979.

Octavio aceitou o convite para fazer parte do grupo e começou a ajudar na criação do Banco Nacional Imobiliário (BNI), o que levou uns dois anos para se concretizar: "O banco, apesar de estar ainda em organização, me pagava um salário, que era mais ou menos o mesmo da secretaria. Então resolvi sair e, quando me demiti, foi um escândalo na secretaria. Porque, apesar de ser chefe de seção, como ninguém entendia daquilo a não ser eu, continuei na prática com todos os poderes de diretor de Contabilidade". Talvez Octavio tenha sido um dos poucos funcionários públicos que causou um escândalo ao ser promovido a diretor e outro ao pedir demissão. A família de Octavio também não foi favorável à idéia: "Deixei o serviço público para fundar esse banco, para desespero do meu pai e do meu irmão Felix, que acharam uma loucura". Afinal, Octavio estava trocando uma carreira de cerca de quinze anos no serviço público por uma aventura.

---

11. "Garimpando Reminiscências: Orozimbo Roxo Loureiro", 21/9/2002.

Em meio à montagem do BNI, Octavio casou-se em 1947, aos 35 anos, com sua primeira mulher, Zuleika Lara de Oliveira, na terra natal dela, Palmital, interior do Estado de São Paulo: "Zuleika era uma moça que eu conheci no Rio de Janeiro. Eu gostava muito dela. Nos casamos e tivemos uma vida muito boa. Não tivemos filhos, mas adotamos uma filha. Zuleika começou a fazer assistência social e um dia ela apareceu em casa com a Beth, uma criança negra que ela tinha encontrado numa situação horrorosa, de muita penúria, cheia de doença. Levou a menina para casa e me propôs que nós a adotássemos. Minha mulher e eu nos afeiçoamos muito à Beth".

Assim, em menos de um ano, Octavio saiu da Secretaria da Fazenda para fundar um banco, se casou e adotou uma filha. Por essa época, Octavio também passou a ser chamado de Frias: "Quando eu comecei a criar presença própria, começaram a me chamar de Frias. Fiquei com o sobrenome da minha mãe. Acho que as pessoas passaram a me chamar de Frias porque o nome não era tão comum como o Oliveira do meu pai. Era mais fácil. Oliveira era longo. Frias é mais curtinho. Oliveira tem muita gente. Frias não é tanto". Mas a família continuou a chamá-lo Octavio.

Também durante o período em que o BNI estava sendo montado, Clóvis Queiroga apresentou Frias a José Nabantino Ramos. A partir daí, a aproximação de Frias com a *Folha* foi se estreitando, sendo feita de modo consciente, mas sem o mínimo interesse no jornal em si. Frias via a *Folha* apenas como um cliente em potencial: "A *Folha* ainda estava na rua do Carmo, onde ficaria até 1950. Depois que o BNI já estava funcionando, fizemos vários negócios. Eu vendi para o Nabantino o prédio da alameda Cleveland, quase esquina da alameda Nothmann, para onde se mudaram, em 1950, a redação, administração, publicidade e composição. Depois, vendi para ele o prédio da alameda Barão de Limeira, que ia até a Barão de Campinas, para onde a *Folha* se mudou em 1953. Assim, comecei a freqüentar a *Folha*, fiz algumas operações de crédito para a empresa, que sempre pagou tudo direitinho. E eu fui ficando amigo do Nabantino. Chegamos a ficar íntimos e acho que, durante um longo tempo, era o único amigo mais íntimo dele".

Na verdade, Nabantino e Frias poderiam ter sido amigos de infância. Nabantino, nascido em 1908, tinha quatro anos mais que Frias, que é de

1912. Ambos foram concebidos em Queluz, na divisa do Estado de São Paulo com o Rio de Janeiro. Nabantino nasceu ali mesmo, enquanto Frias nasceu no bairro de Copacabana, no Rio de Janeiro, na casa de sua avó materna. A amizade de Frias e Nabantino também fez com que as respectivas mulheres, Zuleika e Ieda Medeiros Ramos, ficassem igualmente amigas.

O Banco Nacional Imobiliário foi lançado em 1948, na rua Álvares Penteado, 72, e devia ser originalmente um banco emissor. Ou seja, em princípio, deveria fazer empréstimos imobiliários, obtendo recursos através da emissão de debêntures. Os títulos de dívidas, garantidos por imóveis, seriam vendidos ao público. De acordo com Frias, "a filosofia do negócio era a seguinte: o cliente dava um imóvel em hipoteca ao banco. O banco avaliava o imóvel e dava o dinheiro ao cliente. Mas como o banco obtinha fundos para fazer essas hipotecas? Com base na hipoteca recebida, o banco emitia debêntures garantidas pela hipoteca e colocava as debêntures na praça. Essa era a função do banco emissor. Mas, na verdade, nunca nos foi dado esse direito. Então, apesar do nome, ele nunca foi Banco Nacional Imobiliário. Foi um banco comercial, e nós apenas fizemos uma carteira imobiliária. Tanto que em 1953 passou a se chamar Banco Nacional Interamericano. Mudamos o nome, mas mantivemos a sigla BNI. No final de 1953, o BNI foi para a rua 15 de Novembro".

Frias não tinha dinheiro, mas ficou com 10% do BNI: "Entrei com a cara e com a coragem. Quem entrou com dinheiro foram os acionistas que nós arrumamos. O capital do BNI era muito pulverizado. Eu consegui os 10% porque havia um percentual de capitalização. Quando você conseguia um amigo, conhecido, alguém enfim que subscrevia cem ações, você tinha direito a 10% desse montante. Isso a legislação permitia. Então, não 'passamos a mão' nesses 10%, mas ficamos com ações a que legitimamente tínhamos direito. Eu fiz um pequeno capital ali, mas éramos minoritários, tanto eu como o Orozimbo Roxo Loureiro. O Sebastião Portugal Gouvêa também foi diretor. O presidente do banco era o Aristides Castro Andrade. O Roxo Loureiro ficou dono do BNI depois. Eu não entendia nada de banco. Mas sempre fui um homem que sabia organizar as coisas".

Frias assumiu como diretor da carteira imobiliária do BNI: "Como afinal o governo não deu autorização para a emissão de debêntures, quer dizer, não nos permitiu atuar como banco emissor, ficamos operando como banco comercial. Mas tínhamos uma carteira imobiliária, que no princípio fazia basicamente corretagem, ou seja, intermediação na compra e venda. Era o único banco que fazia isso, e tivemos um sucesso muito grande. Nós conseguimos, sob minha direção, formar uma das maiores corretoras imobiliárias de São Paulo. Depois, começamos com a incorporação, e aí tive uma idéia: fazer o condomínio a preço de custo, que era o seguinte. Um grupo de pessoas se reunia, achava um terreno e projetava-se para esse terreno um edifício de apartamentos ou de escritórios. Então, reunia-se um grupo de interessados na aquisição dessas unidades, fazia-se um orçamento e achava-se o preço de custo, que cada um dos interessados assumia. Assim, o banco fazia, lançava e administrava esses empreendimentos".

Frias ainda não tinha ouvido falar de Carlos Caldeira, nem Caldeira, de Frias. Mas Caldeira também teve a mesma idéia e naquela mesma época. Já eram sócios pelo menos em idéia. Caldeira tinha desenvolvido o condomínio a preço de custo em Santos, cidade portuária do Estado de São Paulo, a partir da sugestão de um primo, o engenheiro Cipriano Marques Filho. Esse primo estudava no Mackenzie com Carlos Lemos, que, quando criança, ficara amigo do pai de Octavio em Sorocaba e que, como se verá adiante, participou de muitos empreendimentos do BNI e é amigo até hoje (2006) de Frias.

Carlos Caldeira era muito amigo de Lívio, filho de Aristides Castro Andrade, presidente do BNI e corretor de café, ligado ao Banco Comércio e Indústria. "Eu estava conversando com o Lívio, de quem gostava muito, e disse a ele que precisava de um cara honesto, que não roubasse nas compras. Nós estávamos em grande desenvolvimento, e eu queria alguém que fizesse as compras de todos os materiais, porque nós não construíamos diretamente. Entregávamos o prédio para outra empresa construir, mas fornecíamos os materiais para termos um melhor controle. O Lívio me disse: 'Eu tenho um sujeito que é ótimo. Se você quiser, eu te apresento e respondo por ele'. E me falou do Caldeira. Mandou então chamá-lo. Como sempre, eu estava muito ocupado, correndo. O Caldeira reclamou a vida inteira que eu o fiz esperar três horas para ser atendido."

Carlos Caldeira Filho nasceu em Santos, no litoral do Estado de São Paulo, em 1º de julho de 1913. De tradicional família santista, era filho de Carlos Augusto Navarro de Andrade Caldeira e Coralina Ribeiro dos Santos Caldeira. Começou a trabalhar aos quatorze anos e nas décadas de 1940 e 1950 lançou-se em empreendimentos imobiliários. Carlos Caldeira foi contratado como cobrador do BNI e ficou subordinado a Frias, administrando algumas obras. A partir daí, o BNI teve um grande sucesso com condomínios a preço de custo, e foram construídos mais de dez prédios.

Corria o ano de 1949, e a *Folha* também tinha novidades. A Redação foi para um edifício da alameda Cleveland, vendido por Frias e para onde a administração, a publicidade e a composição mudaram-se apenas no ano seguinte. O jornal passou a ser feito por meio de linotipo, processo que usava chumbo derretido para compor o texto. E em 1º de julho, a *Folha da Noite* e a *Folha da Manhã* ganharam uma irmã: a *Folha da Tarde*, reforçando ainda mais a alcunha de *Folhas* para a Empresa Folha da Manhã. A grande notícia internacional do ano foi a proclamação da República Popular da China por Mao Tsé-tung.

O BNI estava no auge, não só por causa dos prédios que construía, mas também por outras idéias arrojadas. Por exemplo, foi o primeiro banco a abrir agências urbanas. Até então nenhum outro banco tinha aberto mais de uma agência em São Paulo. Boris Casoy, que foi para a *Folha de S.Paulo* no início dos anos 70, chegando depois a editor-chefe do jornal, tinha oito anos nessa época: "O BNI foi o primeiro banco popular. Eu cantava inteirinha a musiquinha do canguru-mirim que eu ouvia no rádio. Era assim: 'Um cruzeiro, dois cruzeiros/ Papai vai dar pra mim/ Vou guardar o meu dinheiro/ No canguru-mirim'. O BNI foi o primeiro banco, que eu me lembro, que usava propaganda". Frias concorda que foi um sucesso: "Foi a agência Arco-Artuzi que fez a propaganda. A filosofia do canguru-mirim era criar, preparar o futuro cliente do banco".

Eduardo Queiroga, filho de Clóvis Queiroga e sobrinho de Frias, lembra que foram construídos vários prédios pelo BNI nessa época: "Um deles fica no largo do Arouche com a Duque de Caxias, um prédio grande. A parte residencial da avenida São Luís também foi construída pelo BNI. Foi para onde se mudou o Nabantino uma ocasião e onde morava o tio Octavio, num prédio exatamente na esquina da São Luís com a Ipiranga, atrás do colégio Caetano de Campos. Depois, o Nabantino mudou-se para o número 140 da São Luís. Ele comprou um apartamento grande lá num prédio que faz fundos com o edifício Vila Normanda. O Vila Normanda fica na avenida Ipiranga, entre o Copan e o edifício Itália. Nós tínhamos cinco andares naquele prédio. Quando o meu pai vendeu a *Folha*, ele e o Nabantino incorporaram o bloco B desse conjunto Vila Normanda. Cada um ficou com cinco andares".

Mas, sem dúvida, entre os prédios construídos na época o mais famoso é o Copan, um dos maiores símbolos e cartões-postais de São Paulo, localizado na avenida Ipiranga. Foi aí que Frias, em meados de 1950, resolveu trazer Oscar Niemeyer, que já era um arquiteto de renome, para São Paulo. Niemeyer projetou a Galeria Califórnia, na rua Barão de Itapetininga, e o edifício Montreal, entre 1950 e 51; o Copan e o Triângulo, em 1952; o Eiffel, na praça da República, entre 1952 e 53; e outro na rua Direita, que foi a antiga sede das Indústrias Matarazzo, quando a empresa saiu da rua Direita e foi para o viaduto do Chá. O prédio foi comprado pelo BNI e ali foi feito um projeto do Niemeyer.

O projeto do Copan foi lançado em 1951 e a construção começou em 1952, visando o Quarto Centenário de São Paulo, em 1954. Mas Frias lembra que "não havia jeito de o Niemeyer fazer o projeto. Depois de muitos atrasos, um dia tranquei o Niemeyer na sala e disse: 'Você só sai daqui com um projeto'. Horas depois, ele havia feito os primeiros esboços do Copan". A construção atrasou e o primeiro habite-se do Copan só foi concedido em 1966. No início de 1957, Niemeyer deixou o escritório que ele tinha em São Paulo para se dedicar à construção de Brasília, tendo o Bradesco assumido a obra do Copan.

Niemeyer deixou o projeto, mas não houve nenhum problema porque, desde janeiro de 1952, ele já contava com Carlos Alberto Cerqueira Lemos, pintor, arquiteto e professor, desde 1954, da Faculdade de Arquitetura e Urbanismo (FAU). Por indicação de Frias, Niemeyer contratou Carlos Lemos para cuidar do seu escritório em São Paulo. A integração entre os dois era tal que, ao mudar-se para Brasília, Niemeyer passou uma procuração para Carlos Lemos terminar o Copan, o que de fato ocorreu em 1970, dezoito anos depois do primeiro esboço.

Carlos Lemos nasceu em 1925, em São Paulo, mas sua família vivia em Sorocaba, cidade que fica a cerca de cem quilômetros da capital paulista. O pai dele era delegado do Departamento de Saúde e depois até arrumou um emprego para o filho nesse mesmo departamento. Quando foi juiz em Sorocaba, entre 1931 e 1938, Luiz Torres de Oliveira, o pai de Frias, alugou uma casa que era vizinha à da família de Carlos Lemos.

O pai de Frias estava voltando à magistratura desde que a deixara, em 1918, para trabalhar com Jorge Street, como prefeito da Vila Maria Zélia, em São Paulo. O juiz mandou buscar em São Paulo a filha viúva, Carolina Frias de Oliveira, a Carola, e o neto Luiz Gonzaga de Azevedo Neto, o Chuca, para morarem com ele. Carlos Lemos e Frias se conheceram nessa época, mas não ficaram propriamente amigos, até porque tinham doze anos de diferença. Ou seja, Frias já estava no final da adolescência e Carlos Lemos ainda era um menino. Com o tempo, a diferença de idade desapareceu. Mas Carlos Lemos ficou amigo do pai de Octavio: os dois criaram o ritual de, depois do jantar, dar uma caminhada pelos quarteirões em torno da casa "para fazer o quilo".[12] Na época, o costume era almoçar entre 11h30 e 12h e jantar às 18h.

Carlos Lemos se formou em arquitetura no Mackenzie, em São Paulo, e chegou a fazer um curso de história da arte ministrado por Pietro Maria Bardi, no prédio ainda em construção que viria a abrigar o Museu de Arte de São Paulo (Masp). Em 1948, Lemos já estava envolvido com antigüidades, obras de arte e quadros quando Frias o convidou para decorar o apartamento que comprara na avenida São Luís, atrás do Caetano de Campos, para morar com a mulher Zuleika Lara de Oliveira. Enquanto Frias, no BNI, ajudava a construir a história do setor imobiliário na capital paulista, dando início à verticalização da cidade com inúmeras incorporações, no começo dos anos 50, e mais especificamente na incorporação do Copan, a relação de amizade dos dois se intensificou. Como não podia ficar o tempo todo em São Paulo, Niemeyer precisava de um arquiteto que monitorasse o andamento do projeto. Frias tinha um bom relacionamento com Carlos Lemos e o apresentou a Niemeyer. Os dois se deram muito bem e Carlos Lemos foi o arquiteto mais jovem, e de São Paulo, que trabalhou no dia-a-dia do projeto do Copan.

---

12. Carlos A. C. Lemos, *Viagem pela Carne* (São Paulo: Edusp, 2005).

Antes disso, e também com financiamento do BNI, Carlos Lemos projetou o Teatro Maria Della Costa, na rua Paim, esquina com a avenida Nove de Julho, no bairro da Bela Vista, na região central de São Paulo. Desde então, a amizade entre Frias e Carlos só fez crescer. Depois que Frias comprou a *Folha*, Carlos Lemos se tornou um colaborador esporádico, mas assíduo, do jornal, não só escrevendo artigos. O prédio que a *Folha de S.Paulo* ocupa hoje (2006), na alameda Barão de Limeira, é considerado "frankensteiniano" pelo próprio Otavio, filho de Frias: "O prédio é um pouco concepção do engenheiro entre aspas Carlos Caldeira. Mas algumas áreas, como o oitavo e o nono andares, são *design* do Carlos Lemos".

Frias achava que Oscar Niemeyer estava no auge e ajudava a vender: "Por isso, eu o trouxe para fazer plantas em São Paulo. E fiquei muito amigo dele por causa disso. Foi ele quem me apresentou ao Cândido Portinari mais tarde. Ele me disse: 'Ah!, põe um painel do Candinho Portinari aqui'. Acho o Niemeyer um grande [artista] plástico do concreto armado e o Portinari, um grande artista, sensitivo, fantástico. O Portinari é que dizia, ou melhor, repetia, pois a frase não era dele: 'Tenho 99% de transpiração e 1% de inspiração'. Então, uma vez eu perguntei a ele se fazia os seus quadros num momento de inspiração. Ele disse: 'Que nada. O sujeito que vem aqui trabalhar comigo, a primeira coisa que ele tem que aprender é lavar pincel. Ninguém pode ser um bom pintor se não souber lavar bem um pincel'. O Portinari lavava os próprios pincéis. Era um homem discreto, foi um gênio para a pintura".

Cândido Portinari nasceu no dia 29 de dezembro de 1903, numa fazenda de café em Brodoswki, no Estado de São Paulo. Filho de imigrantes italianos, de origem humilde, teve apenas a instrução primária, mas desde criança manifestou vocação artística. Em 1918, com quinze anos, foi para o Rio de Janeiro, matriculando-se na Escola Nacional de Belas-Artes. Em 1928, conquistou o Prêmio de Viagem ao Estrangeiro da Exposição Geral de Belas-Artes, de tradição acadêmica. Foi para Paris, onde permaneceu durante todo o ano de 1930, mas, com saudade, voltou para o Brasil em 1931. Em 1935, obteve o primeiro reconhecimento no exterior, menção honrosa na exposição internacional do Carnegie Institute de Pittsburgh, Estados Unidos, com a tela *Café*, retratando uma cena de colheita típica da região onde nasceu. Expôs seus trabalhos em vários países, como Argentina, Venezuela, Uruguai, França, Alemanha, Itália e Israel. Companheiro de poetas, escritores, jornalistas, diplomatas, participou da elite intelectual brasileira e atuou na política, filiando-se ao Partido Comunista Brasileiro e candidatando-se a deputado, em 1945, e a senador, em 1947. Em 1948, Portinari exilou-se no Uruguai, por motivos políticos. Morreu no dia 6 de fevereiro de 1962, vítima de intoxicação pelas tintas que utilizava, quando preparava uma grande exposição de cerca de duzentas obras a convite da Prefeitura de Milão, na Itália.

Na mesma época, Frias ficou muito amigo também de Di Cavalcanti. Emiliano Augusto Cavalcanti de Albuquerque Melo nasceu em 6 de setembro de 1897, no Rio de Janeiro, na casa de José do Patrocínio, que era casado com uma tia do próprio Di. Em 1914, quando o pai dele morreu, Di foi obrigado a trabalhar e começou fazendo ilustrações para a revista *Fon-Fon*. Depois, estudou na Faculdade de Direito do Rio. Em 1917, transferiu-se para São Paulo, ingressando na Faculdade de Direito do Largo São Francisco. Foi revisor do jornal *O Estado de S. Paulo*, mas seguiu fazendo ilustrações e começou a pintar, passando a freqüentar o ateliê do impressionista George Elpons e tornando-se amigo de Mário e Oswald de Andrade. Em 1921, casou-se com Maria, filha de um primo-irmão de seu pai.

Mais tarde, casou-se com uma inglesa cujo nome, abreviado era Bi, formando o casal Bi e Di. Entre 11 e 18 de fevereiro de 1922, idealizou e organizou a Semana de Arte Moderna, no Teatro Municipal de São Paulo, criando o catálogo e o programa do evento. Fez sua primeira viagem à Europa em 1923, permanecendo em Paris até 1925, período em que freqüentou a Academia Ranson e expôs em Londres, Berlim, Bruxelas, Amsterdã e Paris. Lá, conheceu Picasso, Léger, Matisse, Erik Satie, Jean Cocteau e outros. Retornou ao Brasil em 1926 e ingressou no Partido Comunista. Depois, criou os painéis de decoração do Teatro João Caetano, no Rio de Janeiro, onde faleceu em 26 de outubro de 1976.

Frias nunca pensou em investir em arte, mesmo tendo conhecido tantos artistas importantes: "Eu não acreditava nisso. Queria investir em coisas certas, concretas. Em *real estate*, imóveis".

Em 1948, além de participar do lançamento do BNI, Frias começou a andar a cavalo na Hípica Santo Amaro. Ele a conhecia bem e tinha uma relação muito próxima com ela, porque a chácara do tio Jorge Street, onde Frias foi morar durante a Revolução de 24, tinha se transformado na Hípica. Ao contrário de 24 anos antes, quando andava a pé e morria de medo do cachorro do tio-avô, agora ele tinha um cavalo, o Marrocos. Frias costumava montar sempre aos sábados à tarde e domingos pela manhã, além de mais um dia da semana. Tinha até um instrutor, o capitão Navarro.

Junto com Frias cavalgava o sobrinho Eduardo Queiroga, filho da irmã Maria Zélia e do cunhado Clóvis Medeiros de Queiroga: "A casa de campo de Jorge Street acabou virando a Hípica de Santo Amaro, depois que ele quebrou. Por volta de 1948, o tio Octavio resolveu montar a cavalo. Ele comprou um cavalo muito bonito, o Marrocos, e o colocou na Hípica. E o sócio do meu pai, o Nabantino Ramos, também botou um ou dois cavalos na Hípica. Mas foi mais por brincadeira, porque ele não gostava de montar, embora, como filho de fazendeiro, Nabantino já devesse ter montado muito a cavalo na juventude. Eu ia com tio Octavio para a Hípica. Ele montava o cavalo dele e eu, o do Nabantino. Montar a cavalo era uma paixão antiga do tio Octavio.

Ele sempre gostou muito de cavalo e de esportes, de modo geral. Ele jogou muito tênis com o meu pai no clube do Palmeiras. Um professor dava instruções para o tio Octavio andar a cavalo. Não sei se o Marrocos foi o primeiro ou o segundo, mas ele tinha dois cavalos, os dois muito queridos por ele. O tio Octavio sempre se referia aos cavalos como amigos, grandes amigos. Depois, ele chegou a montar bastante também no sítio que comprou em São José dos Campos e que transformou numa granja. Uma época ele também montava a cavalo na casa da praia, em Ubatuba. Ele amava cavalos".

Por essa época, Frias foi ao exterior, pela primeira vez: "Eu já estava no banco e veio um grupo do Rio propor para o Roxo Loureiro a construção de uma fábrica de cimento. O Roxo Loureiro precisava da licença do Estado do Rio para explorar uma mina de calcário. Era um projeto grandioso, arrojado, com viadutos. E precisava de um parecer da Halliburton, empresa com o nome de um sujeito que era uma das grandes fortunas dos Estados Unidos naquele tempo". Halliburton era um magnata americano que tinha uma fábrica de cimento e construiu um império, a Halliburton Corporation. Ele descobriu um sistema de cimentar poço de petróleo. Cimentava e não havia mais erosão dentro do poço. Frias foi aos Estados Unidos para negociar com Halliburton a respeito desse assunto.

Frias conta que "depois, ele roeu a corda. Foi a primeira lição que eu tive de um grande americano. Enfeitou tudo, era uma maravilha. Eu tenho a impressão de que houve um momento em que a diretoria da empresa dele bloqueou a negociação porque não queria aquela aventura no Brasil. E ele não pôde fazer mais nada. Desde esse dia, ele desapareceu e eu só falava com o advogado dele, que era o especialista em desfazer negócios do Halliburton. O Halliburton era um homem com uma saúde precaríssima, asmático, que vivia dentro de uma tenda de oxigênio. Era uma pessoa extremamente estranha, mas eu me dava bem com ele até o momento em que, eu acho, a direção da companhia não o deixou mais decidir e indicou um advogado para desfazer o negócio. Estava assinado, consagrado e tudo o mais. Você vai fazer o quê? Mover uma ação de perdas e danos nos Estados Unidos para desafiar?"

Frias viveu um episódio engraçado na viagem: "Quando cheguei aos Estados Unidos, desembarquei no aeroporto de La Guardia e tomei um táxi para ir ao hotel em Nova York. Como é do meu hábito, comecei a conversar com o chofer. Antes de descer do táxi, ele me disse: '*Where are you from? Brooklyn?*' [risos] Eu disse: '*No, I live far away. I am from Brazil*'. Meu inglês era tão ruim que ele pensou que eu era do Brooklyn". O comentário do motorista poderia ser considerado um elogio. Afinal, Frias falava inglês, mesmo que com sotaque: "Mas o Brooklyn, na época, era italiano. Então, o meu sotaque era de um linguajar horroroso, do Brooklyn, não é?".

Com o sucesso das construções dos prédios, o BNI começou a abrir agências, chegando a ter vinte em São Paulo. Até então, os bancos tinham uma única agência. Mas a Superintendência da Moeda e Crédito (Sumoc), que era o Banco Central da época, começou a implicar com a carteira imobiliária do BNI, porque dizia que não era atividade bancária.

A solução encontrada por Orozimbo Roxo Loureiro foi criar a Companhia Nacional de Investimentos (CNI), para cuja presidência ele convidou Prestes Maia. Francisco Prestes Maia nasceu em 19 de março de 1896, em

Amparo, na região da Baixa Mogiana, no interior paulista. Formou-se em 1917, pela Escola Politécnica de São Paulo, em engenharia civil e arquitetura. Foi prefeito de São Paulo duas vezes. Na primeira, nomeado pelo interventor Adhemar de Barros, por mais de sete anos, de 9 de março de 1938 a 10 de novembro de 1945. Depois, entre 8 de abril de 1961 e 7 de abril de 1965. Faleceu na capital paulista em 26 de abril de 1965, dezenove dias após deixar a prefeitura.

Para Frias, Prestes Maia "era um bobão completo. Homem direito, austero, correto, mas, coitado, nem sabia onde estavam os prédios que construímos. O Carlos Caldeira sempre o gozava por isso. Nessa época, passei a superintendente do BNI. O Loureiro era o superintendente do banco, mas tinha se indisposto com o Aristides Castro Andrade, que saiu do BNI. O Loureiro então chamou para a presidência o Benedito Montenegro, que era um médico de enorme reputação e conselheiro do banco. Ele era muito vaidoso, sob uma capa de humildade, mas muito direito, simples e não entendia nada de banco, nem de comércio.

O Aristides também não entendia de banco, mas conhecia o comércio. Inclusive, era comissário de café em Santos, conhecia todos os macetes do café. Na ocasião, o Aristides tinha 65 anos e eu, 38, mas fiz muito boa camaradagem com ele, gostava dele e achava interessantes as conversas dele. Ele me contava, por exemplo, que, quando moço, morava na rua Anhangabaú e almoçava na cidade porque era muito longe para almoçar em casa. A cidade era o centro na época. Eu, na minha mocidade, também morava na rua Anhangabaú, ia trabalhar no centro de São Paulo e almoçava no centro, porque também achava que era muito longe ir para casa almoçar. Eu me dava muito bem com o Aristides. Mas houve um probleminha de prestígio, de *status* entre ele e o Loureiro. O Loureiro já tinha planos – a respeito dos quais o Aristides não iria concordar, nem eu percebi então – de ser o dono do banco.

Ele fundou uma empresa, a Roxo Loureiro Investimentos, Arte e Papéis. Loureiro era um homem muito inteligente, com uma disposição fantástica. Numa certa hora, foi o 'ai, dodói' de muita gente em São Paulo. De repente, virou o menino de ouro. Mas era rejeitado pela velha aristocracia bancária, que não o tolerava. Portanto, não tolerava também o nosso banco nem o Amador Aguiar. Aliás, o Amador Aguiar eles detestavam".

Amador Aguiar nasceu em 11 de fevereiro de 1904, em Ribeirão Preto, interior do Estado de São Paulo. Passou a infância em Monte Alto e Sertãozinho, também no interior do Estado. O primeiro emprego dele foi em Sertãozinho, como tipógrafo, aos quatorze anos de idade, tendo percorrido, nessa fase e na profissão, nos anos seguintes, as cidades de Ribeirão Preto e Bebedouro, sempre no interior. Em maio de 1926, aos 22 anos, ingressou no Banco Noroeste do Estado de São Paulo S.A., em Birigüi, a 528 quilômetros da capital paulista, onde fazia um pouco de tudo. Mais tarde assumiu a área de Contadoria do banco e, em março de 1929, foi promovido a gerente efetivo, na agência Presidente Alves, no interior, passando por várias agências no Estado de São Paulo, com o mesmo cargo. Em abril de 1943, na agência Lins, a 445 quilômetros de São Paulo, foi nomeado subdiretor, ali permanecendo até agosto de 1943.

Frias conta que "o Amador Aguiar começou a vida como tipógrafo, quando perdeu um dedo. Depois, foi trabalhar no Banco Noroeste, onde se destacou como um grande gerente até que Wallace Simonsen, fundador do Noroeste e irmão do Roberto Simonsen, ofereceu a ele uma diretoria do banco. Mas o Amador não aceitou. E o Wallace perguntou por quê. O Amador, que era gerente do Noroeste em Birigüi, respondeu: 'Porque não ganho o bastante para viver em São Paulo'. Então, ele continuou lá.

Nesse momento, um grupo estava comprando uma casa bancária mais ou menos falida para transformar num banco. O interesse do grupo tinha por base um funcionário da casa, que conhecia bem o mercado e ia ser o superintendente do banco a ser criado. Na véspera da abertura do banco, essa pessoa que ia ser o superintendente morreu. Então, chamaram o Amador e ofereceram a ele um determinado número de ações para ele trabalhar. O banco já tinha duas agências, e o Amador pediu demissão do Noroeste para dirigir essa nova casa bancária, que se transformou depois no Banco Brasileiro de Descontos, o Bradesco.

O Amador me disse que a primeira coisa que ele fez no dia em que tomou posse foi mandar demolir as paredes que fechavam a gerência e pôr a gerência na porta, contrariando todos os hábitos dos bancos naquela ocasião. Isso porque os bancos tinham a gerência como um lugar sacrossanto. Só os privilegiados, os grandes clientes, tinham acesso à gerência. À diretoria, então... O Amador acabou com o gabinete da gerência e pôs uma mesinha para o gerente na porta. Com essas e outras medidas, ele revolucionou o mercado bancário".

Frias também destaca um aspecto curioso de Amador Aguiar: "Na minha opinião, ele nunca leu a biografia do Amadeo Giannini, o fundador do Bank of America. Giannini era um italiano, que tinha uma casa bancária em São Francisco, na Califórnia, Estados Unidos, e que um dia resolveu fundar esse banco. Ele revolucionou o sistema bancário americano porque começou a receber depósitos de amigos e a operar como banco. E sempre teve a política da distribuição de risco. Ele só queria emprestar pouco para muitos, para não ter risco.

O Amador Aguiar fez a mesma coisa aqui em São Paulo. Até o nome é parecido: Amador, Amadeo. O Amador lutava como um cão: passava as noites no telefone cobrando dos gerentes mais depósitos, mais isso, mais aquilo. Era o *one-man organization* e vivia no banco. Fez um apartamento para ele no próprio banco e não saía de lá, era *full-time* no banco.

O Amador desenvolveu muito o banco, mas era considerado a ovelha negra do mercado bancário. Os banqueiros paulistas detestavam o Amador, achavam que era um louco. No mercado, a pior recomendação para alguém era a feita pelo Amador. Depois, ele comprou a sede do Noroeste aqui em São Paulo. Primeiro comprou um prédio ao lado do Noroeste, em seguida comprou a sede do Noroeste e não comprou o banco de bobeira, na minha opinião".

Em agosto de 1943, Amador Aguiar foi convidado a assumir a direção do Banco Bradesco S.A., que então tinha a denominação de Banco Brasileiro de Descontos S.A., instituição em que se transformara a Casa Bancária Almeida & Cia., em março do mesmo ano, com sede em Marília, interior de São Paulo. Seu diretor-superintendente, José Carlos de Almeida Negreiros, havia falecido no dia da transformação, 6 de março de 1943, naquela cidade. Em março de 1944, Amador Aguiar foi eleito diretor-secretário, depois diretor-gerente, diretor-superintendente e, em janeiro de 1963, assumiu a presidência do Bradesco e das empresas da organização, cargo que exerceu até janeiro de 1981.

Foi também presidente do Conselho de Administração, de agosto de 1974 a fevereiro de 1990, ocasião em que recebeu o título honorífico de

"Presidente Emérito da Organização Bradesco", em reconhecimento a tudo o que fez por ela e pela coletividade, com seus exemplos de trabalho, talento e honradez, sintetizados no lema da casa: "Só o trabalho pode produzir riqueza". Amador Aguiar faleceu em 24 de janeiro de 1991, na cidade de São Paulo, aos 86 anos.

Frias achava que o plano de Roxo Loureiro era "tomar o controle acionário do BNI. O assessor técnico dele era o Benedito Ferri de Barros, que tinha uma boa cultura livresca de investimentos. Ele dava as idéias ao Loureiro, que genialmente as aplicava. Então, o Loureiro fundou a Roxo Loureiro Investimentos. Mas, como não tinha dinheiro, fazia com que o banco emprestasse dinheiro para a Roxo Loureiro, e com esse dinheiro a Roxo Loureiro comprava ações do BNI. Nesse tempo, Roxo Loureiro fez o primeiro lançamento de ações no Brasil, da refinaria de Capuava.

O Agenor Sampaio tinha obtido do Getúlio uma licença para abrir uma refinaria em São Paulo, e o José Alcântara Machado, tio do Caio, tinha um terreno e vendeu para o Sampaio, que era do Rio, um comerciante rico. Só que ele se atrapalhou nos negócios e não estava conseguindo pagar o terreno. Nós nos dávamos muito bem com o José Alcântara Machado, que um dia perguntou ao Loureiro por que ele não fazia um grande lançamento de ações para vender ao público. Porque o José queria receber o dinheiro do terreno".

Segundo Frias, "surgiu então a idéia do lançamento da Capuava. Achei boa a idéia, mas disse ao Loureiro: 'Vamos ficar com o gás pelo menos, como prêmio de lançamento, além da comissão, é óbvio'. Mas o Loureiro, um pouco inebriado por estar freqüentando altas rodas, disse: 'Não, depois a gente acerta isso com ele'. O fato é que não fez e perdeu a oportunidade. Com um lançamento primoroso, captou recursos para o Sampaio fazer a refinaria de Capuava. O Sampaio ganhou durante anos rios de dinheiro e nunca deu para o BNI o gás que havia prometido. O gás é um subproduto do petróleo, e o gás engarrafado seria uma comissão valiosíssima.

Em vez disso, o Loureiro sonhou com uma aliança com o Intercontinental Hotel e o prédio do Bradesco, que hoje está ao lado do Copan e que era para ser um Intercontinental Hotel. Originalmente era para ter o prédio e um hotel cinco-estrelas do Intercontinental. O Loureiro se envolveu, ou foi envolvido, porque todo o meio bancário o detestava. A mim eles ainda toleravam. Me chamavam de Sancho Pança e diziam que o Loureiro era o Dom Quixote. Eu era o Sancho Pança que ia atrás arrumando as coisas ou tentando evitar o pior. O Loureiro se perdeu com mulheres, com o sucesso, tirou os pés do chão. E o banco foi sentindo isso tudo. Até o momento que tivemos que fazer um empréstimo de vinte milhões de cruzeiros na Sumoc. O Loureiro me deu autonomia para administrar o banco com mão de ferro. Eu, então, bloqueei o negócio: ele tinha comprado a casa que depois passou para o Banco Nacional".

Ali começaram os problemas do BNI. Mas outros ainda viriam.

Em 1952, aos oitenta anos, morreu Luiz Torres de Oliveira, pai de Frias. Anos depois, os netos Regina e Eduardo Queiroga, filhos de Maria Zélia e Clóvis Queiroga, assim se recordariam do avô Luiz Torres de Oliveira: "Ele gostava muito de contar e de ler histórias para a gente. Ele gostava também de ensinar e nos ajudava nos deveres de casa. Ele queria ver o trabalho, queria tomar a lição da gente. Era uma pessoa que se preocupava muito com a nossa formação. Nós morávamos na avenida Pompéia, em São Paulo, em duas casas. Numa, morava o vovô com alguns tios, e na outra morávamos papai, mamãe e nós. As casas se comunicavam. Eram vizinhas, com aquele corredor que vai do portão até os fundos, para entrada de carro. Havia um muro que separava os corredores, cada casa com o seu corredor. Lá no fundo, próximo às portas de garagem, havia uma porta no muro que dava comunicação entre as duas casas. Então, a gente estava diariamente em contato com o vovô e os tios. O vovô também tinha um bom coração. Ele adotou uma família de russos. A família apareceu por aí, não tinha para onde ir. E ele acolheu todo mundo em casa".

Regina, Eduardo e o irmão Edgard foram os netos que viveram mais próximos do avô. Edgard é o irmão mais moço, oito anos menos que Eduardo e dez menos que Regina. Quando ele nasceu, o avô já estava doente. Mas o privilegiava com algumas coisas, segundo os dois irmãos: "O vovô não deixava ninguém mexer nas coisas do Edgard, mas ele era o único que podia mexer nas coisas dos outros e até nas coisas do próprio vovô. Era o neto caçula.

Edgard tinha dois anos, sempre com a babá do lado, e ia para o quarto do avô e mexia em tudo".

Em 1953, um ano após a morte do pai, Frias, então com 41 anos, se aproximou ainda mais da Empresa Folha da Manhã. A *Folha* começou a ter problemas financeiros e José Nabantino Ramos levou o assunto a Frias, no BNI: "Vocês têm aí a Roxo Loureiro Investimentos, que fez o lançamento das ações da refinaria de Capuava. Vocês não querem fazer uma emissão de papéis para a *Folha*?".

Nabantino estava interessado nessa emissão de ações porque bem antes, quando montou um grupo para tirar o conde Matarazzo da sociedade e ficar com o jornal, ele tinha feito uma relativa pulverização do capital da *Folha* para levantar capital. Na ocasião, através do irmão dele, Luís, foram vendidos blocos de ações no interior do Estado de São Paulo. Como alguns haviam comprado grandes blocos de ações, essas pessoas começaram não só a cobrar dividendos de Nabantino, mas também queriam influir no jornal. A idéia dele, ao procurar Frias no BNI, era pulverizar de fato as ações da *Folha*. Nabantino achava que, se imobilizasse 10% do capital com as assinaturas permanentes da *Folha*, conseguiria capitalizar a empresa. A pessoa comprava um percentual de ações e ganhava uma assinatura perpétua do jornal. Era isso que Nabantino queria que a Roxo Loureiro Investimentos vendesse para ele.

Frias topou o negócio: "Como era um homem muito organizado, Nabantino já trouxe a minuta do contrato. Eu fui falar com o Loureiro e ele disse: 'Para mim não interessa'. Eu disse a ele então que ia vender. E o Loureiro respondeu: 'Boa idéia, faça uma empresa e venda você mesmo'. Então, eu aluguei uma sala na rua Barão de Itapetininga e abri uma firminha chamada Transaco – Transações Comerciais Limitada, e chamei o Luiz Gonzaga, que era um sobrinho muito querido, para tomar conta dessa firma sob minha orientação. O Luiz Gonzaga era filho da Carola, minha irmã, tinha perdido o pai cedo e morava praticamente lá em casa". Luiz Gonzaga de Azevedo Neto era o mesmo Chuca que em 1931 tinha ido com a mãe para Sorocaba morar com o avô Luiz Torres.

A Transaco foi uma das primeiras especializadas na venda de ações diretamente ao público. Anos depois, mudou-se para a rua General Jardim, 482, no mesmo prédio que foi endereço da Norton Publicidade durante muito tempo.

Em 24 de agosto de 1954, véspera do Dia do Soldado, Getúlio Vargas suicidou-se no Palácio do Catete, no Rio de Janeiro, com um tiro no peito. Na carta de despedida, a frase profética: "Deixo a vida para entrar na história". Terminou ali a trajetória de um gaúcho que até hoje gera polêmicas. Nascido em São Borja, no Rio Grande do Sul, em 19 de abril de 1882, Getúlio Dornelles Vargas foi quem governou o Brasil por mais tempo, em dois mandatos. Foi presidente de 1930 a 1945 e de 1951 a 1954. Entre 1937 e 1945 instalou uma ditadura, conhecida como Estado Novo. Assumiu o poder pela primeira vez após comandar a Revolução de 1930, que derrubou o governo de Washington Luís. Nos quinze anos seguintes, o nacionalismo e o populismo foram as marcas do governo dele, centralizador e controlador.

Para se ter uma idéia do quanto Getúlio Vargas foi polêmico no seu governo, ele promulgou a Constituição de 1934; entregou Olga Benário, mulher de Luís Carlos Prestes, aos nazistas de Hitler, na Alemanha, em 1936; fechou o Congresso Nacional em 1937; criou o Departamento de Imprensa e Propaganda (DIP), para controlar e censurar manifestações contrárias; perseguiu os opositores, principalmente os comunistas. Mas também criou o Instituto Brasileiro de Geografia e Estatística (IBGE), em 1938, e, em 1939, a Justiça do Trabalho, o salário mínimo, a Consolidação das Leis do Trabalho (CLT), a carteira profissional, a semana de trabalho de 48 horas e as férias remuneradas. Vargas também investiu em infra-estrutura, criando a Companhia Siderúrgica Nacional (1940), a Vale do Rio Doce (1942) e a Hidrelétrica do Vale do São Francisco (1945). E, em 1942, substituiu os velhos mil-réis pelo cruzeiro. Deposto em 29 de outubro de 1945, Getúlio Vargas foi eleito presidente em 1950, através do voto popular, e voltou à Presidência em 31 de janeiro de 1951. Continuou sua política nacionalista, com a campanha "O Petróleo É Nosso", que resultou na criação da Petrobras.

A exemplo de outros acontecimentos políticos com os quais já havia convivido, a comoção com a morte de Getúlio que tomou conta do país passou ao largo das preocupações de Frias. Nesse mesmo ano de 1954, ele comprou um pequeno sítio nas proximidades de São José dos Campos, a cerca de cem quilômetros de São Paulo. A partir dos anos 60, Frias converteu esse *hobby* de fim de semana numa empresa avícola de porte que teve atuação tecnológica de vanguarda no setor, chegando a manter dois milhões de aves, tomando parte, assim, na primeira onda do que viria a ser chamado de agronegócio no Brasil.

A história da granja começou com algo inusitado: um motorista chamado Fausto Segui Aparisi, um espanhol que tinha sido mecânico de avião. Ninguém, nem mesmo a família, sabe por que Frias quis motorista naquela época, pois ele nunca mais teve um na vida. E, no primeiro dia em que Fausto dirigiu para Frias, a cada farol o carro morria. "O motor está desregulado", dizia Fausto. Frias não acreditou muito no espanhol e resolveu dirigir ele mesmo o carro. Colocou Fausto, que falava mal português, no banco da frente, ao lado dele, e não deixou o carro morrer nenhuma vez. No final do dia, Fausto insistiu que o motor estava desregulado e pediu para Frias deixar o carro com ele.

No dia seguinte, Fausto foi dirigindo e o carro não morreu nenhuma vez. Mas ele estava com as mãos enroladas em gaze. Frias perguntou o que tinha acontecido e Fausto contou que não havia luz onde morava e que ele tinha passado a noite com velas para consertar o carro. Por isso se machucara todo. Aquilo marcou muito Frias, que acabou gostando de Fausto.

Como tinha decidido comprar um sítio, Frias incumbiu Fausto de procurar um para ele. Fausto, que achava importante o sítio ter água, começou a procurar um com rio passando por dentro dele. Encontrou esse em São José dos Campos e levou Frias para ver. Frias gostou e comprou. Mas, logo nos primeiros fins de semana em que foi ao sítio, Frias já começou a falar: "Preciso fazer isso se pagar". Inicialmente plantou tomate. Foi um desastre, e ele colocou Fausto para administrar o sítio, que já não era apenas aqueles dois hectares e meio iniciais. À medida que foi ganhando dinheiro, Frias começou a comprar terras dos vizinhos. Depois, viu uma granja perto do sítio e, a cada semana que passava, percebia que haviam construído um novo galpão. Frias lia livros de auto-ajuda, e num deles havia uma frase da qual ele gostava muito: *"Find a need and fill it"* (encontre uma necessidade e a satisfaça). Resolveu então fazer a Granja Itambi. No auge, ela chegou a ter 1.700 funcionários. Mas a granja nunca foi um bom negócio. Ele perdeu dinheiro com ela e, em 1996, resolveu fechá-la.

A competição com a Sadia e a Perdigão começou a ficar muito difícil por causa da ração. A ração dos frangos é composta, em sua maior parte, de milho. Depois, vêm a soja e mais 150 itens. As grandes plantações de milho e soja brasileiras foram para o Centro-Oeste. Sadia e Perdigão fizeram um movimento de migrar para mais próximo de onde estava o milho, o que lhes dava uma vantagem competitiva muito grande. Essa é uma das razões que fizeram a avicultura praticamente desaparecer no Estado de São Paulo.

Na década de 1990, Frias começou a ter mais problemas e, em 1996, tomou uma decisão difícil: acabar com a granja. E ainda está arcando com as dívidas: até o final de 2006 vai pagar as últimas parcelas de impostos. Hoje (2006), só tem gado lá. Nada expressivo, no entanto: só um pouco de gado de corte. Chegou a ter gado de leite, mas encerrou essa operação também.

A Granja Itambi foi a grande frustração profissional de Frias. Ele gostava muito dela, até porque sempre dizia que "é muito bom para o empresário produzir coisas palpáveis, como leite, carne, frango. Jornal não é uma coisa palpável. E a granja chegou a ser, no setor de frangos, uma das maiores do Brasil".

Assim como 1945, o ano de 1955 também foi muito movimentado na vida de Frias. Só que dessa vez parecia que o avião embicava para baixo e Frias tinha perdido o controle dele.

Para começar, Frias saiu do BNI. A situação com o amigo Orozimbo Roxo Loureiro, que já ia mal, piorou. Num sábado, os dois tiveram uma conversa. Até aquele momento, o banco não devia um tostão à Superintendência da Moeda e Crédito (Sumoc), pois já havia pago o empréstimo de vinte milhões de cruzeiros e estava com a sua situação inteiramente regularizada. Mas o BNI estava sendo malfalado, e Frias achava que não devia mais continuar no banco porque previa o que podia acontecer. "O Loureiro, então, só me disse o seguinte: 'Não saia já, porque você é a segunda pessoa do banco, e o banco está sofrendo essa maledicência. Se você sair agora, pode despertar uma corrida. Você pode até sair, mas não tire o seu nome da diretoria. Você sai, não tira o seu nome da diretoria e dá uns dois ou três meses para a gente poder acertar isso'. Ele estava louco para se livrar de mim também. Mas, como disse, eu era o Sancho Pança, vivia segurando o que podia segurar."

Frias e Loureiro acertaram daquela forma a situação. E no dia seguinte, domingo, Frias foi montar a cavalo na Hípica: "Caí do cavalo – Freud explica – e quase tive uma fratura de espinha".

Nesse domingo, Eduardo Queiroga não estava cavalgando com o tio: "Mas me contaram. Separando a casa-sede do picadeiro fechado havia um quadrado enorme, de 100 m x 100 m, cheio de árvores. O cavalo que o tio Octavio estava montando desembestou entre essas árvores. Eu não lembro se o cavalo bateu numa árvore ou se meu tio bateu na árvore. Mas ele caiu, e a fratura que ele teve deve ter sido uma coisa gravíssima para a época. Ele quebrou uma vértebra, foi operado, ficou engessado seis meses". Regina, irmã de Eduardo, diz que dona Zuleika, mulher de Frias, deu todo apoio a ele: "Ela era uma mulher maravilhosa, muito companheira. Quando ele teve esse acidente com o cavalo, ela ficava ali do lado, ajudando, e fazia o trabalho de escritório em casa".

Frias ficou seis meses engessado. O gesso começava pouco acima do quadril e ia até a cabeça, pegando o tórax, as costas, o pescoço, a cabeça e parte do rosto, ficando de fora apenas os olhos, orelhas, nariz e boca, além dos braços. Como podia movimentar os braços, depois de um tempo continuou a dirigir o Oldsmobile com câmbio automático que possuía.

Nessa época, Frias estava morando na avenida Pompéia, no bairro do Sumaré: "Quando decidi sair do banco, eu tinha um apartamento na avenida São Luís, num prédio que nós tínhamos incorporado. Eu fiquei com um dos apartamentos e ainda vendi um para o José Nabantino, no andar de cima ou de baixo, não me lembro mais. Quando saí do banco, resolvi vender meu apartamento e fui morar na casa da avenida Pompéia, que era a casa do meu pai. Fiz uma reforma e me instalei lá com a Zuleika. Na casa vizinha, moravam minha irmã Maria Zélia, o marido Clóvis Medeiros de Queiroga e os filhos Regina, Eduardo e Edgard. E eu continuava indo todo fim de semana para o sítio em São José dos Campos".

Em 13 de março de 1955, um domingo, semanas depois de ter caído do cavalo, Frias voltava de São José dos Campos para São Paulo, pela via Dutra. No banco da frente estavam Frias, dirigindo, a empregada Ana e dona Zuleika. No banco de trás estavam José, o irmão de Frias, atrás de dona Zuleika, e o sobrinho Edgard, filho de Maria Zélia e Clóvis Queiroga e irmão de Regina e Eduardo, atrás de Frias. Era fim de tarde, começo da noite. A Dutra tinha pista única, com duas mãos de direção. Na estrada, à direita, estava parado um caminhão, sem luz, sem sinalização, com tubos enormes de ferro saindo da carroceria. Um carro que vinha na mão contrária, e com luz alta, atrapalhou a visibilidade de Frias, que acabou entrando na traseira do caminhão.

"Fui em cima do caminhão, com o lado direito do carro. Zuleika e o meu irmão morreram. O José era um irmão doente que eu tinha. Para ele, era Deus no céu e eu na terra. Ele tinha problemas mentais, mais ou menos como o Jorginho, filho do velho Street. O José só viajava comigo. Com os outros ele tinha medo de ir, mas comigo, não. Ele ia aonde eu quisesse. Tinha uma confiança integral em mim. A nossa empregada Ana se machucou bastante, mas sobreviveu. Eu me machuquei ligeiramente, tive só um corte na testa."

Edgard nunca esqueceu o acidente. Lembra que ficou dizendo na hora: "A tia Zuleika está morrendo. A tia Zuleika está morrendo".

4. DE BANQUEIRO A QUASE SEM-TUDO

"Quando a Zuleika, minha mulher, morreu, eu tinha quatrocentos mil cruzeiros. A família dela pensava que eu era riquíssimo. Eu então chamei o Carlos Caldeira e disse: 'Carlos, esse dinheiro é tudo o que eu tenho. Vai lá, por favor, e entrega para a mãe da Zuleika. Diz que é tudo o que eu tenho para dar porque simplesmente não tenho mais nada'. E o Carlos Caldeira levou os quatrocentos mil cruzeiros, liquidou a minha pendência e trouxe a quitação. Então, eu fiquei a nenhum, literalmente a zero. Não tinha nada. Assim, um belo dia me vi sem emprego, sem dinheiro e sem mulher. Eu tive um trauma da maior violência. Eu me lembrava da história do Jó, da *Bíblia*, que de repente perde tudo."

Pela segunda vez na vida, Frias passava por um momento dificílimo. O primeiro tinha sido a morte da mãe. Mas o sofrimento de Frias não tinha acabado: "Nesse período em que eu havia me afastado do BNI, o Orozimbo Roxo Loureiro se elegeu como o deputado federal mais votado do Estado de São Paulo, com uma campanha feita às custas do banco. O BNI foi por água abaixo. E eu, junto. Apesar de licenciado, eu era ainda, para todos os efeitos legais, diretor do BNI. E, como a responsabilidade de diretor de banco vai até dois anos depois da saída, fiquei com todos os meus bens bloqueados. Não podia mexer em nada. Não tive responsabilidade sobre o que aconteceu, mas fui atingido diretamente".

O BNI ficou sem liquidez, e o governo queria intervir no banco. No dia em que Frias soube, foi correndo ao banco: "Falei com Roxo Loureiro e fui, junto com Benedito Montenegro, que era o presidente do BNI, procurar o

Amador Aguiar para vender o banco para ele. Fechamos o negócio com o Amador, mas o Loureiro não quis. Disse que preferia a intervenção, a liquidação extrajudicial. Eu perguntei: 'Loureiro, você está louco? Você prefere ficar na mão do governo ou na mão do Amador? Porque uma liquidação é pior do que a venda de um banco'. Mas ele achava que não, que era melhor com o governo, porque com o governo ele se ajeitava, ainda mais sendo o deputado federal mais votado de São Paulo. Mas não teve jeito. O interventor do BNI foi o Petrônio Corrêa, que depois se transformou num grande amigo meu e que era o meu melhor propagandista, porque a impressão que ele tinha quando chegou ao banco era que aquilo era um covil de ladrões, que todo mundo roubava. Depois, ele viu que não era nada disso. Estava tudo em ordem. Porque, quando eu saí, tinha deixado o banco sem um tostão de dívida, não devia nem para a Sumoc. Já tínhamos pago aquele empréstimo de vinte milhões de cruzeiros. O banco estava com a vida inteiramente regularizada".

Passado algum tempo, Amador Aguiar acabou comprando o BNI do governo e deu um grande impulso no Bradesco, como contou Luís Nassif: "O Bradesco [foi montado] em cima da intuição pura e de um conjunto de valores e de quebras de paradigmas desenvolvido por seu fundador, Amador Aguiar (1904-91). Até o começo dos anos 50, os bancos brasileiros eram fundamentalmente seletivos. O padrão era o banqueiro José Maria Whitaker, que mantinha apenas uma agência de seu Banco Comercial no centro velho de São Paulo, perto da Bolsinha do Café. Para os bancos tradicionais, só cafeicultores de São Paulo e de Minas Gerais tinham direito a crédito.

Depois da ida para o Norte do Paraná, a segunda grande jogada do banco foi fechar acordos para o recebimento de contas de luz, água e telefone e efetuar pagamentos de aposentadorias. Aguiar se deu conta de que seu caminho seria ampliar o máximo possível o número de clientes, mesmo entre os de pequena poupança. O terceiro salto foi com a aquisição do Banco Nacional Imobiliário, do banqueiro Orozimbo Roxo Loureiro, que enfrentou problemas de liquidez por ter investido muito em imóveis. Quando o Bradesco o adquiriu e reabriu as 46 agências bancárias que tinha em São Paulo, descobriu o óbvio: em vez de expandir para outras regiões e cidades, havia um enorme mercado a ser conquistado na cidade mesmo".[13]

Assim, Frias teve que começar tudo de novo: "Me lembro que eu estava na rua da Consolação, com as mãos no bolso, e disse: 'Não tenho mais nada o que fazer: estou sem dinheiro, sem mulher, sem nada, partindo da estaca zero'. Não tinha um sacana que me oferecesse um emprego. Nem o José Nabantino Ramos me ofereceu. Eu tinha organizado uma grande empresa imobiliária, que tinha sido o banco. Fui o rei do condomínio em São Paulo. Mas nessa hora não apareceu ninguém para me ajudar. O pessoal virava a esquina para não me ver porque, por causa da quebra do banco, eu era suspeito. Até os meus bens, que não existiam, estavam indisponíveis. Não tinha nada de que pudesse dispor, só o sítio de São José dos Campos, com dois alqueires e meio. Quando o banco fechou, até o Carlos Caldeira sumiu. Não tivemos mais contato nenhum. Depois, ele me contou que fugia de mim de medo que eu lhe propusesse algum negócio".

Porém Frias não era de se entregar nem de lamentar o passado. Uma das vantagens de quem sofre reveses como os dele é que a pessoa pode se tornar forte para seguir em frente. Frias vivia o presente: "Aí eu me lembrei da Transaco e disse: 'Vou pra lá'. Nessa época, a Transaco vendia 150, 200, no máximo 300 assinaturas da *Folha* por mês. Fui lá e em dois meses estava vendendo seis mil assinaturas permanentes da *Folha* por mês. Eu tinha 30% de comissão. Três meses depois eu já estava com dinheiro no bolso. Graças a Deus. Foi a minha sorte na vida. A única coisa que me restava era vender, aproveitar minha capacidade de venda".

Não foi só nos negócios que Frias reencontrou o caminho. Um dia apareceu na Transaco dona Dagmar de Arruda Camargo, que foi procurá-lo para pedir um emprego para o marido dela, João Domingos de Toledo Piza, que era engenheiro. Meses depois, ela se separou do marido e, ainda em 1955, foi morar com Frias.

Dona Dagmar já tinha uma filha, Maria Helena, a Lena, do primeiro casamento. Teve três filhos com Frias: Otavio, Maria Cristina e Luís. Quando dona Dagmar e Frias foram morar juntos, Beth, a filha que ele havia adotado com

---

13. "As Disputas Bancárias", *Folha de S.Paulo*, 27/3/2005.

dona Zuleika, tinha cerca de dez anos, um ano a mais que Maria Helena. Logo no começo da convivência, exatamente no dia do batizado de Otavio, que foi um mês após ele ter nascido, Beth agrediu Lena. Maria Helena conta: "Foi uma briga de criança, porque eu tinha nove anos e a Beth devia ter uns dez. Nós duas brigamos por um motivo à toa. Só que a minha mãe tinha acabado de ter nenê, estava com o Otavio pequenininho e toda a família em casa, porque tinha sido o batizado dele. Saímos do batizado, não sei se teve um almoço em casa, alguma coisa assim. Então, decerto a minha mãe estava muito sensível e fez um escândalo, brigou, disse que não queria mais aquela menina".

Dona Dagmar, de temperamento muito forte e impulsivo, disse que ia embora, que não aceitava aquilo. Como Frias tinha uma irmã já viúva na época, Maria Carlota, a dona Mocinha, que era a mais velha entre as irmãs mulheres, pediu a ela que criasse a Beth. Frias sempre deu todo o apoio material e também pessoal a Beth, a quem via pelo menos uma vez por mês. Beth cresceu, estudou, tornou-se bailarina. No entanto, em 17 de fevereiro de 1981, quando tinha cerca de 40 anos, suicidou-se.

O casamento de Frias e dona Dagmar só foi oficializado em 1965, quando ela já era viúva. Dona Dagmar nasceu em São Paulo, em 11 de fevereiro. De que ano? Esse é um dos segredos mais bem guardados. Foi professora primária e se mostrou sempre uma mulher muito avançada para a época. Católica e filha de mãe italiana, segundo o filho Otavio "é uma pessoa muito inteligente, embora não tenha interesses intelectuais. De personalidade forte, tem carisma, opinião, senso de humor e é um tanto autoritária. Neste último aspecto, ela difere do meu pai, sempre mais tolerante e pacificador".

Dona Dagmar se separou do primeiro marido por iniciativa própria, por volta de 1955. Se separação já era rara na época, por parte da mulher era mais rara ainda. Passar a viver junto, então... "O fato foi um pouco estigmatizante, a ponto de a família de meu pai, ou de pelo menos certas alas da família dele, torcer o nariz para esse segundo casamento", diz Otavio.

Passada a tormenta, Frias voltou a praticar equitação e se concentrou no trabalho da Transaco. Ele continuava vendendo as assinaturas permanentes da *Folha* e achava que o plano de José Nabantino não era ruim, desde que elas representassem no máximo 10% do total das assinaturas. Ou seja, do número de assinaturas que a *Folha* tinha, apenas 10% deveriam ser permanentes: "Assim, o Nabantino refazia o caixa e não atrapalhava a vida futura do jornal.

Naquele tempo ninguém podia imaginar a desvalorização que viria pela frente. Nós estávamos num regime de moeda razoavelmente estável. O nível de inflação era pequeno no governo Getúlio Vargas. Na verdade, a escalada inflacionária do Brasil só começaria no governo de Juscelino Kubitschek [1956 a 1961], chegando a 60% ao mês no governo João Goulart [1961 a 1964]. Mas o Nabantino passou muito dos 10%: o número de assinantes vitalícios chegou a 30%. E ele ainda precisava de mais dinheiro".

Como já estava faturando bem com a comissão de 30% e queria que Nabantino continuasse a vender assinaturas, Frias disse a ele: "Nabantino, por que você não faz, em vez de assinatura vitalícia, um certificado de dez anos apenas?"."Mas será que vende?", perguntou Nabantino. Frias respondeu: "Claro que vende. Bárbaro, uma assinatura por dez anos". Então, Frias fez os cálculos de quanto o assinante tinha que pagar e começou a vender. "Vendi como água essas assinaturas por dez anos. E com esse dinheiro o Nabantino modernizou a *Folha*. E os dez anos de assinatura foram cumpridos integralmente. Mas as assinaturas perpétuas, não. Elas foram denunciadas na Justiça e ganhamos a causa. Um dos fatores que prejudicaram o cumprimento das assinaturas perpétuas foi a inflação que veio nos anos seguintes. Isso nos ajudou a ganhar a causa na Justiça."

A partir do impulso com a venda das assinaturas da *Folha*, Frias deu início ao seu segundo pioneirismo. O primeiro tinha sido o das grandes incorporações imobiliárias. O país começava a contar com um sistema bancário integrado e forte, apto a financiar projetos que se beneficiavam da urbanização acelerada. Claro que podem ser levantados efeitos positivos e negativos dessa urbanização às vezes desenfreada, mas ela teve função de relevo na modernização do Brasil. A segunda atividade inovadora de Frias foi a do então incipiente mercado de títulos, à qual ele se dedicou por meio da Transaco. E a empresa foi uma espécie de plataforma de seus empreendimentos posteriores, como a estação rodoviária e a própria *Folha*.

A Transaco começou a ser procurada para vender ações de outras companhias, como a Cássio Muniz, na qual Frias já tinha vendido aparelhos de rádio. Um dia, a Sansão & Vasconcelos, uma firma importante do Rio de Janeiro, entrou em contato com Frias: "Um amigo da Hípica me disse que um sujeito o tinha procurado querendo saber se eu não queria vender as ações dessa empresa do Rio. 'Não, eu não quero', eu disse. 'Puxa, mas pelo menos você podia ir lá para conversar com ele, dar atenção', me respondeu o amigo.

Peguei um avião e fui para o Rio, disposto a pedir um preço bárbaro para eles não aceitarem. Pedi 30% do valor das ações subscritas. Eu não trabalhava por menos de 30%, o que era um absurdo. O usual naquele tempo era o corretor ficar com 20%. Mas ninguém fazia aquilo porque não existia venda de ações nem corretora de ações. E, para minha surpresa, eles aceitaram. Então, eu tive que fazer a venda e vendi como água, inclusive em São Paulo e no interior. Daí vendi ações de uma porrada de outras empresas, até da Mesbla".

Nessa época, Frias também vendeu assinaturas para o jornal *Tribuna da Imprensa*, que era de Carlos Lacerda: "O Lacerda já era um deputado importante, fazia discursos inflamados, dirigia a *Tribuna da Imprensa*, mas eu sabia que estava num bacalhau filho-da-mãe. Pensei comigo: 'Vou vender para esse cara. Com o nome dele eu vendo até areia no deserto'.

Eu sabia que o Herbert Levy, que era presidente do Banco da América aqui, tinha boas relações com o Carlos Lacerda. Então, pedi para o José Nabantino uma recomendação do Herbert Levy. Ele fez uma recomendação muito cautelosa ao Carlos Lacerda, que, muito tempo depois, me mostrou a carta dele. Pus a carta no bolso e fui de tropeço falar com o Carlos Lacerda no Rio. Expus a idéia e ele pegou na hora. Abri um escritório da Transaco no Rio e passei a vender as assinaturas da *Tribuna da Imprensa*. Vendi umas trinta mil no Rio, um colosso.

Depois, o Carlos Lacerda foi candidato a governador, mas não tinha dinheiro. Eu disse a ele: 'Eu financio sua campanha para o governo da Guanabara'. Tempos antes tinha sido feito o Congresso Eucarístico em São Paulo. O sujeito pagava um tanto para pôr uma placa do Congresso Eucarístico na casa dele. Eu bolei placas para o Carlos Lacerda e cobrava as placas. Inundei o Rio de placas do Carlos Lacerda, com 30% de comissão [risos]. Tudo o que eu imaginava com a efígie do Carlos Lacerda, eu vendia. Vendi o

Lacerda de tudo que era jeito, em placas, em emblema, em tudo. E com 30% de comissão, como sempre. Era uma loucura de dinheiro. Então, ficamos muito amigos. Mas eu não tinha interesse nenhum por política. Eu tinha horror daquilo, desprezava. Queria ganhar dinheiro, claro, onde tivesse dinheiro eu ia trabalhar para faturar o meu. O negócio era ganhar dinheiro. Ganhar dinheiro foi o compromisso que eu assumi comigo mesmo".

Frias achava Lacerda "inteligentérrimo, mas um louco. A primeira vez que tive contato com o Jânio Quadros, eu estava no apartamento do Carlos Lacerda, no Rio. Eu estava lá no apartamento dele, na praia do Flamengo, quando de repente a porta se abriu e entrou o Jânio Quadros, com uma horda de pessoas atrás. Entrou: 'Ô, Carlos' – abriu os braços, me lembro muito bem –, 'até que enfim juntos'. Ficou um segundo e saiu. Como um furacão, entrou. Como um furacão, saiu. Eu disse: 'Ô, Carlos, você conhece esse sacana?'. 'Não, não conheço esse filho-da-puta. Que remédio, se a gente não se aliar? Ele está eleito mesmo. A nossa tentativa única é cercá-lo agora', me disse o Lacerda".

Tempos depois, Lacerda telefonou para Frias: "Preciso muito falar com você". Frias o convidou para almoçar em sua casa, em São Paulo. "O Lacerda fez uma peroração no almoço e disse: 'Vou me candidatar a presidente, salvar o Brasil, meus planos são...'. E aí, blá-blá-blá, falou pra burro e me convidou para ser diretor da *Tribuna da Imprensa*. Eu disse: 'Carlos, por quê, em vez de pôr em ordem o Brasil, você não começa a pôr em ordem a sua própria casa, a *Tribuna da Imprensa*, que é aquela bagunça?'. Ele disse: 'Pois é, Frias, aí é que você está enganado, porque é muito mais fácil pôr ordem no Brasil do que na *Tribuna da Imprensa*'. E eu respondi: 'E é para esse cargo que você está me convidando?' [risos]".

No Rio, a Transaco vendeu também ações da Petrominas. E depois abriu uma filial em Belo Horizonte, Minas Gerais, onde vendeu ações da loja O Camiseiro e assinaturas do *Diário Católico*.

A Transaco ia às mil maravilhas quando Gastão Vidigal, dono do Banco Mercantil de São Paulo, convidou Frias para almoçar: "O Gastãozinho sempre foi meu amigo, nos demos sempre bem, mas também nunca tinha me oferecido emprego. Na ocasião da minha merda, nunca ninguém me ofereceu um emprego. Almoçamos e depois ele quis visitar a Transaco. Foi comigo, viu que eu estava crescendo, cheguei a ter seiscentos corretores.

Aí o Gastão Vidigal me disse: 'Quero te convidar para diretor do banco. Você já ganhou dinheiro, agora você precisa de *status*. Você está com essa mancha do BNI aí que precisa tirar. Precisa de *status*. Vem trabalhar comigo que eu te dou o lugar de diretor'. Eu disse: 'Não, muito obrigado, Gastão'. Ele ficou puto da vida. Nunca ninguém disse não para o Gastão. Se ele tivesse me oferecido o cargo de gerente um ano antes, eu teria pego. Mas depois, não, eu não estava interessado. Estava muito bem de vida, tinha começado a operar por conta própria".

Frias não perdia uma oportunidade de negócio: "Um amigo de São Paulo tinha uma fábrica de armazém pré-fabricado e estava a um bacalhau para falir. Ele queria fazer um aumento de capital. Eu disse: 'Faça que eu compro'. Comprei com um deságio de 50%. Porque naquela altura da minha vida eu disse para mim mesmo: 'Se o negócio é ganhar dinheiro, eu vou ganhar mesmo'. E eu era impiedoso. Aplicava o dinheiro a juros, sim, senhor. Era usurário, cobrava 3% ao mês e não tinha conversa. Naquele tempo era usura emprestar dinheiro a 3% ao mês [risos]. Esse crime de usura eu pratiquei muito. Mas nunca fiz isso com pessoa física, só com empresa. Eu não queria ter que apertar o miserável. Isso nunca passou pela minha cabeça. Mas, quando era empresa, eu emprestava contra duplicata porque descontava a duplicata com 3% ao mês. Eu estava ficando rico mesmo, por cima da carne-seca. Para mim era muito dinheiro, eu estava independente já".

Como o negócio da Transaco era vender, a empresa também vendia uma publicação de nome *Íncola* (Informações Comerciais Ltda.), de interesse de advogados e contadores, que foi precursora do IOB. Era um informativo mensal a respeito de acórdãos da Justiça, produzido pelo escritório de advocacia de José Nabantino Ramos. Eduardo Queiroga, sobrinho de Frias, trabalhava na Transaco na época: "A *Íncola* vinha numa caixinha de madeira, com um fichário, no qual o sujeito ia colocando as fichas com informações, para consulta diária. Numas férias de início de ano, que na época eram de três meses – dezembro, janeiro e fevereiro –, fui lá trabalhar com o tio Octavio. Eu tinha uns dezesseis anos. Ele achou interessantíssimo. No começo eu saía com um corretor mais experiente, com quem fui aprendendo. Eu vendi um bocado de coisas e ganhei um bom dinheiro naqueles meses".

Frias se preocupava também em dar cursos de venda aos corretores: "Minha função era dar aula de venda, treinar os corretores. O segredo básico que passava para eles era otimismo. Em primeiro lugar, tem que conhecer bem a mercadoria e ter uma capacidade de argumentação boa. Em segundo lugar, tem que ser um cara otimista. Então, eu ensinava coisas que eu tinha aprendido nos livros. Eu, por exemplo, me dei ao trabalho de traduzir um livro do inglês. Se o meu inglês é ruim hoje, naquele tempo era péssimo. Mas, mesmo assim, eu traduzi um livro para distribuir internamente. Era *Do Fracasso ao Sucesso na Arte de Vender*, de Frank Bettger".[14]

Frias sempre se interessou por esses livros de histórias de pessoas bem-sucedidas e de auto-ajuda: "Desde que eu me conheço por gente tenho interesse nesses livros. *Como Fazer Amigos e Influenciar Pessoas*, de Dale Carnegie, eu também citava muito.[15] Era um livro que para mim valia uma fortuna. Pagava até o peso dele em ouro. E eu ensinava o pessoal como é que se vendia, dava dicas de venda, psicologia de venda".

Num dos livros que Frias traduziu para os cursos de vendas que ele ministrava, havia um caso que ele sempre gostava de contar: "Uma vez, a General Motors, fabricante do Cadillac, descobriu que em uma região perdida dos Estados Unidos, no Estado de Nevada, que era um Estado de poucos resultados de venda, havia um revendedor que estava vendendo Cadillac que nem água. E a GM foi então verificar o que esse revendedor estava fazendo para vender bem mais que os outros. Mandaram uma equipe lá para investigar, e o vendedor de Cadillac contou qual era o segredo dele: 'Eu gasto o menor tempo possível falando do carro. Quando vem um cliente, eu evito o assunto do carro. Vou logo falando do monograma e pergunto qual é o monograma que ele quer colocar na porta do carro'. Antigamente, as pessoas tinham o hábito de colocar monograma na porta do carro. 'Eu tenho esse lindo livro com todos os tipos de monogramas e começo a discutir o monograma do cliente'. Esse era o êxito do revendedor". Frias sempre citava esse caso para dizer que as escolhas econômicas do ser humano não são necessariamente racionais: "Têm um aspecto emocional, psicológico".

---

14. Disponível hoje como *Do Fracasso ao Sucesso em Vendas*. Rio de Janeiro: Record, 2001.
15. *Como Fazer Amigos e Influenciar Pessoas* [1937]. 48ª ed. São Paulo: Companhia Editora Nacional, 2000.

Entusiasmado com o sucesso da Transaco, um dia Frias resolveu vender para o jornal *O Estado de S. Paulo* a assinatura permanente, que já tinha vendido para vários outros, inclusive o *Correio Paulistano*. E foi procurar Júlio de Mesquita Filho: "Tenho em casa um biombo feito pelo Di Cavalcanti, que me foi dado pelo próprio Di. Está na parede da sala. Eu gostava muito do Di, um boêmio inveterado. Conheci o Di através do Oscar Niemeyer. Ele tinha uma grande paixão por uma das mulheres dele, uma inglesa, a Bi, que se deu muito bem com a minha primeira mulher, a Zuleika. Elas ficaram muito amigas e a Bi e o Di iam sempre lá em casa. E o Di, uma ocasião, convidou a mim e à Zuleika para jantarmos no apartamento dele. E quem estava lá também eram o Júlio de Mesquita Filho e a mulher.

Mas ele não tinha nada comigo, eu não era de jornal nem de porra nenhuma, mas foi assim que eu conheci o Júlio de Mesquita. Então, anos depois, com a Transaco vendendo tudo, resolvi vender a assinatura permanente para *O Estado de S. Paulo*. Com o prestígio do jornal, ia ser um passeio. Arranjei uma apresentação para o Júlio de Mesquita e marquei uma hora com ele no *Estadão*, na rua Major Quedinho".

Mas Frias não tinha nenhuma intimidade com Júlio de Mesquita Filho: "Acredito até que ele nem se lembrava mais daquele jantar na casa do Di. Comecei, então, elogiando-o pra burro. Tinha uma passagem num desses livros que eu lia que dizia: 'O homem é um ser sedento de carinho e apreciação'. Esse era um dos temas das aulas de vendas que eu dava: o elogio honesto. Por isso, elogiei o Júlio de Mesquita naquilo que me parecia correto, a pertinácia dele, a independência que ele procurava cultivar, a sua idoneidade. Ele nunca se metia em negociatas. Eu fui falando e ele começou a se emocionar. Às tantas, ele se levantou e me deu um abraço em lágrimas.

Eu tinha batido no coração dele. Tinha atingido o alvo. Então eu disse: 'Olha, dr. Júlio, eu estava com um plano aqui para levantar investimentos. Não sei se o senhor está interessado, mas eu tenho um plano que permite levantar o capital que o senhor quiser para *O Estado de S. Paulo*. Sem juros. 'Sem juros?', ele perguntou. 'Sem juros', confirmei. 'Ah, ótimo! Mas isso não é comigo. Vou pedir a você para falar com o Juca, meu sobrinho'. Então fui falar com o Juca, que me recebeu assim, já em pé. Acho que entrei mal. Se eu tivesse entrado pelo Juca, era melhor. Quando eu disse que tinha feito aquilo para a *Folha da Manhã*, ele disse: 'Não podia ter pior recomendação que a *Folha*'. O fato é que não quiseram fazer negócio, e tudo bem. Mas me ficou gravada a entrevista com o Júlio de Mesquita, que era uma alta personalidade e eu era um joão-ninguém, e ele se emocionando, chegando às lágrimas".

O ano de 1960 começou com uma novidade: em 1º de janeiro, os três títulos da Empresa Folha da Manhã – *Folha da Manhã*, *Folha da Tarde* e *Folha da Noite* – se fundiram na *Folha de S.Paulo*. Já havia algum tempo, a *Folha da Manhã* trazia o nome *Folha de S.Paulo* logo abaixo do logotipo. Agora, era a *Folha de S.Paulo* que trazia o *Folha da Manhã* embaixo. Isso prova que havia tempos Nabantino preparava a mudança de nome, primeiro aliando o nome novo ao antigo e agora o antigo ao novo. A manchete dessa primeira edição refletia a preocupação do país: "Deter a inflação, o objetivo do governo no ano que começa". E as novidades continuaram ao longo do ano: Juscelino Kubitschek inaugurou Brasília, Éder Jofre tornou-se campeão mundial dos pesos-galo e Jânio Quadros foi eleito presidente.

Pelo mundo, 1960 também trouxe boas-novas: as colônias africanas da Nigéria, Senegal, Gana, Madagáscar e Zaire (atual Congo) declararam independência; foi lançada a pílula anticoncepcional; e John Fitzgerald Kennedy se elegeu presidente dos Estados Unidos. Mas 1960 também teve más notícias: morreram o escritor Albert Camus, nascido na Argélia, e o ator norte-americano Clark Gable, que havia deixado seu nome em vários filmes, em especial naquele que o marcou para sempre: *E o Vento Levou*.

Para Frias, 1960 seria realmente o começo de uma vida nova. O avião estava embicado de vez para cima. Para início de conversa, 1960 trouxe de volta aquele que seria sócio de Frias praticamente para sempre e que já tinha sido sócio das idéias dele. Quando o BNI fechou, Carlos Caldeira, logo depois de entregar à família de dona Zuleika Lara de Oliveira os últimos quatrocentos mil cruzeiros de Frias, sumiu. Já haviam se passado cinco anos, e eles não tinham tido mais nenhum contato, até porque Caldeira fugia de Frias com medo de que ele lhe propusesse algum negócio. Mas um dia, na Transaco, Frias recebeu um telefonema: "Como vai? Preciso falar com você, tenho uma idéia que eu queria lhe expor". Era o Caldeira.

Frias nem lembrava mais que, na época do BNI, tinha emprestado dinheiro para Caldeira, o qual ele tinha pago direitinho. Caldeira foi à Transaco e disse: "Frias, você precisa dar uma volta comigo". Frias foi e Caldeira primeiro o levou à avenida Ipiranga, que naquele tempo, da avenida São João para baixo, em direção à praça Alfredo Issa, ainda era estreita, e não larga como hoje (2006).

Caldeira mostrou e Frias conta o que viu: "Era a bagunça do movimento dos ônibus intermunicipais, desembarcando e embarcando na calçada, roubo de mala. Eles paravam na rua, na avenida Ipiranga, esquina com a avenida Rio Branco. Quer dizer, cada companhia parava num lugar. Então, tinha o achaque do chofer de táxi ao ver o passageiro descer de uma companhia para ir para a outra. O capiau do interior não sabia como era, só ia de táxi porque não tinha nenhuma rodoviária na cidade de São Paulo.

Eu tinha acabado de ler um livro, desses que eu gostava de ler e que dizia assim [como já vimos]: 'Se você quer ganhar dinheiro, *find a need and fill it* [encontre uma necessidade e a satisfaça]. Curioso como as coisas se entrelaçam, não? Então, Caldeira me mostrou aquela confusão e depois me levou a um terreno que tinha comprado com aquele dinheiro emprestado. Nunca tinha me contado o que tinha feito com aquele dinheiro. Caldeira disse que pretendia fazer a estação rodoviária ali. 'Como você pode ver, já estou começando, Frias.' Ele pensava que tinha me enganado porque tinha feito uns buracos e dizia que era o alicerce, para mostrar que já estava construindo. Mas eu não dei a menor importância se já estava ou não. O que me interessou foi a idéia. Eu achei que a idéia era correta, que ali tinha uma necessidade que precisava ser preenchida".

E o momento era mais do que propício para Frias: "Eu tinha acabado de fazer uma operação muito lucrativa, vendendo as minhas ações naquela fábrica de armazéns pré-fabricados. Tinha vendido bem e ganho um dinheirão louco porque o dono estava sem pedido e eu consegui, numa concorrência sobre café, que uma empresa escolhesse a fábrica dele. Então, ele tinha pego um pedido enorme e ia fazer a independência dele. Ele me pagou uma fortuna pelas ações. O Carlos Caldeira não sabia desse negócio, mas achava que eu era capaz de levantar o dinheiro para fazer a rodoviária. Achei que a idéia era sadia e disse: 'Eu topo'. 'Quanto por cento você quer da firma?', ele me disse. E eu: 'Quero exatamente a mesma porcentagem que você. Nem uma ação a menos, nem uma ação a mais'.

Assim, fizemos a seguinte sociedade: fiquei com 40%; ele, 40%; o Júlio Brizola, que não tinha nada que ver com o Leonel Brizola, com 10%; e um funcionário do Carlos, o Tolentino, com os outros 10%. Júlio Brizola e Tolentino eram muito amigos do Carlos Caldeira. Tolentino era um fiel secretário do Caldeira, que o acompanhou a vida inteira. E Júlio Brizola era amigo do prefeito Adhemar de Barros. Eles já tinham conseguido do Adhemar a aprovação da planta da estação rodoviária".

Adhemar Pereira de Barros nasceu no interior do Estado de São Paulo, em 1901. Estudou medicina e fez pós-graduação no Rio de Janeiro. Depois, fez dois anos de residência médica na Europa. Anos após voltar para o Brasil, entrou na política. Governou o Estado de São Paulo durante doze anos: quatro como interventor (1938-41) e oito como governador (1947-51 e 1963-66), eleito e reeleito pelo voto popular. E ainda foi deputado estadual (1935-37) e prefeito da capital três vezes: de 8 de abril de 1957 a 9 de janeiro de 1958; de 7 de fevereiro de 1958 a 8 de fevereiro de 1961; e de 1º de março a 7 de abril de 1961. Criou o Partido Social Progressista (PSP), que deu sustentação ao seu projeto político em âmbito não só estadual, mas também nacional.

Adhemar perseguiu durante anos o sonho de ser presidente da República, mas jamais conseguiu ser eleito: candidato em 1950, desistiu em favor de Vargas; em 1955, perdeu para Juscelino Kubitschek; e, em 1960, para Jânio Quadros, a quem derrotou em 1962 na eleição para governador de São Paulo. Em 1964-65, depois de ter apoiado o movimento que depôs o presidente João Goulart, tentou pela última vez ser presidente, mas não houve eleição. Ameaçado de prisão pelo governo militar, Adhemar partiu para o exílio. Em janeiro de 1969 foi submetido, em Nova York, a uma dupla cirurgia: de hérnia e de cálculos. Depois, seguiu para Lourdes, santuário no sul da França, onde teve uma síncope. Levado para o Hospital Broussais, em Paris, faleceu em 12 de março de 1969.

Frias e Caldeira começaram com a idéia de fazer uma estação rodoviária modesta: "No final ela ficou modesta, mas não tão modesta como nós tínhamos planejado, porque no meio da construção nós nos empolgamos e achamos que devíamos fazer uma coisa maior. Os preços subiram, porque a inflação era diária, e o capital não deu mais. Então, precisamos tomar dinheiro emprestado. Aí eu fui ao governador Carvalho Pinto, porque era com quem eu tinha relações pessoais desde o tempo do serviço público, quando ele dirigia um setor de arrecadação da prefeitura e tínhamos feito um bom relacionamento".

Carlos Alberto Alves de Carvalho Pinto nasceu em 15 de março de 1910, na cidade de São Paulo. Sobrinho-neto do ex-presidente da República Rodrigues Alves, formou-se em 1931 pela Faculdade de Direito do que viria a ser a Universidade de São Paulo. Foi secretário de Finanças da Prefeitura de São Paulo por três gestões, secretário da Fazenda do Estado de São Paulo, ministro da Fazenda, ministro do Tribunal de Contas de São Paulo, professor, agropecuarista e advogado. Governou o Estado de São Paulo de 1959 a 1963 e foi senador de 1967 a 1975. Faleceu em São Paulo, em 21 de julho de 1987.

Frias procurou Carvalho Pinto: "Aquele tempo era uma luta cerrada entre o Adhemar de Barros, prefeito, e o Carvalho Pinto, governador. Então, o Carvalho Pinto falou com o superintendente do Banco do Estado, que era amigo do Caldeira, aliás, e facilitou a operação. Na mesma hora recebemos um empréstimo de vinte mil cruzeiros. Nós já tínhamos posto ali, fora o terreno, quarenta mil cruzeiros. O pitoresco na época da construção foi o seguinte. A gente estava preso com o Carvalho Pinto, pelo Banco do Estado, e com o Adhemar, pela liberação da planta. Então, os dois queriam uma placa lá. Era um corre-corre para pôr a placa de um e tirar a do outro [risos]. Quando a gente sabia que o Carvalho Pinto ia passar, punha a placa dele. Quando o Adhemar ia passar, tirávamos a placa do Carvalho Pinto e púnhamos a do Adhemar. Era uma palhaçada. E assim foi até a inauguração, em 1961".

Nem tudo era engraçado, porque Frias e Caldeira haviam posto quase tudo o que tinham na rodoviária e às vésperas da inauguração não havia um único ônibus para ir para lá. "Falamos com todos os presidentes de companhias de ônibus. Mas ninguém queria levar os ônibus para a rodoviária. Nós não entendíamos por quê. Um belo dia um amigo me disse: 'Frias, você é bobo. Do jeito que está fazendo, você nunca vai conseguir levar ninguém para lá'. Eu perguntei por quê. 'Porque você está querendo cobrar por passageiro. Cobre por ônibus'. De novo perguntei por quê, qual era a diferença.

Ele disse: 'Você está querendo entrar no mapa da mina deles. Eles vendem, obtêm a tarifa, através da estatística passageiro-quilômetro. Isso é um segredo de Estado. E você está querendo entrar nesse segredo de Estado. Cobre por ônibus'. Mudamos o preço por ônibus e no dia seguinte todo mundo estava lá [risos]. A estação rodoviária era pequena, mas foi todo mundo para lá."

Frias reconhece que, "na prática, tudo foi mérito do Carlos Caldeira. Ele estudou aquilo detalhadamente. E teve o mérito pela funcionalidade e também pela parte visual, que era horrorosa, mas era dele. Inclusive as pastilhas".

A rodoviária revela a ousadia do empresário Frias: ele estava ganhando bem na Transaco e, de repente, decidiu ir para um outro negócio, arriscando tudo o que tinha: "Eu achava que era um grande negócio. O risco? Sem risco você não chega a lugar nenhum. E foi um grande negócio imediatamente, porque, assim que a inauguramos, a rodoviária já estava dando dinheiro. Transitavam por lá, já na inauguração, cem mil pessoas por dia. Todas as lojas eram nossas. Nós arrendamos as lojas e cobrávamos um percentual do locatário. E ali na rodoviária foi instalado o primeiro sanitário pago de São Paulo. Era tudo *cash*, e todo dia. Fazíamos o caixa às dez horas da noite".

No entanto, depois de a Rodoviária estar funcionando e dos sócios Frias e Caldeira comprarem a *Folha de S. Paulo*, o jornal *O Estado de S. Paulo* começou a dizer que o terreno no qual a rodoviária estava instalada era área pública. Para Frias, a praça era pública e continuou sendo pública: "Nós conseguimos do Adhemar apenas que fechasse a rua ali e fizesse uma plataforma para a chegada dos táxis, quer dizer, era tipo serviço público. *O Estado de S. Paulo* conseguiu convencer os leitores que nós tínhamos construído em terreno público, através de uma negociata com o Adhemar.

O *Estadão* começou essa campanha porque estava convencido de que a *Folha* só sobrevivia por causa da rodoviária. Só que a rodoviária começou a funcionar antes de comprarmos a *Folha*. E a campanha contra a rodoviária só começou depois que compramos a *Folha*. O *Estadão* dizia que a *Folha* era da rodoviária, que nós compramos a *Folha* com dinheiro da rodoviária e que mantínhamos a *Folha*, que era um jornal deficitário, com o dinheiro da rodoviária".

A partir daí, a briga foi ficando cada vez mais intensa. Em 1967 surgiu o problema Fontenelle, que Frias credita também ao jornal *O Estado de S.*

Paulo. Roberto Costa de Abreu Sodré, governador de São Paulo, nomeou o polêmico coronel Américo Fontenelle para dirigir o Departamento de Trânsito (Detran) da capital paulista. Fontenelle tinha dirigido o Detran do Rio de Janeiro, com o governador Carlos Lacerda. O jeito agressivo dele como militar irritou os meios políticos de São Paulo.

Saulo Gomes, então repórter da TV Tupi, conta: "Uma grande campanha para afastá-lo da condução do trânsito em São Paulo foi liderada pela combativa deputada Conceição da Costa Neves. As ofensas entre ela e o novo diretor do Detran eram diárias pela imprensa. Em março de 1967, consegui colocá-los frente a frente para um debate, pela TV Tupi. A cidade parou para assistir ao encontro, que teve uma das maiores audiências da TV. Diante da pressão política, ele foi demitido. Fontenelle morreu durante um programa de televisão meses após".

Frias conta como começou o problema da rodoviária com Fontenelle: "Conversando com o Roberto Sodré, com quem eu sempre me dei bem, ele me disse que ia trazer o Fontenelle para São Paulo. Eu disse que ele fazia muito bem porque achava que o Fontenelle estava fazendo uma brilhante administração no Rio, pelo menos visto à distância. Todo o planejamento do Fontenelle em São Paulo foi feito pelo Roberto Cerqueira César, que era parente dos Mesquita. E ele convenceu o Fontenelle de que a rodoviária era um foco de congestionamento de trânsito e de que ele devia fazer múltiplas estações rodoviárias.

Como não havia estações múltiplas, ele deixava um pequeno grupo na rodoviária e fazia paradas de ônibus pela cidade de São Paulo, em Pinheiros, na Lapa e não sei mais onde, o que era uma coisa completamente errada do ponto de vista técnico. Por quê? O sujeito que vinha de Campinas parava na Lapa e tinha que tomar o ônibus para Sorocaba, mas não sabia onde. Aí o táxi pegava o capiau e ficava rodando com ele por São Paulo. Fontenelle também tirou os ônibus do Anhangabaú, outra loucura completa.

Então, um dia, eu estava na *Folha* com o Carlos Caldeira, a rodoviária funcionando normalmente, e sem nenhum aviso o Fontenelle ocupou a estação *manu militari*. Chegou lá com tropa e ocupou. Coisa inacreditável. Não teve uma voz na livre empresa que nos defendesse. Nenhuma sequer. Associação Comercial, Federação das Indústrias, ninguém. E isso em pleno regime militar. Era um ato administrativo, até porque o Fontenelle, na santa ignorância dele, imaginou que estava invadindo um recinto público, conforme a versão de O *Estado de S. Paulo*. Fomos então eu e o Carlos para lá".

Ao chegarem à rodoviária, Frias diz que "o Carlos, com o temperamento dele, foi para o microfone que dá os avisos de embarque e começou uma catilinária contra o governo. Eu, na plataforma de baixo, encontrei o Roberto Sodré. Ficamos os dois conversando e o Roberto escutando o discurso do Carlos. O governador do Estado tinha ido lá ver, porque também ficou assustado. Me disse que ele não sabia de nada.

Chegamos juntos às onze horas da manhã, por coincidência, porque não tínhamos marcado nada. E o Carlos lá no microfone perorando. Só não chamou o Roberto de santo. Mas, do resto, ele chamou o governador de tudo. E o Roberto Sodré só ouvindo. Ele virou para mim e disse: 'O que eu faço? Mando prender?'. Eu respondi: 'Faça o que senhor quiser'. Ele insistiu: 'Como é que podemos fazer, Frias?'. Eu disse: 'Acho que a solução é desapropriar. A rodoviária é uma propriedade privada. Como é que o Fontenelle entra nisso *manu militari*? Como é que ocupa isto sem nenhum ato de desapropriação? Ou o senhor recua ou desapropria. Não vejo outro jeito. Nós vamos entrar em juízo e vamos ganhar'. À tarde, ele mandou o Camargo Aranha, que era secretário da Casa Civil, falar comigo".

Frias disse a Camargo Aranha o mesmo que tinha dito ao governador: "Ou vocês recuam ou vocês desapropriam. É um direito que o Estado tem de desapropriar, o que não pode é tomar *manu militari* como vocês fizeram. Vocês vão tomar um processo, uma ação de perdas e danos por causa disso. E é uma loucura o que vocês já fizeram tirando os ônibus urbanos do Anhangabaú e espalhando por outros pontos de São Paulo, longe do centro até". Isso porque naquele tempo todos os ônibus paravam no Anhangabaú e Fontenelle colocou os ônibus no Brás, quase enlouquecendo as pessoas.

No dia seguinte, Roberto Sodré telefonou para Frias: "Vou seguir o seu conselho, vamos desapropriar. Não posso voltar atrás, você entende? Para mim fica muito ruim, temos que desapropriar. Você quer procurar o Delfim?". Delfim Netto era o secretário da Fazenda e Frias foi procurá-lo. Só que o governador não sabia que, antes de inaugurar a rodoviária, Frias e Caldeira tinham feito uma ampla avaliação da rodoviária. "Com medo do Adhemar de

Barros, nós tínhamos feito uma avaliação *ad perpetuam rei memoriam*, para nos defendermos contra uma pressão dele. Imaginávamos, quando assumimos a *Folha*, que o Adhemar ia querer dominar o jornal, através da rodoviária. Então, para nos defendermos dele, pedimos aquela avaliação, que levou anos para ser concluída. E, no final, os peritos avaliaram a rodoviária por uma quantia elevada, porque era um patrimônio realmente de valor. Só que começaram a dizer que nós tínhamos comprado os juízes que fizeram a avaliação para que eles chegassem àquele valor. Mas nós não podíamos ter comprado, durante anos, os que fizeram a avaliação porque nesse período mudou tudo que era juiz, porra. Não dava para comprar todo mundo".

Frias pegou a avaliação e todo o processo até a conclusão dela e foi falar com Delfim Netto: "Me lembro que o Delfim nos atendeu na hora. Eu já o conhecia e sabia que ele não gostava do Sodré, apesar de ser secretário dele. Mostrei a avaliação, ele abriu o processo e foi logo no fim. Tinha prática, não é? Olhou o número, deu uma risada, bateu na minha perna e disse: 'Bem-feito, estamos fodidos [risos]'. Não resistiu, pegou o telefone e deu, na minha frente, uma gozada no pai do Luís Francisco Carvalho Filho, que era o secretário da Justiça: 'Viram o que vocês fizeram? Nós vamos ter que pagar isso. E como é que vamos fazer? Isso é metade do Orçamento. Uma loucura'.

Era uma importância enorme, não me lembro se era metade do orçamento, mas era uma importância que, segundo o Roberto Sodré, ia impedir durante dois ou três anos o processo de educação do Estado de São Paulo. E não tinha como discutir a avaliação, porque ela havia passado em julgado, sem ninguém contestar".

O governador telefonou para Frias. "O Sodré me perguntou: 'Podemos nos encontrar?'. 'Podemos, mas não no palácio, no palácio eu não vou.' 'Bom, também na *Folha* não vou.' 'Ótimo, não estou pedindo para você vir à *Folha*. Pode marcar onde você quiser, que eu vou lhe encontrar. Mas não no palácio.' E ficamos nessa conversa: eu falava com ele e ele me perguntava se não tinha outro jeito. Eu dizia que a opção era ele devolver a estação rodoviária. Ou desapropriava ou devolvia. O Firmino Rocha de Freitas era o secretário dos Transportes. Aí o Sodré disse: 'Se nós devolvermos, você se compromete a não mover uma ação indenizatória?'. Eu disse: 'Fechado, não movo a ação indenizatória'. E assim resolvemos o problema."

Já tinham se passado sete meses desde que o coronel Fontenelle invadira e tomara a rodoviária. Frias calculava as perdas: "Era um prejuízo terrível. Eles devolveram o dinheiro que tinha em caixa, mas a administração deles custava dez vezes mais que a nossa. Nós tínhamos uma administração altamente comprimida e eficiente. Mérito do Carlos Caldeira, não era meu, não. Então, o Camargo Aranha me propôs o seguinte: o governo devolvia a estação e a gente não cobrava perdas e danos. Eu concordei para não pensarem que nós armamos o golpe da desapropriação. E foi assim que nos devolveram a rodoviária.

Anos depois, veio o nosso querido amigo Olavo Egydio Setubal [prefeito de São Paulo de 1975 a 1979], ainda sob pressão do *Estadão*, e fez o Terminal Rodoviário do Jabaquara. Primeiro, nos bloqueou a ampliação porque ao lado da Rodoviária tinha o Corpo de Bombeiros. Nós queríamos trocar o terreno com o Corpo de Bombeiros. Por isso compramos, na alameda Glete, a casa que tinha sido do meu tio-avô Jorge Street para oferecer ao governo em troca do quartel dos bombeiros. O quartel não tinha saída porque aquela rua era congestionada. E o terreno que oferecíamos em troca dava ampla saída para o Corpo de Bombeiros. O negócio estava feito e o Olavo bloqueou, não deixou fazermos e ainda reformou o quartel do Corpo de Bombeiros para tornar inviável a expansão da rodoviária. Já tínhamos expandido de um lado e queríamos expandir do outro, para tomar todo o quarteirão e fazer uma coisa correta".

Frias diz que "sempre defendeu a estação rodoviária porque lá quem pagava era o usuário. Mas quem pagou a construção do Terminal do Jabaquara e os outros terminais foi o povo, através dos impostos. Gente que nunca ouviu falar nem nunca andou de ônibus. A mesma coisa eu acho dos campos de aviação, porque quem paga não anda de avião. Só conhece avião pelo ruído que faz quando passa por cima do casebre em que ele mora. E nós nos beneficiamos disso, usando um bom campo de aviação. Devíamos pagar, as companhias deviam pagar regiamente por isso, não é?

Lá na rodoviária nós não tínhamos um tostão de benefício nem do governo do Estado nem da prefeitura. Pagávamos luz, impostos, tudo, porque era uma propriedade particular. Apenas os ônibus estacionavam na praça. Daí, o *Estadão* inventou que nós estávamos ali porque era uma concessão pública. Então o Setubal, aliado ao jornal, primeiro bloqueou a ampliação e depois lançou as fundações do Terminal Rodoviário do Jabaquara, que custou uma fábula. O governador do Estado era o Paulo Egydio Martins. E quando foi inaugurado o Terminal Tietê [em 1982, quando o governador era Paulo Maluf], tivemos que fechar a Rodoviária porque transferiram os ônibus para lá. Está certo: era um direito do governo, que podia transferir mesmo. Pela lei municipal, a prefeitura determina os pontos terminais das linhas".

A partir de 1982, a estação rodoviária ficou fechada durante anos. Mas Frias não estava preocupado: "Porque não tinha mais ônibus, fazer o quê? Quando o Jânio Quadros era prefeito [1986 a 1988], ele me disse: 'Aquela estação não pode ficar parada'. Eu disse: 'Nós não estamos preocupados'. E o Jânio: 'Eu vou mandar uns ônibus para lá'. Eu disse: 'Não faça isso que nós não vamos receber. Não queremos ouvir falar nem de fumaça, quanto mais de ônibus. Isso nos causa mal'. Quando assumiu a Prefeitura de São Paulo, foi a primeira coisa que o Jânio fez. Ele me chamou lá para dizer: 'É uma barbaridade o que fizeram com vocês, eu quero reabrir'. Eu falei: 'Aquilo é uma propriedade privada, você não pode mandar lá'. E ele: 'Mas eu dou os ônibus, dou tudo, ou parte'. E eu: 'Não queremos nem tudo, nem parte'.

Até que vendemos. Um dia apareceram lá uns coreanos. Pedi um preço, eles pagaram e vendemos. Hoje [2006] lá é um centro que vende tecidos dos coreanos".

5. CHEQUE SEM FUNDOS
NUMA SEXTA-FEIRA, 13 DE AGOSTO

Em 1962, Frias achou que era um bom momento para tirar férias na Europa. O cenário, tanto o dele em particular como o do Brasil, era favorável. Ele vinha de um ritmo intenso de trabalho havia anos. E os últimos anos tinham sido bastante extenuantes, em especial com a demanda da Transaco e a construção e lançamento da estação rodoviária. Praticamente não fizera uma grande viagem desde que se casara com dona Dagmar. E os negócios andavam em pernas próprias, inclusive a rodoviária.

O Brasil estava ainda distante do tsunami que chegaria em 1964. Desfilava boas notícias no campo político, no futebol e até no cinema. O presidente João Goulart tinha criado o Conselho Nacional de Reforma Agrária e sancionado a lei que estabeleceu o 13º salário. Em maio, o filme brasileiro *O Pagador de Promessas*, dirigido por Anselmo Duarte, ganhou a Palma de Ouro, prêmio máximo do Festival de Cannes e único que o país ali conquistou até hoje (2006). Em junho, a seleção brasileira bisava a conquista da Copa do Mundo no Chile, consolidando sua posição iniciada na Copa anterior, a de 1958, na Suécia, e sepultando a tristeza da perda para o Uruguai em 1950, no Maracanã.

Por seu lado, a Empresa Folha da Manhã vivia situação contraditória. Peritos da PriceWaterhouse atestaram que em 30 de abril de 1962 a circulação "média, diária, líquida e paga" da *Folha de S.Paulo* era de 177.061 exemplares.[16] Mas José Nabantino Ramos e Clóvis Queiroga quebravam a cabe-

---

16. Mota e Capelato, op. cit.

ça com problemas financeiros. O terceiro sócio, Alcides Ribeiro Meirelles, tinha morrido em 1961. Ele nunca fora muito presente na *Folha,* e seus herdeiros mantiveram a mesma conduta. Portanto, eram Nabantino e Queiroga que viviam o dia-a-dia da empresa.

Quem sofria mais era Nabantino. A greve dos jornalistas, em 1961, liquidara com as últimas forças dele. Muitos dos jornalistas da *Folha* que entraram em greve eram alunos da Faculdade de Direito do Largo São Francisco, onde Nabantino se formara em 1934 e da qual se tornaria professor em 1965. Ele dera estágio e emprego a alguns deles e agora se sentia traído. Carlos Guilherme Mota e Maria Helena Capelato, em sua já citada *História da Folha de S.Paulo,* assim falam da greve de 1961 e de Nabantino: "Desprevenido, frio e incrédulo até o último momento [...], surpreendeu-se ao verificar que muitos de seus leais servidores haviam aderido ao movimento paredista. Não compreendera que a sociedade de classes estava presente, dentro inclusive da empresa que imaginava 'pura'. Fizera inúmeros favores e gentilezas a tantos e tantos colegas e funcionários. Como, agora, entender o dissídio? A greve de 1961 abalou – embora nunca o tenha confessado publicamente – o 'herói modernizador' Nabantino Ramos". E o livro ainda registra que os empregados do jornal estavam "em situação salarial 'horrorosa' – para usar a expressão de um dos funcionários que participariam da greve de 1961".

Com a estação rodoviária paga e começando a dar um bom dinheiro, em 1962 Frias pensava em ir "para a Europa e começar a gozar minha vida": "Estava tranqüilamente no meu escritório, na Transaco, quando o Armando Nieto, um amigo meu e que tinha sido meu corretor no BNI, me telefonou. 'Posso ir aí?' 'Pode', respondi. Ele chegou, abriu a porta da minha sala e disse de supetão: 'Quer comprar a *Folha*?'. 'O quê?', respondi, sem entender direito. 'Quer comprar a *Folha*?', o Nieto repetiu. 'Você está louco. Eu não entendo nada disso, não é a minha área, não sei nada disso', falei, sem acreditar que ele realmente me tivesse perguntado aquilo".

Anos antes, quando José Nabantino Ramos tinha convidado Armando Nieto para ser diretor da *Folha,* Nieto telefonou para Frias e os dois foram almoçar no La Casserole, um restaurante francês que mantém a qualidade da boa comida e o mesmo endereço até hoje (2006), no Largo do Arouche. "O Nieto não atinava com o porquê do convite. 'Frias, você é capaz de me explicar por que o José Nabantino me convidou?'. 'Sei, ele quer vender a *Folha*. Então quer você, que é um grande vendedor', eu disse." Ali diante de Nieto na sala da Transaco, Frias achou que talvez por isso Nabantino, quando quis vender o jornal, se lembrara dele.

Armando Nieto não se conformou com a recusa de Frias: "Ele me disse: 'Não é possível você não querer comprar'. Como eu sabia que o Carlos Caldeira tinha horror a jornal, tive uma idéia na hora e disse ao Nieto: 'Espere um pouquinho'. Liguei para o Carlos na rodoviária e disse: 'Ô, Carlos, não dá para você dar um pulinho aqui na Transaco?'. Eu sabia que, ao chegar, ele ia fazer o Nieto desistir. Dizer 'não' era mais fácil para o Carlos do que para mim porque ele não tinha tido, como eu, tanto contato com o Nieto. Dali a pouco, o Carlos abriu a porta da minha sala e eu disse: 'Ô, Carlos, esse louco aqui está querendo que a gente compre a *Folha*. E aí o Carlos, para minha maior surpresa, disse: 'E o que é que está esperando que ainda não fechou o negócio?' [risos]".

Por toda a convivência que tinha com o jornal e José Nabantino Ramos, além do próprio cunhado Clóvis Queiroga, Frias conhecia a *Folha* como se fosse dele mesmo: "Eu sabia que o Nabantino tinha organizado a *Folha* como um jornal que deixou de ser pequeno e provinciano e passou a ser de porte considerável, de porte médio. Mas eu também sabia que o jornal perdia dinheiro. Eu até brincava: 'O Nabantino perdia dinheiro, mas sabia exatamente onde e por quê'. A *Folha* não era uma coisa bagunçada nem confusa, estava tudo muito bem organizado, mas a empresa estava numa situação difícil. O terror do Carlos Caldeira era o passado. Eu disse: 'Do passado eu não tenho medo. O Zé Nabantino é um sujeito direito, o que está lá está tudo escrito. Eu tenho medo é para a frente, o futuro'. E o Caldeira rebateu: 'Para a frente eu não tenho medo. Eu tenho medo é para trás'. 'Não, para trás não precisa ter medo que eu garanto', respondi".

Frias sabia que a situação de José Nabantino era mais trágica do que a do jornal: "O Zé Nabantino teve um desaponto muito grande com a greve dos jornalistas. Ele nunca imaginou que aquilo fosse acontecer na *Folha* e se desencantou muito com o jornal. Com isso, ele queria vender a qualquer custo, de qualquer jeito. Não lembro mais qual foi a quantia que ele pedia à vista. Acabou aceitando menos. Era o Nabantino, evidentemente, quem tocava o jornal, e o Clóvis olhava mais para a parte financeira. As coisas da Redação e toda a administração do jornal estavam com o Nabantino. Ele era o superintendente, e com uma ação muito, muito, muito nítida, muito clara. Ele era o comandante mesmo. Não cheguei a fazer levantamento algum porque, dado o meu relacionamento pessoal com o José, que era de muito tempo atrás, eu tinha certeza de que os números deviam estar certos e de que ele me dizia a verdade. Por isso, a angústia do Carlos era com o passado e a minha angústia, com o futuro. Eu dizia: 'Não, Carlos, o passado é isso o que o Zé está nos contando e não tem nada de novo, você não vai encontrar nada diferente disso'".

Como um garantia o que o outro temia, os dois sócios se sentiram prontos para negociar. E foram falar com Nabantino. "Ele queria uma fortuna. Mas fizemos uma negociação rápida, questão de três ou quatro dias e, afinal, compramos com uma pequena entrada e o resto em 24 prestações de 17,5 mil cruzeiros, que era muito dinheiro naquele tempo. Mas não tínhamos nem o dinheiro para dar de entrada. E foi um custo para arranjar. Eu tinha algum dinheiro disponível, e o resto tomamos nos bancos. Emprestamos um pouco do Caio de Alcântara Machado, para quem, logo em seguida, nós devolvemos o dinheiro. Emprestamos um pouco também do Banco Nacional do Comércio, que era do Paes de Almeida, e um pouco do Gastão Vidigal. Demos o sinal no dia 13 de agosto de 1962. Era uma sexta-feira. Eu dei o cheque para o Zé Nabantino e disse: 'Esse cheque você só pode depositar na segunda-feira, porque não tem fundos hoje. Só vai ter fundos segunda-feira'. Porque dependia de créditos de operações bancárias e de desconto de papagaios que nós tínhamos feito."

Então Frias fechou o negócio com um cheque sem fundos numa sexta-feira, 13 de agosto, oito dias depois de completar 50 anos. Ele não era supersticioso? "Não, simplesmente foi porque calhou, não é?" Se ele achava uma loucura, se o Caldeira era contra, detestava jornal, por que a compra de impulso? O que deu nos dois de repente? Será que Frias pensava que o jornal poderia servir de anteparo para defender a estação rodoviária? "Não, isso nunca entrou na nossa cogitação. E sempre proibimos o jornal de tomar partido na nossa luta com a rodoviária."

Na verdade, Frias tinha uma teoria para a compra da *Folha*: "Para ser franco, eu acho o seguinte, talvez Freud explique. O Gastão Vidigal, que era muito inteligente, naquele convite que tinha me feito, disse: 'Frias, chega de ganhar dinheiro, você precisa agora é de *status*. Você tem uma mancha na sua vida, que foi o problema do BNI. Eu sei que você não teve culpa nenhuma. Eu sei que você foi sempre corretíssimo. Se o banco estivesse na sua mão, não teria fechado. Sei de tudo isso, mas não melhora a sua imagem. Então, quero oferecer uma diretoria aqui do banco para você. De dinheiro você não precisa mais, precisa de *status*'. Eu disse: 'Muito obrigado, Gastão, mas não estou interessado em *status*'. E realmente não me interessava mesmo. Mas eu acredito que aquilo tenha ficado no fundo da minha cuca. Naquela altura, agosto de 1962, o episódio do BNI já estava liquidado do ponto de vista jurídico. Eu até tinha saído consagrado, porque a liquidação judicial encontrou tudo em absoluta ordem. Não constatou nenhuma fraude. Aconteceu apenas que o que o Loureiro tinha feito não deu certo. Mas prejuízo não havia, o ativo do banco pagou tudo e, afinal, o Amador Aguiar ficou com o banco, liquidou todos os débitos junto aos correntistas e ainda sobrou muito dinheiro. Foi o melhor negócio que o Amador fez. Tanto que ele sempre me dizia: 'Frias, eu só fiz um erro na minha vida, não ter me unido a você'".

Com a compra da *Folha*, os amigos Nabantino e Frias seguiram caminhos totalmente diferentes. Desde que deixara a advocacia para cuidar da *Folha*, em 1945, José Nabantino Ramos realmente assumira com o jornal um compromisso de vida. "Em mangas de camisa, os polegares atrás dos antiquados suspensórios, o dr. Nabantino, como os jornalistas o chamavam, deixava sua sala, à entrada da Redação, e passeava sua figura, de óculos de metal e cabelos brancos cortados à moda escovinha, pelos meandros do labirinto de mesas em que se preparava a próxima edição", conforme o descreveu a *Folha de S.Paulo* em 22 de junho de 1979. Tinha mudado a feição da *Folha* e introduzido muitas novidades. O jornal já fazia cobertura de assuntos culturais desde a sua fundação, em 1921, mas não havia um caderno específico para esses temas. Por idéia de Nabantino, em 10 de dezembro de 1958, a *Folha* começou a circular com a "Ilustrada", caderno sobre cultura e variedades.

Nabantino também era uma pessoa muito interessada em psicanálise. Esse interesse foi se acentuando na vida madura dele. Ao vender o jornal, ao qual dedicara dezoito anos de sua vida, Nabantino foi primeiro para Londres e depois para outras cidades da Europa, descansar e ao mesmo tempo se dedicar a estudos, aprofundando-se em economia e psicanálise. Pensava, ao retornar, entrar em algum partido político "para colocar-se a serviço do povo", como se, através do jornal, de uma certa forma já não fizera isso. Imaginava um partido que "não seria nem de direita nem de esquerda, mas um partido que se situe no centro e possua programa objetivo, com vistas à solução dos grandes problemas do país", conforme registrou a própria *Folha* em 20 de agosto de 1962, uma semana depois que Frias e Caldeira compraram o jornal.

Porém, após retornar ao Brasil, Nabantino seguiu outros caminhos, pelo menos não diretamente tão engajados quanto esses que imaginou. Em 1965, ingressou como livre-docente na Faculdade de Direito do Largo São Francisco. Depois, junto com José Reis, fundou a Editora Ibrasa, visando fornecer a todas as camadas da população, "na medida do possível, informações de caráter técnico, cultural e científico".[17] Ao morrer, em 21 de junho de 1979, vítima de câncer, era diretor jurídico da Caixa Econômica do Estado de São Paulo e tinha deixado, entre outras obras, *O Sistema Brasileiro de Direito Econômico* (1977) e dicionários de economia, do jornalista e do ISS (Imposto sobre Serviços de Qualquer Natureza).

Frias, a partir do momento em que comprou a *Folha*, casou-se com ela. Deixou a Transaco nas mãos de funcionários de confiança e passou a dar expediente direto no quinto andar do prédio da Barão de Limeira. Eram duas salas pegadas: ele numa e o sócio Carlos Caldeira em outra. "Não senti muita diferença em relação a tudo que já tinha feito, porque eu conhecia bem a *Folha*, pelo fato de o Clóvis Queiroga ser meu cunhado e também porque era amigo do Nabantino. Então, para mim, não houve nenhuma surpresa."

Em 13 de agosto de 1962, mesmo dia da compra, assumiu a nova diretoria da Empresa Folha da Manhã: Caio de Alcântara Machado, presidente; Quirino Ferreira Neto, vice-presidente; Octavio Frias de Oliveira, Carlos Caldeira e Francisco Rangel Pestana, diretores. Frias queria mais gente na

---

17. *Folha de S.Paulo*, 22/6/1979.

diretoria: "Nós ficamos com medo de assumir sozinhos. Então fizemos uma diretoria com vários cargos, porque a minha idéia era pulverizar as ações num grupo de 35 pessoas. Mas vimos que era impossível. Cheguei a oferecer ações até ao Amador Aguiar. E ele disse: 'Não tenho dinheiro para tomar parte. Gostaria muito, mas não tenho dinheiro'. Então o Carlos Caldeira disse para o Amador: 'Mas eu te financio' [risos]. Francisco Rangel Pestana era o advogado da *Folha* e tinha sido advogado do BNI. Algum antepassado dele, não sei se sogro ou avô, foi diretor do jornal *O Estado de S. Paulo* e brigou com os Mesquita".

Em 4 de novembro de 1962 houve alteração na diretoria: Frias passou a diretor-presidente e Caldeira, a vice. Os diretores eram Alberto Bononi, Francisco Cruz Maldonado, Francisco Rangel Pestana e José Reis. Caio de Alcântara Machado tornou-se presidente consultivo. A partir daí, Frias sempre foi a pessoa mais pública da *Folha*. "A combinação que houve entre mim e o Carlos para definir quem seria o presidente ou aparecer mais à frente da empresa foi a seguinte. Ele me disse: 'A banco eu não vou! Tenho ojeriza, não quero ir'. Fiquei presidente porque eu era o homem encarregado de levantar o dinheiro e porque o Caldeira não queria aparecer. Eu tinha boas relações no meio bancário, apesar de ter sido do BNI e de ter acontecido tudo aquilo. Quem queria encontrar comigo era só ir das duas às quatro e meia da tarde na rua Quinze. Todo santo dia eu estava lá pedindo ou reformando empréstimos com os bancos. Ia de um banco para outro para pagar a *Folha*. Nunca tivemos prejuízo, mas tínhamos que pegar os empréstimos. Foram dez anos assim. E os banqueiros eram acessíveis, eles foram sempre muito cordiais comigo e, por estranho que pareça, nunca me pediram nada em troca, nada, nada. Eu tinha a preocupação, desde o início, de fazer um jornal independente. Mas eu fazia sempre questão, quando não podia pagar, de ir lá antes e avisar: 'Olha, eu tenho um financiamento para tal dia aqui, você precisa me ajudar porque eu não vou poder cumprir. Então vou ter que reformar'. Era só isso."

Em matéria de jornal, a experiência de Frias se limitara a contatos com o *Correio Paulistano*, quando havia sido convidado por João de Scantimburgo para ser diretor, e não aceitara; com a *Tribuna da Imprensa*, quando Carlos Lacerda também o convidara para diretor; e à convivência com a *Folha*, através de José Nabantino e do cunhado Clóvis Queiroga: "Não tinha nenhum gosto pela atividade, tanto que eu não queria comprar a *Folha*. Eu passei a minha vida lendo *O Estado* até chegar à *Folha*, mas não era um grande leitor do jornal. Meu pai era, acompanhava *O Estado* com muita atenção, mas eu não. Na ocasião da compra, eu já lia a *Folha* por causa do José Nabantino, de quem eu era íntimo e com quem conversava muito. A minha conversa com o Zé Nabantino era só sobre a *Folha*. E nós nos víamos muito porque ele morava um andar acima do meu apartamento na avenida São Luís, almoçávamos todos os domingos na minha casa e íamos juntos à Hípica. Eu conhecia toda a história da *Folha*, das lutas, a greve, o desaponto dele, o esforço para comprar máquinas. Eu acompanhava tudo, sempre acompanhei, então conhecia bem a *Folha*".

A *Folha* tinha um grande passivo, mas nunca deu prejuízo, diz Frias: "A satisfação nossa foi que no primeiro mês a *Folha* já deu dinheiro. O problema era de administração. Chegavam ao ponto de imprimir jornal a mais para guardar para o dia seguinte. Tiravam dois mil, três mil exemplares a mais para ficar como jornal atrasado, número atrasado. Usavam papel bom para guardar. 'Por que não tirar do encalhe?', perguntei. 'Ah! É verdade', me responderam".

Ao assumir a *Folha*, Frias pensou em quê? Em fazer o jornal mais importante do Brasil? "Na primeira semana que eu passei lá, eu só queria saber para quem eu ia empurrar a *Folha*. Porque me arrependi, e como. É verdade que logo no primeiro mês deu lucro operacional, mas tinha um passivo grande. Eu e o Carlos Caldeira pensamos: 'Que besteira nós fizemos'. Distanciadíssima de *O Estado de S. Paulo*, a *Folha* dividia o segundo lugar com o *Diário de S. Paulo*, que era do Assis Chateaubriand, que tinha também o *Diário da Noite*. Os outros jornais de São Paulo eram *A Gazeta*, vespertina e amplamente decadente; o *Diário Popular*, que nunca teve importância; e a *Última Hora*, do Samuel Wainer. Nesse, não prestamos nem atenção."

Nos anos 50, José Nabantino tinha reunido um grupo de jornalistas de peso, como Mário Mazzei Guimarães, que fazia a crônica "O Sal de Cada Dia"; Hermano Alves, articulista político; Hideo Onaga, com muitas matérias antológicas, inclusive na área policial; José Reis, no campo da ciência; e muitos outros. Mas quando Frias comprou a *Folha* eles não estavam mais lá.

"O Nabantino tentou uma época reunir um grupo de jornalistas de expressão, mas se desencantou com eles, não sei bem por qual motivo.

Então, resolveu fazer o jornal com pessoas menores, sem expressão maior no jornal. Eu acompanhava porque ele me contava sempre essa história. Quando compramos, havia uma espécie de comitê de Redação, com cinco homens. Não era um conselho estatutário, mas informal. A minha primeira idéia foi convidar o José Reis para diretor de Redação porque era meu amigo e tinha sido apresentado por mim ao José Nabantino. Eu gostava do Reis porque tínhamos trabalhado juntos no DSP [Departamento do Serviço Público], que era uma espécie de Dasp [Departamento Administrativo do Serviço Público] estadual. O Reis escrevia para a *Folha*, então também conhecia o jornal. Como eu freqüentava a Redação, convidei o Reis para diretor de Redação, e ele aceitou. Entreguei a parte editorial para o Reis com uma única recomendação: independência.

Tinha um editorialista naquela época, não me lembro quem era, mas eu não tinha tempo de olhar para isso. A *Folha* não era um jornal agressivo. Não era porque nós éramos iniciantes, não conhecíamos o *métier* e o Reis era um homem prudente, equilibrado, então não havia por que o jornal ser agressivo."

A primeira preocupação de Frias era dar condições financeiras e econômicas ao jornal para se manter. "Entreguei a Redação inteiramente ao José Reis, e eu e o Carlos nos fixamos na parte comercial, inclusive levantando dinheiro nos bancos, porque a situação era terrivelmente aflitiva. Os primeiros tempos foram agônicos, absolutamente agônicos. Depois de quinze dias, eu estava louco para cair fora, eu e o Carlos. A *Folha* vendia bem já, mas *O Estado de S. Paulo* era assim um objetivo distante, um colosso, um império, um sonho. A gente se esmerava muito, e o Carlos dizia que nós catávamos os farelos que caíam da mesa do *Estadão*. A *Folha* não existia. *O Estado* estava lá no Olimpo e nós, aqui embaixo, na lama. Era uma distância.

Mesmo assim, depois que compramos a *Folha*, eles abriram fogo contra a rodoviária, supondo que o dinheiro da *Folha* viesse de lá. E ficaram muito admirados de como a *Folha* não soçobrou. Eu nunca, nunca conversei com eles a esse respeito, mas tenho a nítida sensação de que eles imaginavam que a *Folha* ia acabar."

Um dos problemas a resolver era o caso das assinaturas vitalícias, que Frias começou a vender quando ainda estava no BNI, tendo montado a Transaco especialmente para isso, em 1953: "Eu tinha minhas dúvidas, mas o Carlos Caldeira achava que a manutenção das assinaturas vitalícias inviabilizava o jornal. Francisco Maldonado, que era uma figura curiosa e tinha algumas boas relações em São Paulo, se aproximou de nós. Nem eu nem o Caldeira tínhamos com ele muita intimidade. Ele era um antigo tipógrafo que tinha ganho algum dinheiro na atividade gráfica, se não me engano, com a Tipografia Siqueira, e estava mais ou menos aposentado. Então, ele se ofereceu para nos ajudar. Demos uma sala para ele, e ele ficou ali numa atitude um pouco de quem está com o anzol na beira do rio. Se pescar alguma coisa, ótimo; se não pescar, me diverti. Ele nos ajudava na parte comercial. Ficou como assessor.

O Carlos e o Maldonado defendiam muito a tese de que não era possível continuar com o ônus das assinaturas, que eram de duas ordens: uma de dez anos e a outra, vitalícia. As de dez anos eram em número muito superior às vitalícias. O Carlos e o Maldonado defendiam a tese de que as de dez anos, tudo bem, mas que as vitalícias eram insuportáveis, que era um cheque em branco sobre o futuro muito violento. Me informaram que eram trinta mil as assinaturas vitalícias. Então, eles foram buscar pareceres de juristas. E todos eles defenderam a tese de que era um contrato sem término previsto, que podia ser terminado a qualquer hora. E juntaram pareceres do Vicente Rao e do Miguel Reale, que estavam entre os melhores juristas de São Paulo.

O Rao e o Reale achavam que era legal romper o contrato dessas assinaturas perpétuas. Com base nos pareceres deles, resolvemos denunciar os contratos, propondo aos assinantes receber o jornal durante mais algum tempo e renunciar à assinatura vitalícia. A grande maioria aceitou. Uns 10%, uns três mil assinantes, entraram na Justiça, e acabamos fazendo acordo com todos. Foi assim que desfizemos as assinaturas vitalícias".

Otavio, filho de Frias, viveu pessoalmente o caso das assinaturas perpétuas: "Houve uma disputa judicial que se estendeu durante décadas. Ainda até poucos anos atrás, às vezes eu encontrava uma pessoa numa farmácia, num consultório médico, e ouvia: 'Ah, eu tive assinatura permanente da *Folha* e vocês cancelaram'. Meu pai e o Caldeira cancelaram alegando que precisavam reduzir custo. Ou reduziam custos ou não conseguiriam tirar a *Folha* da situação financeira difícil em que ela estava no começo dos anos 60. Então, tomaram uma medida que foi um pouco 'atravessar o Rubicão'.

Porque foi uma medida controvertida, discutível e que, obviamente, levou inclusive a essa longa discussão judicial".

Para Frias, "os primeiros dez anos de *Folha* foram difíceis, muito difíceis. Depois, entramos no *boom* nacional. O país progrediu. Nós progredimos junto com o milagre econômico. E aí começou a sobrar dinheiro. Mas nem eu nem o Carlos Caldeira nunca tiramos um tostão da empresa, sempre reinvestimos tudo. Tínhamos essa filosofia porque não precisávamos tirar; e para deixar a empresa forte. Sempre tivemos – tanto eu quanto ele – uma vida modesta. Ele só tinha os carros de luxo que gostava de importar, carros de 57, 60. Tínhamos outros recursos que nos permitiam viver muito bem sem o jornal – tínhamos a estação rodoviária; e eu tinha também a Transaco. Então, não precisávamos tirar dinheiro do jornal. Nunca tiramos um tostão e por isso conseguimos fortalecer muito o jornal".

Um ano após a compra da *Folha*, em 13 de agosto de 1963, foi feito um almoço de comemoração, com quase mil pessoas, entre funcionários, colaboradores, correspondentes e agentes comerciais do interior. Sentia-se o crescimento do jornal, com aumento da sua aceitação pelos leitores: a *Folha* já tinha 75.873 assinantes, tornando-se o "jornal de maior circulação paga no Brasil", como ela mesma registrou em 4 de agosto de 1963.

Uma das causas desse crescimento foi a mudança radical trazida por Frias e Caldeira. Eles não eram jornalistas e foram dos primeiros a dirigir um jornal com olhos de empresários. Até então, a circulação e a distribuição da *Folha* eram precárias. O envio de exemplares para o interior era feito somente através de trens e ônibus. Ou seja, a circulação do jornal dependia dos horários deles, que levavam os exemplares às estações-tronco; só depois eram distribuídos nas cidades menores. A *Folha* rodava às 21h e seu embarque tinha de ser feito até às 21h40 na Estação da Luz, nos trens que iam para o interior. Às 7h, pegavam o trem os exemplares que iam pela Sorocabana. Assim, o leitor de São José do Rio Preto, a 440 quilômetros de São Paulo, recebia a *Folha* com atraso de quatroze horas, e o de Presidente Epitácio, a 655 quilômetros, só depois de quinze ou vinte horas. No Paraná, muitos só viam a *Folha* três dias depois. Não havia notícia que sustentasse interesse após tamanho atraso.

A *Folha* montou sua própria frota de distribuição, começando com a primeira linha para Araraquara, a 296 quilômetros da capital. O caminhão pegava os exemplares na alameda Barão de Limeira e levava até lá, onde eram embarcados no trem para Jaboticabal (a 344 quilômetros de São Paulo), Bebedouro (384 quilômetros), Barretos (475 quilômetros) e Nova Granada (471 quilômetros). Com isso, a *Folha*, em vez das 21h40, podia sair de São Paulo à 1h30. Essa linha foi depois estendida até Jales (585 quilômetros), passando por Catanduva (394 quilômetros) e São José do Rio Preto (440 quilômetros).

Uma segunda linha foi criada com nova frota, ligando São Paulo a Bauru (352 quilômetros), onde às 5h20 um trem partia para a Alta Paulista e outro para a região noroeste, com destino a Araçatuba (547 quilômetros), chegando até Mato Grosso. Em seguida, as áreas antes cobertas por trens passaram a receber jornais levados por caminhões e foram criadas mais duas linhas: São Paulo — Presidente Epitácio, só com veículos próprios, e São Paulo-Maringá, no Paraná, fazendo com que a *Folha*, de um a dois dias de atraso antes, chegasse no máximo às 11h do mesmo dia. Por fim, foi criada a linha São Paulo — Ribeirão Preto — Uberaba — Uberlândia, levando o jornal por toda a Alta Mogiana e até o Triângulo Mineiro. Assim, a *Folha* começou a chegar a Ribeirão Preto (318 quilômetros) às 5h30 e a Uberlândia (590 quilômetros), às 11h.

A Empresa Folha da Manhã passou de 24 veículos em 1960 a 165, para distribuição, reportagens e outros serviços, em 1965. O número de assinantes subiu para 94 mil em 1969. A tiragem chegou, em dias de semana, a 183.758 exemplares e, aos domingos, a 243.442 exemplares. Tudo isso foi obtido apesar de, em 1963, o quilo do papel para impressão de jornal ter passado de 97 cruzeiros, em janeiro, para 120, em dezembro. E, para ver como a *Folha* aumentava a tiragem, ela consumiu 890 mil quilos de papel em janeiro e 1.326.000, em dezembro.[18]

A *Folha* introduziu também novidades de conteúdo como o Concurso Operário Bandeirante, para escolher o operário-modelo da indústria paulista, com 47 mil participantes, e o patrocínio, em conjunto com o *Correio da Manhã*, do Rio de Janeiro, do 1º Congresso Brasileiro para Definição das Reformas de Base, com quinhentos congressistas debatendo e no final pro-

---

18. Mota e Capelato, op. cit.

duzindo teses sobre as reformas agrária, bancária, político-partidária, previdenciária, salarial, securitária, sindical e tributária. Publicadas em forma de anais, em dez volumes, foram enviadas a todos os parlamentares da Câmara e do Senado federais. O Congresso foi realizado na Faculdade de Direito de São Paulo, em janeiro de 1963.

Em 31 de março de 1964, enquanto os militares davam o golpe, a *Folha* mostrava seu crescimento em cima de muito trabalho: já tinha uma folha de pagamento com mais de 1.200 pessoas, que haviam recebido reajuste de salário acima de 80%. O Brasil de 80 milhões começava a olhar para um outro jornal de São Paulo, que era do Estado, mas levava *Folha* no nome. Até 1964, a imprensa escrita era considerada muito importante, pois a televisão praticamente não existia. A edição do dia 1º de abril recebeu a recomendação de sempre de Frias: "Que fosse factual. Mas não acompanhei a edição, não. Eu estava olhando para as dívidas e como é que eu ia pagá-las".

Apesar de preocupados com as dívidas, Frias e Caldeira resolveram comprar a Cia. Lithografica Ypiranga, e, em 24 de outubro de 1964, tomaram posse dela. Frias diz: "Já estava podendo respirar na *Folha*. Compramos a Ypiranga da viúva do Rachembacker, um alemão. O pai dele é que havia fundado a Ypiranga e ela estava instalada na avenida Rio Branco. Aquele terreno hoje [1989] é nosso, acrescido de mais alguns prédios que compramos. Quando fechamos o negócio da *Folha,* veio junto a Impres, uma gráfica com umas poucas máquinas. Era do Zé Nabantino, mas nós exigimos que ela fizesse parte da compra da *Folha*. A Impres ficava onde hoje é a garagem, na alameda Barão de Campinas, e editava lá uns livrinhos. Um dia apareceu na *Folha* o diretor da revista *Visão*, um cubano. Não nos conhecíamos, mas ele me procurou e perguntou se não queríamos imprimir a *Visão*, que já era uma revista de algum porte. Era ligada à Vision Incorporated, muito forte no México e também presente em outros países da América Latina".

A idéia de Frias era fazer um contrato de longa duração, o que lhe garantia faturamento para comprar máquinas melhores e aí sim imprimir a *Visão*, o que não poderia fazer com o que tinha na Impres naquele momento. "Ficamos conversando um pouco e eu perguntei onde a *Visão* estava sendo impressa. E o cubano respondeu: 'Imprimo na Lithografica Ypiranga. Mas aquilo está uma bagunça, vai acabar fechando. O velho morreu e a viúva está lá cheia de um pessoal péssimo'. 'Em vez de fazer uma gráfica nova, não é melhor eu comprar a Ypiranga?', eu disse. E ele respondeu: 'Você é louco, mas não é tão louco a ponto de comprar a Ypiranga. Aquilo é um monte de ferro-velho, e a empresa está acabando'. Perguntei se ele conhecia a proprietária. 'A dona Lula Rachembacker? Sim, conheço?. 'Você pode marcar um encontro para eu ir lá visitá-la?' Ele marcou o encontro e eu fui com o Carlos Caldeira."

Após a visita, Frias convidou dona Lula para almoçar na *Folha*. "No dia em que ela foi, eu tinha combinado com o Carlos um esqueminha para nós comprarmos a Ypiranga. Sempre a prazo, a prestação, porque naquele tempo não tinha correção monetária, não é? Era prestação sem juros, me lembro bem. Eu escrevi o valor num papelzinho e guardei comigo. Ela foi almoçar junto com um sobrinho por parte do marido, um Rachembacker que era diretor técnico da empresa, bom técnico, mas péssimo comerciante. Depois do almoço eu disse: 'A senhora me dá licença, dona Lula?'. Abri a bolsa dela, pus dentro o papelzinho que tinha escrito e disse: 'Olha, tenho uma proposta para lhe fazer, mas é tão baixa que eu tenho vergonha de dizer. Então resolvi pôr por escrito na sua bolsa e vou lhe dar uma sugestão. A senhora vai embora, pensa, tem trinta dias para decidir. Essa oferta é válida por trinta dias. Se a senhora conseguir vender por mais, ótimo, fico muito feliz, é só a senhora me avisar. Se não conseguir, por favor venda para mim, porque, do jeito que a senhora vai, a senhora vai quebrar. E agora vem o 13º salário, que é uma coisa terrível para o empresariado'. Na época, todo mundo achava que os empresários não iam agüentar pagar o 13º salário. Eu disse a ela: 'Acho que com o 13º salário, a senhora não vai atravessar dezembro, dona Lula. Como estamos em setembro, a senhora tem um mês. Minha proposta é boa para um mês, e a senhora pode tentar vender para outro. Não conseguindo, me telefone. E, se conseguir, me telefone do mesmo jeito para que eu possa lhe cumprimentar'.

Não se passaram uns 25 dias, ela me telefonou: 'Sr. Frias, está fechado o nosso negócio'. Quer dizer, ela não tinha conseguido vender para outro, por um preço melhor. Então, compramos a Ypiranga e demos uns vinte, trinta mil cruzeiros de entrada. Depois fomos lá tomar conta, sentamos e, para surpresa minha, tinha duzentos mil cruzeiros no caixa da Ypiranga."

Foi mais um grande negócio para Frias. "Logo em seguida, vendemos por duzentos mil cruzeiros uma propriedade que ela tinha na avenida Dutra e fizemos um caixa de quatrocentos mil cruzeiros. Pusemos em ordem a empresa e depois mudamos a Ypiranga para onde ela está hoje [2006], na rua Alfredo de Castro, 299, em frente ao Memorial da América Latina. Compramos o prédio por um milhão de cruzeiros. Foi o Carlos Caldeira quem fechou o negócio, em dez prestações de cem mil cruzeiros. Fiquei horrorizado: 'Porra, Carlos, cem mil por mês?'. Mas conseguimos pagar tudo direitinho, graças a Deus. E a Ypiranga sempre foi uma empresa muito lucrativa, altamente rentável. Deu até para comprar máquinas novas, se modernizar."

Nessa época, Frias começou a se interessar por política, bem diferente de quando, por exemplo, tinha conhecido Carlos Lacerda e foi para o Rio de Janeiro vender assinaturas da *Tribuna da Imprensa* através da Transaco: "O termo exato é que fui compelido a participar da vida política porque era preciso. Eu me voltei para a Redação assim que eu pude dar por consolidada a situação financeira do jornal. Mas isso depois daqueles primeiros dez anos. Aí tive tempo para me dedicar à Redação. Antes disso eu orientava a Redação, conversava diariamente com o diretor, o José Reis". Apesar de Frias dizer que só foi se dedicar à Redação depois de dez anos de *Folha*, quando o problema financeiro já estava resolvido, bem antes disso ele quis levar Cláudio Abramo para a *Folha*.

Nascido em 1923, em São Paulo, Cláudio Abramo iniciou sua carreira em 1944, durante o Estado Novo e a Segunda Guerra Mundial, como redator da agência de notícias Interamericana. Esteve depois na Agência Meridional, na Agência Press Parga e, por um breve período, no *Diário da Noite*, do qual foi demitido por fazer greve. Em 1947 era redator do *Jornal de São Paulo*, dirigido por Guilherme de Almeida. Em 1948 foi para *O Estado de S. Paulo*. A primeira matéria dele foi uma enorme reportagem sobre a situação da pesca, que serviria de apoio para a criação do Instituto Oceanográfico, fruto de um mês e meio de viagem pelo litoral. Escreveu também uma série com matérias de denúncia contra a política externa durante a Segunda Guerra, fez campanha contra o jogo no Guarujá, no litoral paulista, e viajou muito pelo Brasil. Trabalhou depois na seção de exterior, chegando a editor de Internacional do *Estadão*. Nessa época, traduzia para o português a coluna "De um Dia Para o Outro", que Giannino Carta, pai de Mino Carta, escrevia em italiano para o jornal. Giannino Carta havia sido contratado pelo *Estadão* quando não deu certo a tentativa do segundo conde Matarazzo de levá-lo para a *Folha*, depois de trazê-lo da Itália.

Em 1950, Cláudio Abramo foi convidado pelo governo francês a fazer, como bolsista, um curso de comunicação de massa e jornalismo na École Pratique des Hautes Études, em Paris, onde ficou mais de um ano. Ao voltar, passou, em 1952, a secretário de Redação de *O Estado de S. Paulo*, fazendo, junto com Carta, Ruy Mesquita, Júlio de Mesquita e outros, uma grande reforma no jornal. Reduziu o tamanho da página e adotou inovações que permitiram, por exemplo, que o prazo de fechamento da Redação passasse das 3h da madrugada para a 0h. Em 1952, sem sair do *Estadão*, começou a fazer também, de São Paulo, reportagens especiais para o semanário *Comício*, que, fundado no Rio de Janeiro por Joel Silveira, Rafael Corrêa de Oliveira e Rubem Braga, durou apenas 23 números. Recebeu vários convites dos governos da Alemanha, Estados Unidos, Índia e Inglaterra. Conheceu jornais da Ásia, Europa e Estados Unidos, sendo que nesse país esteve no *The New York Times*, *Washington Post* e *Wall Street Journal* e participou de seminários nas universidades de Columbia, Stanford e Berkeley.

Em julho de 1963, Cláudio Abramo saiu de *O Estado de S. Paulo*, tendo trabalhado no jornal *A Nação*, que funcionou de setembro a dezembro de 1963. Foi também assessor de imprensa do então ministro da Fazenda, Carvalho Pinto. Sempre foi marxista e até 1950 fez parte do Partido Socialista Brasileiro. Os irmãos dele, Fúlvio e Lívio, foram militantes destacados do movimento trotskista no Brasil. Em 1965, Cláudio Abramo estava desempregado.

Frias conta: "O episódio do Cláudio foi curioso. Eu não o conhecia e nunca tinha ouvido falar dele. E eu vivia dizendo aos meus amigos mais chegados: 'Olha, estou à procura de uma pessoa, um grande jornalista para dirigir a *Folha*'. Eu não estava descontente com o José Reis. Estava descontente com o quadro da *Folha*, porque achava a equipe de jornalistas muito fraca. Um dia, o Antônio de Pádua Rocha Diniz, que era do Banco Nacional, me telefonou: 'Frias, você ainda está à procura de uma pessoa? Eu tenho alguém para você'. Eu disse: 'Quem é?'. 'É o Cláudio Abramo, que foi diretor de *O Estado de S. Paulo*'. Para mim era uma puta recomendação. Diretor de Redação, chefe de Redação do *Estado*. Aquilo já me atraiu muito. Eu pedi para o Rocha Diniz marcar um encontro com o Cláudio. E ele marcou para aquela mesma tarde. Não me lembro qual foi a primeira impressão que o Cláudio me causou, mas o que me atraía era o nome do Cláudio, o fato de ele ter sido do *Estado*, porque o *Estado* era o máximo, era o Olimpo. Então, ter na Redação da *Folha* um homem que foi secretário do *Estado* era um ganho de *status*, de capacidade, muito importante. Pelo menos assim me pareceu naquela ocasião, em que eu não entendia nada do assunto".

Nunca se soube exatamente porque Cláudio Abramo saiu de *O Estado de S. Paulo*. Frias conta que anos depois, "numa conversa com o Zizo Mesquita [Luiz Vieira de Carvalho Mesquita], numa ida ao Japão, ele me disse: 'Foi um grande erro que nós fizemos. Nunca devíamos ter deixado o Cláudio sair do *Estado*'. Eu acredito que o Zizo estava me falando com toda sinceridade isso, mas nunca mais o Cláudio recebeu um convite para voltar para o *Estado*. Nunca. Eu não sei o que houve, se foi com o Júlio. O Júlio o tratava bem, o Ruy também. Ele tinha bom diálogo com os dois, pelo menos aparentemente. Mas nunca partiu deles um convite para o Cláudio voltar para o *Estado*". A versão de Cláudio Abramo para a sua saída de *O Estado de S. Paulo* era que a família Mesquita, já empenhada na conspiração de 64, queria se livrar dele.

Frias fez o convite para Cláudio Abramo ir para a *Folha* nesse mesmo dia, no escritório de Rocha Diniz, na sede do Banco Nacional, na avenida Ipiranga, quase esquina da São João: "Eu o convidei para trabalhar na *Folha* e ele aceitou. Cheguei todo contente à Redação e chamei o Reis: 'Olha, Reis, conseguimos um bom apoio para a gente. Conseguimos o Cláudio Abramo'. Aí ele disse: 'O Cláudio Abramo?'. Vi pela cara que ele não tinha gostado nada. Eu tinha o maior respeito pelo Reis, uma figura decente, correta, inteligente. Vi que ele aceitou, mas não gostou. E o Cláudio vinha para a chefia de reportagem da *Folha*, não era para secretário nem diretor da Redação. O Reis subiu para a Redação e chamou aquele grupo de cinco ainda da herança do José Nabantino. Depois veio falar comigo: 'O pessoal não quer o Cláudio, não. Querem falar com você porque são hostis ao Cláudio'. Daí a pouco desceram os cinco: 'Ah!, sr. Frias, nós não podemos trabalhar com o Cláudio Abramo, não temos condições de trabalhar com ele. Se ele vier, nós vamos sair'. Ainda perguntei: 'Mas por quê?'. 'Ah! Porque são estilos diferentes, não dá para trabalharmos juntos. Nós não temos a menor condição de trabalhar com ele. Mesmo sendo só chefe de reportagem'. E, além de tudo, o Cláudio ainda tinha a fama de irascível. Eu disse: 'Bom, então vamos ver como é que fica'.

Ganhei tempo. Era neófito na casa, não queria uma crise logo na minha chegada. Então disse para o Cláudio: 'A reação do pessoal foi essa. Você precisa me dar um tempo para que eu possa maneirar lá dentro. Durante esse tempo, evidentemente, você precisa viver. Você está contratado, eu vou pagar o salário que a gente combinar e você vai fazer a crítica diária do jornal. Vai lá para a Transaco e me faz a crítica diária do jornal. É a maneira que você tem de me dar tempo e de já começar a ser útil'. Foi o primeiro *ombudsman* do jornal".

Passaram-se seis meses e Frias foi se fortalecendo dentro da própria casa, ganhando tempo. "Sempre me dei bem com o Cláudio, sempre. Tivemos muita discussão, muita luta, mas sempre nos respeitamos muito' e eu gostava muito dele, ainda que ele fosse um homem difícil. O Cláudio era um homem extremamente difícil de lidar. Passados seis meses, eu resolvi levar mesmo o Cláudio para a *Folha*. Já tinha afastado dois ou três daqueles cinco e aí já me achei com condições de dizer: 'Olha, Reis, agora vou trazer o Cláudio para cá. Vai ser o chefe da reportagem. Quem não estiver contente... e sei que tenho seu apoio'. O Reis ficou na Redação, apesar de que ele e o Cláudio nunca fizeram uma boa dupla, porque tinham restrições mútuas, mas trabalharam assim durante dois ou três anos.

Foi quando o Reis disse que queria descansar. Eu também já estava querendo, achava que ele não estava se habituando ao tipo de jornal que eu imaginava que devêssemos fazer. Faltava agressividade ao Reis. Enfim, eu tinha as minhas restrições quanto à maneira de ele comandar a Redação. Ele, várias vezes, me pediu demissão. Um dia eu disse: 'Está bom, Reis, já que você quer sair, aceito a sua demissão'. Pus o Cláudio como secretário de Redação, e a *Folha* ficou sem diretor de Redação. O Cláudio era a figura maior na Redação, reportando-se a mim".

A relação de Frias com Cláudio Abramo foi sempre amistosa, mas com concessões de ambos os lados: "Nós nos dávamos muito bem em particular, quando falávamos sobre nós mesmos. Sobre o jornal, nem sempre nos dávamos bem porque ele tinha uma visão, e eu, outra. Ele achava que o jornal tinha que ser autoritário, tinha que ser de grupo mesmo. Achava que esse negócio de jornal apartidário era uma besteira. Tinha que ser partidário, violentamente partidário. E ele era honesto quando dizia essas coisas. Achava que um jornal que não fosse muito partidário não tinha condições de resistir. Ia desaparecer, ia ficar uma coisa morna, nunca seria um jornal respeitável. O jornal tinha que ter uma linha, tinha que ser quase uma coisa doutrinária. Com ele, era tudo aos amigos e aos inimigos nada, nem água. Apenas o rigor da lei, quando possível. Eu não concordava com isso.

Tínhamos um relacionamento profissional que não era fácil. Mas um relacionamento pessoal ótimo. Ele tinha grande inteligência. E uma grande capacidade de trabalho. Eu detestava o fato de ele ser sempre uma pessoa que gostava de fazer grupos. Eu era contrário a isso. Muitas vezes discutimos sobre isso, mas eu não podia deixar de reconhecer a grande inteligência do Cláudio e um caráter acima de qualquer dúvida. Um homem corretíssimo. Ele deu uma bela contribuição para o crescimento da *Folha*. Não foi o único e não foi quem deu mais, na minha opinião. Mas ajudou a dar um grande impulso na *Folha*".

6. O OBJETIVO ERA CONFRONTAR O JORNAL
O ESTADO DE S. PAULO

Contratar Cláudio Abramo, que tinha sido de *O Estado de S. Paulo*, era o primeiro passo para o objetivo maior de Frias: "Fazer um grande jornal. Um jornal que alcançasse o *Estado*. Esse foi sempre o meu objetivo".

Carlos Brickmann testemunhou a disposição de Frias. Ele entrou na *Folha de S.Paulo* em 1963 e ficou até meados de 1964. Saiu e voltou em 1983, lá permanecendo até 1989. Saiu de novo e retornou em 1990. Em meados de 1991 foi embora de vez. Da primeira vez, em 1963, era foca. Nas vezes seguintes, passou por várias editorias até assumir como editor de Internacional na chamada edição caipira, que a *Folha* rodava mais cedo para enviar ao interior do Estado de São Paulo.

Em depoimento para a *História Oral da Folha*, Brickmann disse: "Tenho opinião formada sobre de onde veio essa mudança da *Folha*, e vou dar nome e sobrenome: Octavio Frias de Oliveira. [...] O sr. Frias diz que não é jornalista. Mas eu descobri, ao longo do tempo, que em geral o que ele falava era uma coisa a ser pensada. Descobri também que, se eu aceitasse o que ele me falava 100% das vezes, ia dar certo uns 90%. Por quê? Porque ele é um homem de comércio. Ele não tem certas coisas que os jornalistas têm e que são defeitos. Tipo 'olha, eu não me preocupo com dinheiro'. Porra, nós vivemos no mundo. Se você quiser descrever o mundo como ele é, e essa é a função do jornalista, o dinheiro faz parte do mundo mesmo. Não adianta você dizer 'eu só gosto de ver filme daquele cara que o povo não gosta'. Então vá escrever num *fax-letter*, para trezentas pessoas. Agora, o que eu não posso é escrever para cem mil pessoas e querer que elas gostem do Alain Resnais, ou dizer que filme americano é uma bosta. O sr. Frias nunca teve esse tipo de problema".

Brickmann conta uma passagem que mostra bem quem é Frias: "Eu lembro – isso foi um negócio fantástico – quando assumiu a prefeitura, um dia o Jânio resolveu que ia mudar as marginais de lugar. Ele ia passar as marginais um quilômetro para lá do Tietê, o que está certo — com isso você permite que o Tietê inunde sem inundar a cidade. Você cria a várzea. É um negócio bem legal. E para isso ele ia arrasar, passar a motoniveladora, naqueles bairros em volta da Marginal Tietê. Depois teria um grande campo aberto, onde ele construiria gigantescos prédios para abrigar toda aquela população, e ainda sobraria espaço para os parques.

Era lindo o negócio. Ele até trouxe o Oscar Niemeyer a São Paulo e disse: 'Este é o maior engenheiro do Brasil'. Todo mundo se divertiu porque ele chamou o Niemeyer de engenheiro. Aí o sr. Frias olhou e disse: 'Quanto vai custar isso e quem vai pagar?'. Acabou o projeto e acabaram as matérias. Quem ia pagar a desapropriação de 144 quilômetros quadrados ao longo das marginais? Pronto, está encerrado esse tipo de discussão, não vamos mais falar sobre o assunto. O Jânio se baseou e teve êxito durante um bom tempo porque nenhum repórter fazia essas perguntas. Quanto vai custar e quem paga? É claro que não se fazem essas perguntas, mas o sr. Frias fez. Então eu acho que o sr. Frias é a grande chave.

Eu acho que o sr. Frias, desde o começo, ao assumir a *Folha*, tinha um projeto na cabeça, que era, em determinado momento, confrontar o *Estadão*. Ele jamais teve a humildade de dizer: 'Eu sou o segundo'. Ele dizia: 'Eu sou o segundo enquanto eu for, mas vai chegar um momento em que eu vou bater de frente com eles'. [...] O sr. Frias faz. Por quê? Porque ele tem a visão estratégica de mercado, que é um negócio fantástico. Ele é muito bom. Então, eu acho o seguinte: ele deu a partida, levou gente boa e administrou de cima. Ficou lá de cima tocando a coisa com grande brilho".

Frias concorda: "Era isso mesmo. O *Estadão* naquele tempo era uma coisa inalcançável. Mas um dos objetivos era esse".

Logo depois do golpe de 1964, Frias estava num jantar em São Paulo em homenagem ao marechal Castello Branco, eleito presidente pelo Congresso. "Era um jantar para mil pessoas no Conjunto Nacional. E numa mesa estava, entre outros, Júlio de Mesquita Filho. Eu não estava nessa mesa. O Júlio escreveu num guardanapo um bilhete ao Castello reclamando da *Folha*, dizendo que o crescimento da *Folha* precisava ser apurado porque estava pondo em risco o patrimônio que ele tinha recebido dos seus maiores. Esse guardanapo me foi exibido pelo Golbery. Em função disso, a *Folha* passou por uma fiscalização a respeito das suas origens.

Daí nasceu uma Comissão Geral de Inquérito (CGI) sobre a *Folha* feita pelo jornal *O Estado de S. Paulo*. Havia um procurador federal nomeado para inspecionar a *Folha* e saber de onde é que vinham os recursos do jornal. Isso porque corriam os maiores boatos, uns achavam que vinham, sei lá, dos comunistas, da Rússia, outros achavam que vinham dos Estados Unidos. 'Como é que aquela merda daquele jornal está conseguindo se equilibrar? E ganhando dinheiro?' Era o que corria. E estava ganhando mesmo. Nunca perdi dinheiro, graças a Deus. Então foram lá na *Folha*, examinaram tudo, fizeram um inquérito nos bancos e, afinal, o relatório do procurador foi o seguinte: 'Os recursos são simplesmente de origem bancária; aliás, estão abrindo a esse moço um crédito que ele não merece'. Tudo bem, eu disse: graças a Deus que esse cara não é banqueiro [risos].

Mas aquilo me irritou muito e fizemos até matéria no jornal. Porque as relações do *Estadão* com o poder sempre foram flutuantes, não é? Na ocasião estavam muito mal. Afinal, *O Estado* tinha chamado o Castello Branco de sargentão de Mecejana.[19] Publicou isso em editorial, quando ele era presidente da República. O Castello tinha sido amicíssimo do Júlio, tanto que o Júlio de Mesquita fez esse bilhete para ele. Isso provocava muita irritação. Vinham a mim: 'Conhece esse bilhete?' .Era um jogo político, como sempre."

Era a época da estação rodoviária. Em seguida, houve muitos ataques contra a *Folha* por causa do INPS, que, para Frias, "tinha pela frente o jornal *O Estado* contra nós. Houve uma inspeção do INPS, o Carlos Caldeira acre-

---

19. O marechal Humberto de Alencar Castello Branco nasceu em Fortaleza, capital cearense, em 20 de setembro de 1900, e foi logo em seguida para Mecejana, com os pais. Foi o primeiro presidente do regime militar, tendo governado de 15 de abril de 1964 a 15 de março de 1967. Faleceu em 18 de julho de 1967.

ditava que era motivação política. Eu não acreditava nisso. Mas, segundo a inspeção, havia tributos que não teriam sido pagos ao INPS. Eram tributos que nós achávamos que não devíamos pagar porque para nós não eram tributáveis. Era a respeito de jornaleiros avulsos. E eles chegaram a uns números fantásticos. Nós entramos com recursos na área administrativa. Perdemos todos os recursos. Então, entramos na área judicial, onde ganhamos todos".

O episódio de 1964, com Golbery mostrando a Frias o bilhete de Mesquita, não foi o único em que o governo sinalizou que desejava um jornal paulista para fazer frente a O Estado de S. Paulo. Dez anos depois, o mesmo Golbery chamou Frias ao Rio de Janeiro, quando articulava a formação do governo de Ernesto Geisel, que tomaria posse em março de 1974, conforme relata Mario Sergio Conti em *Notícias do Planalto*:[20] "Golbery expôs ao dono da *Folha* seu plano de distensão lenta, gradual e segura do regime. Deu a entender, também, que o novo governo veria com bons olhos a existência de um outro jornal paulista de prestígio, além de O *Estado*".

A preocupação do governo, diz Conti, era por causa da Revolução Constitucionalista de 1932. Golbery não ofereceu nenhum tipo de ajuda a Frias, como anúncios de empresas estatais ou linhas de crédito de bancos oficiais, mas "deixou evidente que visava contrabalançar o poder do *Estadão* – jornal antigetulista, identificado com o movimento constitucionalista de 1932, que apoiara o golpe de 1964, mas não aceitava a autocensura e, em meados dos anos 70, estava no auge. O *Estado* era uma voz forte na cena política. A *Folha*, pouco mais que um sussurro. O jornal dos Mesquita estava no centro do poder. O de Frias e Caldeira, na periferia".

Apesar de todos os problemas que encontrou na *Folha* e de nunca ter imaginado comprar um jornal, Frias logo se sentiu à vontade no ramo. Além disso, Carlos Caldeira sempre achou que ele e Frias deviam ter muitos jornais para baratear o custo da distribuição. Assim, pouco mais de três anos após terem comprado a *Folha*, eles compraram, em 1º de setembro de 1965, a *Última Hora*, de São Paulo, de Samuel Wainer.

A *Última Hora* foi fundada no Rio de Janeiro em 12 de junho de 1951 e, a partir de 1952, passou a ser igualmente editada em São Paulo. Frias não

---

20. São Paulo: Companhia das Letras, 1999.

conhecia Wainer, mas, quando soube que ele queria vender a *Última Hora* de São Paulo, Samuel estava em Paris, exilado. "Então fui a Paris, ao Hotel Claridge, onde fiquei conhecendo o Samuel Wainer. A primeira vez que eu fui à França, aliás, eu tinha ficado nesse hotel e depois foi o hotel onde sempre fiquei quando voltava a Paris. Então, foi lá que comprei a *Última Hora*, depois de um, dois dias de negociação.

Para minha grande surpresa, tudo o que o Samuel me disse estava absolutamente correto e em ordem. Eu pensei que a *Última Hora* fosse uma bagunça completa, mas não era. Toda a escrita, a contabilidade, estava perfeitamente em ordem. O Samuel me disse totalmente a verdade. Como sempre, mantive a equipe que dirigia o jornal. Só o Samuel não, porque ele estava exilado. Mas me dei sempre muito bem com ele, um exemplo raro de dignidade humana. E fiquei contente de ter propiciado ao Samuel, no fim da vida dele, uma volta, ainda que um pouco tarde, ao prestígio que ele tinha tido anteriormente. Ele ficou literalmente na sarjeta, não é? Depois, ele veio para a *Folha*, com uma coluna sobre São Paulo, e conseguiu um destaque bastante grande. Conseguiu, vamos dizer, recuperar 70% da sua imagem. E eu nunca me arrependi. O meu relacionamento com o Samuel foi sempre extremamente agradável, e ele, muito correto."

Em 1962, quando o jornal ainda pertencia a Samuel Wainer, a *Última Hora* de São Paulo publicou uma charge de Nossa Senhora Aparecida, feita pelo cartunista Otávio, com a santa assumindo as feições de Pelé e abençoando os jogadores do Corinthians e do Palmeiras. A reação contra o jornal foi tal que ele quase foi empastelado. Samuel retornou ao Brasil por volta de 1967 e morreu em 1º de setembro de 1980, exatamente quinze anos após vender a *Última Hora* para o Grupo Folha.

Em 22 de outubro de 1965, Frias e Caldeira compraram o *Notícias Populares*, lançado dois anos antes, em 15 de outubro de 1963. Na visão de Frias, com o sucesso da *Última Hora*, e com o acirramento da polarização político-ideológica no começo dos anos 60, a UDN achou que precisava de um jornal "à la *Última Hora*" para se aproximar da camada mais popular. "Então, o Herbert Levy fez o *Notícias Populares*, como uma resposta, digamos, da direita, ou da UDN, à militância político-jornalística da *Última Hora*, que ele considerava de esquerda.

O Herbert Levy importou um famoso, mitológico jornalista, Jean Mellé, um romeno que havia feito carreira na imprensa sensacionalista de Paris. E o Jean Mellé foi quem fez o *Notícias Populares*. As histórias e as manchetes dele são memoráveis. Era um homem enorme, que falava com um sotaque meio romeno, meio francês. Quando ele dizia 'precisamos melhoraro o jornalo', significava fazer mais manchetes sensacionalistas. Depois, o *Notícias Populares* teve fases menos sensacionalistas, na época do Ibrahim Ramadan, mas o Jean Mellé é um clássico. E ele era um anticomunista furioso. Eu tive muito boas relações com o Jean Mellé. Ele era totalmente louco. No tempo do Nabantino, queria dirigir a *Folha*, queria popularizar a *Folha*. Mas nunca trabalhou na *Folha*."

Frias diz que Mellé ia falar com ele pelo menos uma vez por dia, todo dia: "Eu gostava dele, ainda que tivesse grandes reservas com relação ao comportamento ético do Mellé, porque ele pintava o diabo, não é? Eu dizia: 'Mellé, tem paciência'. 'Mas vende jornalo, sr. Frias, manchetá vende jornalo.' Apesar disso, o *Notícias Populares* estava muito mal, perdendo muito dinheiro, e o Herbert Levy não vinha bem com o Banco da América, o banco dele, e a Sumoc, que foi a precursora do Banco Central, estava apertando o Herbert Levy, que já estava na carteira de redescontos do banco e, se não me engano, estourava a carteira. Então, pressionou e exigiu que o Levy liquidasse algumas posições. Uma delas era o *Notícias Populares*. Conversamos, o Carlos Caldeira e eu, fomos à procura do Herbert e compramos o *Notícias Populares* naquele sistema: comprar a prestação e a longo prazo. Trouxemos o *Notícias Populares* para as nossas oficinas, para a nossa sede e com todo mundo, inclusive o Mellé".

A compra desses jornais foi feita de forma planejada, para ocupar nichos em que a *Folha* não atuava, segundo Frias: "Quando compramos o *Notícias Populares*, achamos que era uma faixa na qual a *Folha* não entrava e, portanto, não iria colidir com a *Folha*, que era sempre o carro-chefe. Quando tivemos a idéia, principalmente o Carlos, de reabrir a *Folha da Tarde*, também achamos que era uma área neutra. Foi uma coisa consciente, perfeitamente consciente".

Ainda em 1965, Frias e Caldeira compraram um terço da TV Excelsior, em São Paulo. Como televisão era uma concessão, eles precisavam da concordância do governo e, por isso, Frias foi falar com Ernesto Geisel, chefe da Casa Militar, que, segundo ele, era o "chefe militar da TV Excelsior", para obter a aprovação do marechal Castello Branco. Em 1969, Mário Wallace Simonsen, o antigo dono da Excelsior, a recomprou por não concordar com o negócio.

Em 1967, a *Folha* deu início à revolução tecnológica e à modernização do seu parque gráfico. Para se ter uma idéia da evolução tecnológica da *Folha* desde 1921, quando foi fundada, após ser impressa nas oficinas de *O Estado de S. Paulo* e *Jornal do Comércio* nos primeiros anos de vida, em 1925 o jornal comprou sua primeira impressora, uma rotativa alemã Koenig-Bauer. A segunda, em 1946, foi uma Goss recondicionada, vinda de São Francisco, nos Estados Unidos. A terceira também foi uma Goss. Em 1967, a *Folha* foi pioneira na impressão *off-set* em cores, usada em larga tiragem pela primeira vez no Brasil. O equipamento era composto de três impressoras Goss Urbanite, de fabricação norte-americana, com capacidade para rodar até 45 mil jornais por hora cada uma.

Em 1º de julho de 1967, foi rodado o *Cidade de Santos*, primeiro jornal da Empresa Folha da Manhã em *off-set*. O jornal foi criado como um presente de Frias para Carlos Caldeira, que fazia aniversário em 1º de julho e era natural de Santos, no litoral paulista. De certa forma ele visava, a exemplo da *Folha* com o *Estadão*, o tradicional *A Tribuna*, lançado em Santos em 26 de março de 1894. Em 19 de outubro de 1967, a *Folha da Tarde* voltou a circular, depois de estar sete anos fora do mercado, desde a unificação dos três jornais, em 1960. Era uma forma de concorrer com o *Jornal da Tarde*, do Grupo Estado, lançado com sucesso em 4 de janeiro de 1966. A *Folha da Tarde* foi fechada em 21 de março de 1999, e o jornal *Agora* foi lançado no dia seguinte, 22 de março. O *Agora* veio ocupar o espaço da *Folha da Tarde* e também do *Notícias Populares*, fechado em 20 de janeiro de 2001.

Em 1º de janeiro de 1968, a *Folha de S.Paulo* começou a ser rodada parcialmente em *off-set*, sendo um dos primeiros jornais do mundo de grande tiragem a usar esse sistema. Em 1971, a *Folha de S.Paulo* abandonou a composição a chumbo e se tornou o primeiro jornal a usar o sistema eletrônico de fotocomposição. Para se ter idéia da evolução, no *off-set* a Fotomecânica prepara os fotolitos e as chapas de alumínio, que substituíram as "telhas" de chumbo, as quais vinham sendo usadas havia quase dois séculos. O *off-set* também substituiu o "flã" e a calandra, tradicionais meios de duplicação da composição tipográfica, pelo filme e máquina de exposição de chapas.

Em 1º de julho de 1971, a *Folha de S.Paulo* passou a usar a impressora Metro-off-set, recém-lançada nos Estados Unidos. A da *Folha* era a segunda maior do mundo, superada apenas pela do *Daily Mirror*, de Belfast, Irlanda. A constante preocupação em estar tecnologicamente aparelhada com o que há de mais moderno, levou à inauguração, em 1995, do Centro Tecnológico Gráfico-*Folha* (CTG-F), em Tamboré, na Grande São Paulo. Distante 35 quilômetros da Redação, na alameda Barão de Limeira, o CTG-F recebe através de fibra óptica todo o material produzido e imprime os atuais jornais do grupo, *Folha de S.Paulo* e *Agora*, além de parte da edição do *Valor Econômico*, lançado em 2000 em associação com as Organizações Globo.

A tecnologia ajudou a *Folha* a bater alguns recordes. Em janeiro de 1968, a tiragem atingiu 200 mil exemplares. Em fevereiro de 1969, o Instituto Brasileiro de Opinião Pública (Ibope) registrou a *Folha* como o jornal mais lido no interior do Estado de São Paulo, com 14,8%, deixando o jornal *O Estado de S. Paulo* em segundo, com 10,4%. E em 12 de março de 1995, a *Folha* atingiu a tiragem de 1.613.872 exemplares, recorde histórico na imprensa brasileira.

Nascido na cidade de São Paulo, em 16 de dezembro de 1943, Pedro Pinciroli Jr. formou-se em engenharia elétrica pela Escola Politécnica da Universidade de São Paulo e engenharia mecânica pelo Instituto Mauá. Na Universidade da Califórnia, em Berkeley, Estados Unidos, fez pós-graduação em administração de empresas. Hoje desenvolve negócios em comunicação e entretenimento.

Com orgulho, diz que o Grupo Folha foi seu único emprego: "Em 1967, recém-formado, eu soube através do Centro Acadêmico Politécnico que a Cia. Lithográphica Ypiranga, então do Grupo Folha, estava recrutando um engenheiro de manutenção. Me apresentei para a entrevista com outros colegas, e qual não foi a minha surpresa quando vi que seríamos entrevistados pelo próprio sr. Octavio Frias de Oliveira, acionista da Empresa Folha da Manhã. Após a entrevista, na qual me fez perguntas pragmáticas e pessoais, ele colocou que pretendia fazer da Ypiranga a melhor gráfica comercial do país, oferecendo qualidade, velocidade e preço. No dia seguinte, fui informado de que tinha sido admitido e que deveria começar a trabalhar naquele mesmo dia".

Pinciroli foi das pessoas que mais conviveram profissionalmente com Frias e acompanhou o trabalho dele na transformação da *Folha* no maior jornal do país. Após nove meses como engenheiro de manutenção da Lithographica Ypiranga, Pinciroli foi chamado por Frias para uma conversa no prédio da alameda Barão de Limeira, sede da Empresa Folha da Manhã: "O sr. Frias me comunicou que eu estava sendo promovido para o cargo de engenheiro na *Folha de S.Paulo*: 'Você será o primeiro engenheiro de jornal no Brasil e, se corresponder, terá uma carreira promissora nesta empresa. Quero que você coloque o jornal dentro de uma moldura empresarial, única forma de torná-lo o melhor do país e contribuir mais com a população'.

Na *Folha*, fui engenheiro-chefe, diretor industrial, diretor-executivo, vice-presidente e diretor-superintendente do grupo até 1999, quando me aposentei. Passei a ter o sr. Frias como gestor direto. Diariamente nos comunicávamos pessoalmente, ou através de telefonemas. As cobranças intensas, constantes e o foco que ele colocava em todos os momentos e nos mais diversos assuntos constituíam uma oportunidade de aprendizado única e um desafio contínuo para seus comandados e para mim".

Pinciroli respondeu pelas divisões Financeira, de Produção, Recursos Humanos, de Circulação, Suprimentos, Departamento Jurídico, Datafolha Instituto de Pesquisas, Banco de Dados e Transfolha. De 1985 a 1999, foi presidente do Banco de Dados. Também foi presidente da Agência Folha de Notícias, de 1985 a 1997, e do Conselho de Administração do Universo Online (UOL), de 1996 a 1999. Representou a *Folha* nas principais entidades de classe. Na Associação Nacional de Jornais (ANJ), foi presidente no biênio 1990-92 e vice-presidente até 1999. Na Sociedade Interamericana de Imprensa (SIP), que congrega jornais das Américas, foi membro do Comitê Executivo, de 1997 a 1999; *chairman* da América do Sul e vice-presidente do Comitê de Liberdade de Expressão, de 1995 a 1999. No Conselho Nacional de Auto-Regulamentação Publicitária (Conar), foi membro do Conselho Superior, de 1993 a 1999. Na Newspaper Association of America (NAA), foi membro do Conselho Executivo, de 1992 a 1999.

Como poucos, ele viveu a maneira Frias de trabalhar: "Eu tinha liberdade de iniciativa, mas desde que a aprovação de novos projetos fosse discutida em profundidade com o sr. Frias e desde que houvesse acompanhamento semanal e mensal, para mensurar resultados. Tudo era questão de custo e benefício, de acrescentar valor às marcas, à operação e, sobretudo, de permitir um texto mais organizado e de conteúdo mais bem embasado pelo acesso digital ao Banco de Dados. Quantas não foram as vezes em que eu me preparava por horas para uma reunião com o sr. Frias e ele me surpreendia sempre com suas perguntas. Com o tempo, nasceu uma relação de confiança e de parceria profissional intensa.

O sr. Frias se envolvia diretamente e na maioria das vezes com acerto, desde o atendimento das telefonistas, passando pela produção, circulação, publicidade e coordenando a Redação. Dava a impressão de estar presente em todos os setores 24 horas por dia e nos sete dias da semana. A convivência com ele permitiu que eu tivesse uma experiência profissional e de vida que gostaria que meus filhos tivessem".

Com a Transfolha, Pinciroli testemunhou a maneira de Frias encontrar solução rápida para os mais inesperados problemas: "A distribuição de jornais do Grupo Folha era feita por mais de duzentos veículos, entre os quais vários caminhões. O fato de chegarmos antes aos pontos de distribuição, assinantes e bancas nos trazia uma boa vantagem sobre os concorrentes.

Certo dia, fomos avisados pelo Sindicato de Transportes que a edição do dia seguinte não sairia às ruas, pois haveria uma greve, estendida a toda a mídia impressa. O transtorno foi enorme, mas conseguimos que vários dos motoristas de confiança seguissem trabalhando e cobrimos as ausências com outros não-sindicalizados. Isso só foi possível porque tínhamos uma detalhada descrição das rotas de distribuição, bons agentes – para assinatura e venda avulsa – e uma lista com nomes de motoristas. Desnecessário dizer que o sr. Frias nos cobrava sempre manter planos alternativos para todas as operações do jornal.

No segundo dia da greve, montamos uma banca no pátio de distribuição e propusemos a todos os motoristas abrirem uma empresa própria: daríamos o apoio legal e contábil e financiaríamos os veículos para os interessados. Todos sentiram as vantagens da proposta e a aceitaram. Como resultado, passamos a ter vendedores no lugar de entregadores, desmobilizamos o capital investido na frota, baixamos o encalhe de jornais nas bancas e melhoramos os horários. 'Os momentos difíceis trazem melhores idéias e novas oportunidades de negócio. Vamos aproveitá-los', dizia o sr. Frias".

Na escolha do sistema de fotocomposição, Pinciroli achou que Frias tinha tomado a decisão errada: "Fomos pioneiros na instalação do sistema *off-set* de impressão e também no sistema de fotocomposição. Diante da escolha técnica entre um sistema de marca consagrada e mais ágil e outro menos desenvolvido tecnologicamente e bem mais barato, o sr. Frias definiu-se pelo último. A todos parecia um paradoxo, pois a *Folha* sempre optou pelas tecnologias *state of the art*, as mais avançadas. E, para agravar, o concorrente tinha adquirido o sistema mais sofisticado.

Com um planejamento melhor de envio de matérias da Redação para a composição e muito treinamento dos operadores, conseguimos manter nossa vantagem na chegada dos jornais às bancas e mãos dos assinantes. Porém, com qualquer imprevisto na operação, éramos surpreendidos pelo concorrente em algumas cidades.

Transcorridos dezoito meses, comprovou-se que a intuição do sr. Frias havia superado a lógica técnica da diretoria e estava correta. Tinha sido lançado no mercado um novo sistema, superando em muito as opções anteriores. Considerando o valor do nosso investimento, pudemos fazer a troca pelo mais moderno, enquanto o concorrente, que havia investido pesadamente no seu sistema, não teve condições de mudá-lo. Foi nessa ocasião, em 1972, que a vantagem da *Folha* aumentou ainda mais sobre o concorrente, permitindo horário de fechamento da Redação mais tarde e chegada aos assinantes bem mais cedo de um jornal mais bem apresentado e organizado".

Apesar de atuar em áreas mais técnicas, Pinciroli acompanhou a atuação de Frias também na Redação: "Foi devido à atuação talentosa, persistente e atenta do sr. Frias que a *Folha de S.Paulo*, durante o período do regime militar, tornou-se o veículo mais respeitado pela sociedade civil e pelos seus porta-vozes de então: Ordem dos Advogados do Brasil, igrejas e sindicatos. Com sua habilidade de comunicação, ele escutava opiniões dos diversos líderes setoriais e, como termômetro do jornal, conseguia que as edições da *Folha* ultrapassassem freqüentemente os rigorosos limites impostos à imprensa, entre o publicável e o censurável. A *Folha* mostrava aos demais jornais brasileiros que representatividade de um veículo de comunicação se consegue com um jornalismo implacável na defesa dos anseios da população, nervoso, criativo e com os melhores talentos.

Num momento em que a imprensa nacional hesitava em se apresentar como 'empresa', com o intuito de dar à sua imagem uma conotação mais social, o sr. Frias criou uma estrutura empresarial com base na missão principal da *Folha*, que era fazer um bom jornalismo, na defesa da comunidade e da democracia. Essa postura permitiu ao jornal uma vendagem maior de exemplares e espaço publicitário e trouxe, conseqüentemente, uma independência econômica única, sem a qual não se faz um bom jornalismo. Foi aí que a *Folha* esteve à frente do movimento das Diretas-Já para eleição do presidente da República.

Logo após o regime militar, momento em que os veículos de comunicação não sabiam como se posicionar diante da plena liberdade de expressão e o fato de o povo ter encontrado outros canais de comunicação para reivindicar seus direitos, a *Folha*, o sr. Frias à frente, tomou novamente a liderança e foi uma das responsáveis pelo *impeachment* de Collor. O sr. Frias deu o tom, a voz e o ritmo do jornal. 'Não subestimem o leitor, que é inteligente e sabe o que quer. Em nenhum momento podemos hesitar na defesa e promoção do interesse da comunidade e da democracia', ele dizia aos jornalistas".

Para Pinciroli, Frias também soube avaliar a importância do *marketing* e da publicidade: "Ele sempre fazia sua própria pesquisa, independentemente do que as agências de publicidade, os jornalistas e os executivos lhe falavam da imagem do jornal, ou a respeito de determinada campanha publicitária, ou da qualidade de certa coluna. Mesmo quando o Datafolha passou a existir – mais uma de suas visões futuristas –, não abriu mão de sua própria pesquisa: motoristas de táxi, figuras representativas de outros setores, personalidades convidadas para almoços e outros faziam parte do universo da pesquisa. Ele sempre soube que, com o aumento da representatividade jornalística, do número de exemplares vendidos e da qualidade e flexibilidade gráfica – que permitia anúncios coloridos em várias páginas do jornal –, a publicidade viria atrás e também cresceria".

O cuidado de Frias com a produção também chamou a atenção de Pinciroli: "A *Folha* foi pioneira na América do Sul na impressão *off-set* – com melhor qualidade gráfica e maior velocidade, no uso de cores e na fotocomposição. Preocupou-se antes dos demais jornais com a diagramação, tipo de fontes e equilíbrio entre texto e fotos, permitindo uma melhor comunicação com o leitor. O sr. Frias insistia que deveríamos adotar uma linguagem técnica igual àquela utilizada nos jornais do exterior e procurar influenciar os demais jornais do Brasil a utilizá-la, de maneira que fosse feito um *benchmark*, que permitiria nos situar em relação aos outros na qualidade e velocidade, no custo da produção gráfica, no encalhe, na perda de papel e outros. Cada projeto era acompanhado de um rigoroso controle, que media o retorno do investimento em novas tecnologias e processos.

Do lado técnico, sempre carregamos a imagem da inovação e da qualidade. O papel-jornal, principal matéria-prima do jornal, era comprado com preços bem mais baixos que os dos concorrentes, devido à nossa negociação, às condições de pagamento que oferecíamos e ao nosso reconhecido poder de 'caixa'. Ao mesmo tempo, controlávamos com rigor todas as etapas de movimentação do papel, do porto às impressoras, pois sabíamos que qualquer imprevisto poderia trazer grandes prejuízos".

O gestor Frias impressionou Pinciroli: "O sr. Frias sempre teve uma percepção de futuro diferenciada, e foram muitas as vezes em que confiou na sua intuição contra argumentos racionais. Na maioria das vezes, deu certo e, quando não, corrigiu rapidamente. Irritava-se quando lhe traziam pequenos problemas e focava sempre os grandes. Mas por várias vezes se contrariava e ia a detalhes em questões menores. Assim, transmitia aos seus executivos que detalhes podem fazer a diferença, sobretudo quando se somam.

Sempre enfatizou a importância da comunicação personalizada, desde os anos 70. Insistia que havia uma pessoa certa para decidir, 'o caneta', e para cada uma deveria seguir um documento específico, correspondendo à sua necessidade de decisão. Colocava de forma clara e firme princípios e práticas para construir e manter as marcas dos jornais, melhorar a posição competitiva e manter sólida a posição financeira. Seu foco constante e sua missão era fazer o jornal mais representativo do país e que contribuísse melhor com os anseios e desejos da população. Teve ainda o mérito de preparar e manter seus filhos, Otavio e Luís, na *Folha* e a sorte de eles serem talentosos".

Por ter sido banqueiro, Frias mostrou a Pinciroli que o melhor, dentro do possível, é usar o próprio dinheiro: "Dizíamos que tudo o que estava instalado dentro da *Folha* foi pago em *cash* e falávamos isso com muito orgulho. As linhas de crédito bancário eram as melhores possíveis, mas o sr. Frias não permitia utilizá-las, a não ser em casos excepcionais de altos investimentos tecnológicos. Não se usavam bancos nem na compra de papel-jornal, e isso alavancava os créditos disponíveis para a *Folha*. Essa posição econômico-financeira sólida permitiu um jornalismo independente".

Com sua habilidade de lidar com pessoas, Frias sempre soube escolher as pessoas certas nos momentos certos. Por exemplo, contratar Cláudio Abramo num determinado momento, um sujeito polêmico, que levava as coisas muito a sério e, depois, num outro momento, colocar no comando uma pessoa com outro temperamento. Ele tem claramente a visão a respeito das pessoas. Perguntado sobre como explica esse talento de lidar com pessoas, Frias respondeu: "É natural. Se é talento, é natural".

E jamais guardou mágoa. Certa vez, a *Folha* precisava de um editor de Esportes e José Trajano, hoje (2006) na ESPN, era o preferido. Mas ninguém queria indicá-lo porque ele tinha brigado com Frias, que ficou sabendo e disse: "Se o Trajano é bom, traga, eu quero talentos aqui na *Folha*, independente de brigas comigo ou não".

Pedro Del Picchia, em depoimento para a *História Oral da Folha*, foi testemunha dessa habilidade de Frias com as pessoas: "Eu entrei na *Folha* em 1968 por acaso. Eu fazia Faculdade de Ciências Sociais na PUC, e o meu projeto de vida na época era fazer carreira acadêmica. Eu tinha uma participação muito grande no movimento estudantil. Fui dirigente do movimento estudantil em São Paulo e pensava em fazer política com os olhos daquela época. Pensava em fazer a revolução, fazer grandes transformações no Brasil. Esse era o clima do que acontecia. O espírito da gente das faculdades era esse, em 1968.

Um dia um amigo meu passou por lá e falou: 'Você não quer trabalhar na *Folha*?' [...] Eu tinha vinte anos, nunca tinha pensado em trabalhar. Ele disse: 'Você pode entrar como diagramador'. Eu não tinha a menor idéia do que se tratava, mas naquela inquietação dos vinte anos, ser jornalista e tal – eu fui lá e o Zélio [Alves Pinto, irmão do Ziraldo] era o chefe, o editor de Arte, que na época se chamava chefe de diagramação. [...] Do jeito que eu entrei, saí. Nunca mais apareci. E essa foi a minha primeira passagem pela *Folha*".

Em meados de 1969, Del Picchia voltou à *Folha* pelas mãos daquele mesmo amigo. "Em poucos anos, eu deixei de ser diagramador e passei a ser redator, por conta de uma decisão do Cláudio Abramo. [...] O Cláudio era uma figura. As pessoas o amavam ou o odiavam. Era daqueles que provocam paixões e ódios, que têm posicionamentos radicais. Era uma figura polêmica, enfim. O Ruy Lopes não, era igual a todo mundo, bonachão. Não era um intelectual, mas era uma pessoa muito preparada, culta, diferente do Cláudio. O Cláudio tinha um aspecto de intelectual, ele admirava isso. Um dos orgulhos dele era dizer que *O Estado de S. Paulo* teve três secretários de Redação: um cujo nome esqueci, o Paulo Duarte – o professor Paulo Duarte, da USP – e ele. Ele se julgava, com bastante razão, parte de uma linhagem de jornalistas intelectuais, e esse era o padrão de trabalho dele. Ele levava muito a sério essa coisa da profundidade com que se examinavam as coisas, da qualidade da informação, precisão, objetividade, estilo do texto. O Ruy não, até porque ele escrevia de um jeito mais normal, mais, digamos, universal. E era amigo de todo mundo.

O Ruy foi uma figura que teve o seu papel na *Folha*. Talvez fosse muito difícil ter alguém que, num período tão complicado, tão conturbado, conseguisse levar o jornal com uma certa tranqüilidade, como o Ruy conseguiu. Quer dizer, esse é mais um fato importante dentro da vida do jornal que eu, na minha opinião pessoal, atribuo ao instinto do Frias [...]. Ele foi buscar uma pessoa que tinha as qualidades apropriadas para aquele momento que o jornal vivia, momento muito difícil."

Ruy Lopes nasceu em 16 de julho de 1935 em Ribeirão Preto, interior do Estado de São Paulo, e começou a carreira de jornalista na Rádio Bandeirantes, na década de 1950. Entrou para a *Folha de S.Paulo* em 1959, transferindo-se pelo jornal para Brasília em 1960, onde fixou residência desde então. Só se afastou da capital federal entre março de 1973 e fevereiro de 1975, quando foi editor-chefe da *Folha de S.Paulo*, na capital paulista. Ao retornar a Brasília, assumiu a diretoria da sucursal da *Folha*, cargo que ocupou até 1986, passando depois a articulista e membro do Conselho Editorial. De 1986 a 1990, foi assessor do senador Severo Gomes (PMDB-SP) e, entre 1994 e 1995, presidente da Radiobrás.

Segundo Del Picchia, "em 1974 teve um fato que eu acho que foi importante para o que aconteceu na *Folha* posteriormente, que foram as eleições para o Congresso [...]. Eu acho que esse foi o fato político marcante do início da redemocratização. E o Cláudio, mais uma vez – e acho que o Frias também –, teve a sensibilidade de perceber que estava acontecendo uma coisa nova. Aí – eu soube por narrativa do Cláudio Abramo – ele foi para um seminário, acho que em Stanford, nos Estados Unidos. E nessa altura entra em cena o Otavio Frias Filho. O Cláudio convidou o Otavio para ir com ele. No seu livro,[21] ele diz assim: 'Convenci o Otavio Frias Filho a ir comigo, pois seria bom para ele um seminário sobre jornalismo' – de que participaram o Carlos Chagas, acho que o Alberto Dines, o João Calmon. [...] Mas o Cláudio então me contou – e depois deixou registrado nesse livro – que ele conversou muito com o Otavio sobre as perspectivas que ele achava que se abriam para o Brasil com esse fato político. Quer dizer, estava abrindo a válvula da panela de pressão. Ele achava que a coisa ia evoluir com a aceleração da democratização. Não imaginava que as coisas aconteceriam do jeito que aconteceram porque essas coisas não dá para prever.

O Frias pai acabou indo para os Estados Unidos também e lá eles tiveram o que entrou para a história como o 'encontro de Nova York', em que os três conversaram muito sobre o que seria o Brasil dali para frente. E o Frias de novo teve a sensibilidade de perceber que se abria uma oportunidade não só de ter uma ação política importante para o jornal – talvez esse não fosse motivo suficiente para ele –, mas que essa ação política importante significaria prestígio e, numa mudança de cenário, significaria uma ampliação de mercado para a *Folha* em cima da prática de um novo tipo de jornalismo. De um jornalismo que apostasse na redemocratização. Eu acho que foi isso que foi conversado lá".

Del Picchia diz que, na volta de Nova York, Cláudio Abramo passou a reassumir um papel de importância no jornal: "Nós estamos falando de 1975, final de 75, e acho que foi aí que começou de fato a grande reforma da *Folha*. Já tinha havido aquele encontro de Nova York a que eu me referi, em que conversaram o sr. Frias, o Otavio e o Cláudio. Uma coisa que eu não falei é que, naquele encontro de Nova York, a análise política feita era que

---

21. *A Regra do Jogo*. São Paulo: Companhia das Letras, 1988.

a vitória do MDB em 1974 apontava para uma mudança no regime militar. O MDB, na eleição de 74, elegeu dezesseis senadores dos 24 de então. Embora a Arena tivesse feito maioria de deputados no voto proporcional, sobretudo, com grande vantagem no Nordeste, no Norte, no Centro-Oeste, no voto majoritário, que era o de senador, o MDB elegeu dezesseis senadores e teve mais votos que a Arena. Computados os votos, o MDB teve mais que a Arena – foi quando o Quércia foi eleito aqui em São Paulo –, e esse foi um sinal que muita gente captou. Não foi só o Cláudio nem só a *Folha* que captaram esse sinal.

A partir disso é que se organiza com mais intensidade, por exemplo, o Centro Brasileiro de Análise e Planejamento (Cebrap) aqui em São Paulo, a partir disso é que o Cebrap se aproxima do MDB. Era um processo que estava em andamento, que apontava – ainda não se sabia como – para o fim da ditadura. Eu acho que foi essa percepção que o Cláudio e o sr. Frias tiveram. E começaram, no ano de 75, a pensar em algumas mudanças no jornal, que eu acredito que foram precipitadas pela morte do Vladimir Herzog".

Odon Pereira trabalhou na *Folha* de 1969 a 1983, com intervalos: foi editor de Cidades, de 1969 a 1975; ficou fora um ano; voltou em 1976 como repórter especial e de 1978 a 1983 foi o secretário de Redação do jornal. Em depoimento para a *História Oral da Folha*, disse que o que mais o impressionou "foi a disposição dos proprietários em transformar a *Folha* num grande jornal. Havia, durante um período longo, um forte sentimento – que era também da Redação da *Folha* e do meio de comunicação, e não só jornalístico, de São Paulo –, que era quase uma convicção, de que a *Folha* conseguiria muito se chegasse a ser o segundo jornal de São Paulo. Isso seria o máximo a que a *Folha* poderia aspirar: disputar o segundo lugar com o então *Diário da Noite* e *Diário de São Paulo*, e eventualmente com o então *Diário Popular*. Isso se fosse possível falar em segundo posto, porque o primeiro era tido como matemática e cientificamente destinado ao *Estadão*. E um segundo posto que, na verdade, era alguma coisa como sétimo ou oitavo, tamanha era a distância (que o separava do *Estadão*). [Ou seja], o segundo posto não era uma questão que preocupasse ninguém.

E exatamente os proprietários da *Folha*, em particular o sr. Frias, mas com o apoio do sr. Caldeira, e contando com um grupo de pessoas até um bom tempo chefiado principalmente pelo Cláudio Abramo e, em seguida, pelo Boris Casoy, foram notáveis. O mais notável nesse período foi a disposição dessas pessoas de fazer da *Folha* não apenas o segundo colocado, mas levá-lo à disputa com o primeiro, até eventualmente chegar a uma situação de equilíbrio, se não de vantagem. Foi uma disposição realmente marcante, porque àquela época as pessoas com quem eu tinha contato no meio de comunicação, fossem jornalistas ou publicitários, e mesmo eventualmente um empresário, todos eram muito céticos quando dizíamos que a *Folha* estava se esforçando para disputar com o *Estadão*".

Para Odon, "Tanto a disposição de mudar quanto o ceticismo estavam presentes inclusive na Redação. Entre o pessoal mais antigo, que vinha de um pouco mais das origens, principalmente da gestão do Nabantino Ramos, havia um conformismo com a situação. Eu me recordo de várias discussões ásperas que tínhamos na Redação. Alguns diziam: 'Que pretensão é essa? Deixa de ser idiota. Vamos nos contentar com o segundo lugar e ficar quietinhos'. Houve mais de um episódio. E eu tenho a impressão de que, na trajetória da *Folha*, esse é o fato mais impressionante, porque ele resume a obstinação tanto empresarial, no sentido de montar uma empresa disposta a facilitar essa missão, como também de montar uma Redação, um aparato institucional capaz de levar a cabo esse objetivo. Acho que é o fato mais importante do período: a obstinação, claro que apoiada em resultados materiais, em resultados econômico-financeiros sólidos. Afinal de contas, essa obstinação foi capaz de alcançar seus objetivos, porque nem sempre a existência de recursos materiais, econômicos, financeiros, é utilizada dessa maneira".

Odon vê várias fases nesse trabalho: "A primeira fase decisiva, fundamental, foi a montagem da infra-estrutura material. A *Folha* reformou inclusive o prédio onde está hoje, juntando-o com outro. Os dois prédios ficaram cheios de passagens – tem de descer escada, subir escada, para se encontrar, o que mostra bem, inclusive, o espírito com que a coisa foi feita e a pressa, a necessidade de correr contra o relógio. Também se reformulou o parque gráfico, que foi na época ultra-renovado [...]. O parque gráfico que a *Folha* comprou já era muito adiantado em relação aos demais veículos, tanto em qualidade quanto em capacidade, em quantidade. Houve mudança em relação à frota, naquela época a *Folha* ganhou frota própria. Isso permitiu, nessa primeira fase, a conquista de um degrau, que me pareceu fundamental em toda a estratégia, em toda a caminhada, que foi o fato de a *Folha* chegar mais cedo à banca, independentemente do que ela continha naquele momento. Eu acho que essa é uma fase da caminhada que se distingue das demais, ela é própria e teve certa autonomia, bastante autonomia, o que se refletia nos demais setores do jornal. A Redação, por exemplo, era extremamente prejudicada por essa estratégia, porque não tinha o mesmo impulso. A Redação era extremamente limitada em pessoal, salários e recursos".

A segunda fase foi "a da montagem de uma grande equipe de jornalistas – tanto de gente com nome como de gente com competência e capacidade de trabalho [...]. Foi a fase de valorização do jornal, que não foi apenas interna, na Redação, foi também uma fase em que a *Folha* abriu as portas, principalmente através da página 3, criando a seção 'Tendências/Debates', para uma grande parte dos intelectuais de São Paulo, em particular os que estavam na oposição ao regime militar. Esse é o período também em que a *Folha* declara a sua independência em relação ao regime militar, segue um caminho próprio e ganha uma feição que eu não diria ainda de oposição aberta, formal, mas uma oposição de fato, pela simples decisão de abrigar textos dos que não eram dos melhores amigos do regime e muitas vezes de gente que foi exilada, cassada, banida anteriormente. Essa reunião de gente competente não se deu apenas na produção específica do jornal, mas também na criação de um cordão, de um colar de pessoas altamente competentes intelectualmente [...] e com dedicação, que tinham um jornal aberto, uma tribuna surgindo repentinamente, e que podiam então opinar, falar. Eu creio que a página 3 da *Folha* naquela época foi um dos principais canais de expressão do pensamento brasileiro".

Odon acredita que "a *Folha* superou uma fase que foi vivida por todos os veículos impressos, televisivos, radiofônicos – não é uma característica singular da *Folha*. Foram-se os tempos em que os nomes faziam a *Folha*. Hoje a *Folha* faz nomes, isto é, aquela equipe de grandes nomes reunidos pela *Folha* de meados dos anos 70 até meados dos anos 80 é hoje, de certa forma, dispensável. Restam dois ou três nomes de todo aquele período, como Janio de Freitas e Clóvis Rossi. Isso faz parte do crescimento do jornal. Num período determinado, ele dependeu de nomes para se fazer. Num outro período, como o de hoje, as pessoas dependem dele para fazer seu nome. Isso também aconteceu com a televisão, aconteceu com o rádio, aconteceu com os demais jornais, não é? Mas creio que uma característica da nossa época na *Folha* foi a dependência de grandes nomes para fazer um bom jornal. Apesar da dificuldade de administrar uma Redação de grandes nomes, esse era um custo muito baixo em relação ao benefício que essa gente trazia".

Para Odon, "os autores da reviravolta da *Folha* são o sr. Frias e o Cláudio Abramo. O sr. Frias, com a extrema capacidade mercadológica de identificar onde estava o mercado para o jornal, e o Cláudio, com a capacidade de traduzir isso para uma linguagem jornalística e política adequada – quando eu digo jornalística e política é porque na época não bastava, e creio que até hoje não basta, uma visão meramente jornalística, era preciso adaptar isso também aos ventos da política. Eu creio que o sr. Frias teve a argúcia de identificar os rumos do mercado, digamos assim, e o Cláudio a capacidade, a competência de identificar os segmentos, os grupos sobre os quais operar para obter esse objetivo. E, certamente, o Otavio [Frias Filho] é uma síntese dessa coisa, porque ele esteve sempre junto com os dois. Ele é o mais perfeito resumo ou síntese dessa experiência Cláudio Abramo-Frias".

A terceira fase, a de maior crescimento da *Folha* e que a colocou como um concorrente disputando o primeiro posto entre os jornais brasileiros, Odon Pereira chama de fase pública: "A situação atual não seria possível se a *Folha* não tivesse o crescimento de antes. Seria extremamente frágil a base da qual ela partiria, porque todo o *marketing* da *Folha* está baseado no passado. E esse passado aconteceu nessa fase da *Folha* que vamos chamar de heróica, quando se encerrou também a fase romântica. Encerrou-se ali a fase do jornalista boêmio, poliglota, aristotélico, com respeito universal. Essa imagem dos jornalistas declinou junto com a segunda fase, dando lugar à fase do *marketing*, da estratégia de venda do produto.

Eu creio que, se há vinte anos (meados dos anos 70) alguém sugerisse na Redação que podíamos vender mais jornal colocando um atlas dentro, essa pessoa seria espancada e expulsa da Redação como elemento de altíssima periculosidade. Porque era um ambiente romântico, em que o jornal tinha que vender com base em suas posições, seu noticiário, suas reportagens. Essa fase foi totalmente superada. Mas creio que, de qualquer maneira, o crescimento que se seguiu só foi possível porque existiu antes essa fase muito difícil, mas muito bem armada, muito bem arquitetada. E seus autores foram, sem dúvida alguma, o sr. Frias e o Cláudio Abramo."

Para Otavio Frias Filho, "houve iniciativas que foram estritamente do meu pai. A primeira foi a idéia de implantar no ambiente editorial certos controles que são comuns no mundo administrativo. A avaliação da Redação, com um sistema de créditos no qual a pessoa vai acumulando pontos conforme melhora o desempenho, como, por exemplo, se fez um curso, foi uma insistência muito grande do meu pai nos anos 80. Ele achava que certos métodos de administração poderiam ser aplicados também ao ambiente de Redação. Nisso, a *Folha* foi pioneira e isso existe até hoje no jornal.

Outra iniciativa muito pessoal dele foi o Datafolha. Ele acreditava e sempre foi muito entusiasta da pesquisa de opinião. E a primeira que ele fez foi uma pesquisa amadorística, improvisada, na rodoviária. Foi na eleição para senador, em 1974, quando o Carvalho Pinto perdeu para o Quércia. Ele até ficou arrependido, porque as primeiras sondagens davam uma preferência enorme para o Carvalho Pinto. O Quércia era um desconhecido. Conforme foi-se aproximando a eleição, mesmo essa sondagem amadorística, com um grupinho que ele organizou na rodoviária, mostrou que estava havendo uma reversão e que o Quércia ia ganhar de lavada. Ele chegou a avisar o Carvalho Pinto poucas semanas antes da eleição. Mas era uma coisa muito embrionária.

Em seguida, meu pai convidou a Mara [mulher de Ricardo Kotscho] para organizar o embrião que deu origem ao futuro Datafolha. Daí, ele chamou o Vilmar Faria, que foi uma espécie de assessor especial do Fernando Henrique, pessoa que teve papel importante no Centro Brasileiro de Análise e Planejamento [Cebrap]. E o Vilmar Faria, junto com o Reginaldo Prandi, montou o método que, com modificações e evoluções, é até hoje o método do Datafolha. Então, dá para dizer que o Datafolha é cria do meu pai".

A terceira iniciativa do pai, segundo Otavio, "foi o 'Tendências/Debates', página desenhada pelo Cláudio Abramo. Coordenando seus contatos, o Cláudio Abramo congregou uma equipe grande de colaboradores, mas a idéia de 'vamos fazer uma seção de artigos em que apareçam opiniões de direita, de esquerda, a favor e contra o regime militar' foi do meu pai. Não era comum na imprensa da época você ter uma pluralidade de articulistas, de colunistas. Normalmente, os colunistas tendiam a seguir a linha do jornal em que escreviam. Era a chamada linha da casa. A idéia de ter articulistas escrevendo pontos de vista divergentes do ponto de vista do jornal e entre si, eu acho que foi uma novidade no contexto brasileiro.

A dupla Frias-Abramo funcionou muito bem, principalmente nesse período de abertura política. Eles tinham talentos complementares, estavam em muita sintonia. O país estava se abrindo. Esse período que vai de 1974 até 1977, quando houve a *débâcle* da crise Frota-Geisel, foi muito fecundo na parceria dos dois.

Há um quarto aspecto, mais técnico, menos jornalístico, que foi a preocupação do meu pai em informatizar a Redação. Ele sempre teve o hábito de comprar maquinário pessoalmente. As rotativas sempre foram compradas e negociadas por ele. Freqüentemente, também as negociações de papel, porque naquela época, como hoje, a maior parte do papel de imprensa era importada. Ele também ia comprar pessoalmente, fazia as negociações. Geralmente com o Caldeira junto".

7. ANOS DE CHUMBO, ANOS DE OURO

As frases e os autores são os mais diversos, mas a idéia, a mesma: nas adversidades é que se forjam os vencedores. Até porque, se não houvesse o que conquistar, não haveria vitória.

Dos anos 70 até 1985, quando os búzios pendiam para Tancredo Neves, mas acabaram apontando para José Sarney como primeiro presidente civil desde o golpe de 1964, o Brasil viveu anos de chumbo grosso. A Empresa Folha da Manhã também. Como toda a imprensa, o Grupo Folha apoiou o movimento militar no início, mas foi dos primeiros a ir contra ele, logo depois. E a *Folha da Tarde*, a fênix de 1967, foi de certa forma o calcanhar-de-aquiles do grupo. Nas mãos da "esquerda" até comecinho de 1969, através de membros da Ação Libertadora Nacional (ALN) na Redação – quando por ali passaram Frei Betto, na época em que os frades dominicanos mantinham uma ligação orgânica até com Carlos Marighella, Luiz Roberto Clauset e Rose Nogueira, mulher dele –, no início dos anos 70 a *Folha da Tarde* reuniu a "direita", infiltrada por gente ligada à repressão. Nessa fase, o jornal publicava títulos como "Lamarca, o louco, é o último chefe do terror". Isso evoluiu para o uso, em alguns casos, de caminhonetes da *Folha* pelos militares e culminou num ataque da facção terrorista VAR-Palmares a essas caminhonetes, queimando algumas delas em represália. Frias foi ameaçado de morte, o que obrigou a família dele a ir morar, com proteção do Dops, no 8º andar do prédio do jornal, onde havia um apartamento feito a pedido de Carlos Caldeira.

Antônio Aggio Jr. teria sido o pivô em torno do qual tudo girou. Nascido em São Paulo em 30 de outubro de 1937, Aggio começou a trabalhar na então

Folha da Manhã, como repórter policial, entre 1957 e 1958, na época de Nabantino Ramos. Depois, foi chefe de reportagem da *Folha de S.Paulo* e, na época de Cláudio Abramo, passou a repórter especial. Desde 1962 ele tinha um cargo administrativo na Secretaria da Segurança Pública de São Paulo e já atuava como assessor do delegado Romeu Tuma, que assessorava o delegado Sérgio Paranhos Fleury no Dops. Em 1967, a convite de Frias, assumiu como editor do jornal *Cidade de Santos*, lançado, como já foi dito, em 1º de julho, aniversário de Carlos Caldeira. Em junho de 1969, de novo a convite de Frias, transferiu-se para a *Folha da Tarde* como editor. Foi afastado do cargo em 7 de maio de 1979 e saiu do jornal em 1984, sendo transferido para a Agência Folha. Em 1986 se aposentou.

Tudo começou em 1964, quando Antônio Aggio Jr. trabalhava na *Folha de S.Paulo*, segundo Otavio Frias Filho: "Há um depoimento do Aggio no qual ele conta que ainda em 1964, nas vésperas da derrubada do Jango, havia um militar que vinha para São Paulo numa missão clandestina e, por isso, não podia ser identificado como militar. Nesse depoimento, o Aggio diz que sugeriu ao militar usar um carro da *Folha* para os deslocamentos em São Paulo. É mera dedução minha, mas, ligando um fato ao outro, imagino que a gênese dessa idéia de usar carros da *Folha* para operações de repressão possa estar na oferta do Aggio, em março de 1964, para esse oficial.

Assim, em camadas geológicas, primeiro houve uma infiltração da guerrilha na *Folha da Tarde* e daí, imagino eu – eu tinha na época dez, onze anos – até como uma reação a essa infiltração da guerrilha, houve o advento do Aggio e do grupo dele, que tirou todo mundo de esquerda da *Folha da Tarde*. Aí a *Folha da Tarde* viveu sob o controle de um grupo bastante próximo à repressão. Portanto, houve um período de convivência entre a *Folha de S.Paulo* e o grupo do Aggio na *Folha da Tarde*. Eu achava isso péssimo. Inclusive, para minha satisfação pessoal, no depoimento do Aggio, ele atribui a saída desse grupo a mim".

No depoimento que deu, em 26 de março de 2003, para a *História Oral da Folha de S.Paulo*, Antônio Aggio contou a sua versão. O episódio da caminhonete da *Folha* aconteceu em 1964, por volta de fevereiro. O coronel Antônio Lepiani, casado com uma prima de Aggio, era padrinho de crisma e de casamento de Aggio. Era da Escola Superior de Guerra, do Rio, e muito amigo do marechal Castello Branco. Lepiani veio para São Paulo e disse a Aggio que os militares iam fazer um movimento para derrubar o presidente João Goulart. A missão de Lepiani era coordenar os comandos de São Paulo, porque o general Amaury Kruel, comandante do Segundo Exército, era padrinho dos filhos de Jango e, portanto, não podia saber. Por isso, ele precisava de cobertura para poder se deslocar pelos comandos. Lepiani disse que ia haver uma reunião de todos os comandos de unidades do Segundo Exército, e ele precisava entrar no local junto com o coronel Caetano, chefe da 5ª Seção do Segundo Exército e o responsável pela operação em São Paulo. E disse que não havia nada melhor do que alguma coisa relacionada à imprensa para esse disfarce. Lepiani, então, perguntou se Aggio não podia arrumar uma viatura da *Folha* para eles irem como repórteres.

Aggio respondeu: "Só se eu for junto. Essa eu não vou perder [...] porque depois eu tenho o fato e quero usar quando eu puder". Assim, Aggio foi com Lepiani e Caetano à reunião, numa caminhonete da *Folha*. Além de Aggio, quem sabia eram Marcelo Barbosa Cotrim, chefe de reportagem, e o motorista. Nessa reunião, ficou decidido que os militares presentes iriam assumir toda a estrutura do Segundo Exército, que já estava nas mãos deles, e afastariam o general Kruel. Só faltava definir quando isso iria acontecer. Foi, então, combinado que Aggio ficaria na *Folha* e, no momento certo, Lepiani mandaria a ele pelo telex da sucursal do Rio, que era tida como um lugar com muita gente de esquerda, uma senha para o coronel Caetano tomar o comando do Segundo Exército. Naquela época, o telex era considerado o máximo da tecnologia, porque ainda não havia fax e nem se sonhava com computador, internet, *e-mail*.

Lepiani, como padrinho de Aggio, iria à sucursal e pediria que o avisassem com urgência na Redação de São Paulo de que o tio dele estava muito mal. O telex com essa mensagem foi a senha que Aggio recebeu. Em seguida, ligou para o coronel Caetano e pediu desculpas por não poder ir ao encontro que havia marcado com ele. Tinha que ir para o Rio imediatamente, porque o tio dele estava mal, nas últimas. O coronel imediatamente pôs em prática o que fora combinado naquela reunião. Aggio disse que pegou o telex, foi para um canto da Redação e não só o rasgou como botou fogo nele.

Segundo Aggio, o Cláudio Abramo, "que era vivo, na cabeça dele, ele sabia. Ele falou: 'Aggio, você está metido nessa. Não sei como, mas está metido até a raiz dos cabelos'. Então, ele me botou na cobertura. Me mandou para o Vale do Paraíba. [...] Acompanhamos as tropas. Fui até o Rio. Voltei. [O Cláudio] não tinha ligação nenhuma. Não tinha contatos, não tinha fonte nenhuma. Quem tinha as fontes? Quem deveria ter as fontes? Eu. Nós demos um baile. Pega a cobertura que a *Folha* fez do dia 2 de abril, dia 3 de abril [de 1964] do Vale do Paraíba [...]. Nós demos um baile, modéstia à parte, nós demos um bailaço".

No início dos anos 80, quando ainda estava na *Folha da Tarde*, Aggio e Lepiani foram almoçar com Frias. Aggio diz que contou tudo a Frias, que "ficou branco" e disse: "E se desse errado? Você está louco? Como é que você faz um negócio desses sem me falar? Pelo amor de Deus".

No depoimento, Aggio diz que só havia dois policiais de fato na *Folha da Tarde*, mas ambos bons jornalistas. Afirmou que nunca preteriu nem preferiu qualquer jornalista por causa de sua posição política, até porque aprendeu que "cada um aqui [na Redação] tem o direito de ser o que quiser, anarquista, socialista, não interessa, mas na hora que passar da porta para dentro veste a camisa do jornal e vai fazer o melhor jornal do mundo para informar aquele que está na rua, aquele que está pagando o jornal, está nos sustentando". Pegou a *Folha da Tarde* com 1.500 exemplares de circulação diária – "de circulação, não de venda" –, sob ameaça de ser fechada conforme lhe disse o próprio Frias, e elevou a tiragem para 160 mil exemplares, às segundas-feiras.

Aggio admite que esse aumento de tiragem se devia à cobertura da época do terrorismo, em especial às manchetes: "Não tinha censor aqui na casa [...] Por quê, não sei. Acho que não tinha nem necessidade de ter. A matéria vinha pela Agência Folha – e eu não sei como ela chegava na Agência Folha, se eles peneiravam, se não peneiravam, isso eu não sei. Matéria desse campo vinha todinha pela Agência Folha e a gente publicava o que vinha. Agora, o título não. O título era da cabeça da gente. Inventava as coisas mais malucas.

Por exemplo, uma vez, em Copacabana, assaltaram um banco e na saída um guarda estava com a marmita e a marmita era frango ensopado, e levaram o frango do cara. [...] Eu dei a manchete de primeira página: 'Terror Pára Copacabana Para Roubar um Frango', um negócio assim, na base da gozação. Outra vez, os caras foram presos num galinheiro. Saiu um puta tiroteio, tal e coisa, e depois dois ou três, não me lembro mais, foram presos num galinheiro, fugindo. Então, dei: 'Terrorista Preso no Galinheiro', um treco assim. Coisas desse tipo e aí todo mundo comprava, inclusive o pessoal da esquerda, todo mundo era obrigado a comprar a *Folha da Tarde* para saber o que estava acontecendo".

O depoimento de Aggio incorre em pelo menos um equívoco: Cláudio Abramo só foi contratado em 1965 e, como já foi visto, ainda levou meses para ir para a Redação, pois, no começo ficou na Transaco, como uma espécie de *ombudsman*, fazendo uma crítica da *Folha de S.Paulo* para o próprio Frias.

A respeito dos caminhões da *Folha* usados pela repressão no período da guerrilha urbana, Otavio diz que há até um dossiê no Banco de Dados com a memória do que se conseguiu reunir sobre o episódio: "Depois de conversar com o meu pai e até com gente que teve ligações com a guerrilha naquela época, eu diria que sim: os caminhões de transporte da *Folha* foram usados por equipes do DOI-Codi para fazer campana e até para prender guerrilheiros, ou supostos guerrilheiros. Mas tenho a convicção de que isso foi feito à revelia do meu pai e até do Caldeira. Eu digo até do Caldeira, porque ele era a pessoa que tinha mais afinidade com esse setor do regime militar. Tinha uma amizade pessoal antiga com o coronel Erasmo Dias, até porque os dois eram de Santos.

Não podemos esquecer que a então *Folha da Tarde* dava um tratamento tão agressivo em relação à guerrilha, ao Lamarca etc., que a *Folha de S.Paulo* foi colocada como alvo da VAR-Palmares e da ALN, e eles chegaram a fazer atentados contra caminhões do jornal. Queimaram três caminhões da *Folha*, ameaçaram de morte o meu pai. Minha família morou no prédio da *Folha*, da morte do Lamarca, em setembro de 1971, até fevereiro de 1972".

Havia segurança do Dops na casa de Frias e na *Folha* e toda a família dele só se deslocava de carro civil do Dops, à paisana, mas com agentes com metralhadora. Otavio chegou a aprender a usar arma. O pai, quando Otavio era criança, o tinha ensinado a atirar. E, nessa época, ele teve um novo aprendizado, com o pessoal do próprio Dops. Com o ataque da guerrilha, agentes ligados ao Dops e à repressão passaram a ter livre trânsito na *Folha*.

Otavio procurou inclusive falar com o pai para entender aquele momento: "Até porque, como estudante, eu tive inclinações de esquerda, participei do movimento estudantil. Eu interpelei meu pai várias vezes. Como sempre, ele não dava muita importância para a coisa ideológica. Isso não existe no mapa mental dele. Direita, esquerda, essa geografia não existe na cabeça dele, mas ele dizia: 'É um período de guerra, de polarização, de um lado contra o outro'. Mas sempre negou que tivesse conhecimento de que os caminhões foram usados pela repressão".

Por recomendação do Dops, Frias e família eram acompanhados de seguranças onde quer que fossem, como ele mesmo relata: "Até para a granja, em São José dos Campos, a gente ia com três ou quatro caras do Dops. Só por um, dois meses, porque nunca acreditei nesse negócio de segurança e não tinha medo. Mas veja como são curiosas essas coisas. Eu me lembro de que num fim de semana, num feriado, fui para a granja e na volta para São Paulo havia um congestionamento na via Dutra. Pela primeira vez na minha vida eu fui reconhecido por pessoas dos outros carros, que aplaudiram. Foi o primeiro caso que aconteceu comigo, nunca mais aconteceu outro igual. Mas me marcou. Eu me lembro disso até hoje".

Como em 21 de setembro de 1971 quatro militantes da ALN e da Vanguarda Popular Revolucionária (VPR) incendiaram duas caminhonetes da *Folha* e disseram que iam matar Frias, ele escreveu de próprio punho, junto com Cláudio Abramo e Francisco Rangel Pestana, advogado da *Folha*, um editorial, publicado no dia seguinte na primeira página do jornal. Intitulado "Banditismo", dizia: "Não há causa que justifique assaltos, assassínios e seqüestros, muitos deles praticados com requintes de crueldade. [...] As ameaças e os ataques do terrorismo não alterarão a nossa linha de conduta".

Este editorial foi o primeiro e praticamente o único assinado por Frias, mas até hoje (2006) ele acompanha os editoriais da *Folha*, fazendo correções à mão ou no mínimo dizendo o que acha para o editorialista fazer correções. Como Mario Sergio Conti relatou no já citado *Notícias do Planalto*, Frias discutia com Marcelo Coelho, coordenador dos editoriais, os detalhes do texto e às vezes dizia: "Vai lá, Marcelo, e chama ele de filho-da-puta numa linguagem bonita".

Em 1974, Boris Casoy foi para a *Folha de S.Paulo* a convite de Frias. Eles tinham se conhecido em 1971, durante o enterro de Jean Mellé, que fora editor do *Notícias Populares*. Boris nasceu em 13 de fevereiro de 1941, em São Paulo, filho de um casal de judeus russos, Isaac e Raiza, que imigraram para o Brasil em 1928. Ficou até os nove anos sem poder andar porque teve nefrite e poliomielite, o que não o impediu depois de crescer forte e chegar a 1,85 m de altura. Obrigado a trabalhar por causa de um revés financeiro do pai, em 1956, aos quinze anos, começou no jornalismo como locutor de esportes, na extinta Rádio Piratininga. Passou, depois, pelas rádios Panamericana (atual Jovem Pan) e Eldorado, na qual foi locutor por sete anos. Numa certa época, transmitiu aos domingos jogos de beisebol pela Rádio Santo Amaro. Antes de trabalhar numa Redação, foi secretário de imprensa do então prefeito de São Paulo, José Carlos de Figueiredo Ferraz, do ministro da Agricultura Luiz Fernando Cirne Lima e dos secretários estaduais paulistas da Agricultura Herbert Levy e Antonio Rodrigues. Entrou na *Folha de S.Paulo* como editor de Política, apesar de não ter experiência alguma de jornal. Foi editor-chefe e responsável do jornal. Saiu, ficou seis meses como diretor da Escola de Comunicação da Fundação Armando Álvares Penteado (Faap) e foi convidado a voltar para a *Folha*.

Em 1975, teve início a política de pluralidade da *Folha*. Otavio conta como o pai começou a cuidar dela: "As conversas que ele tinha com o Cláudio Abramo fora do trabalho eram muito nesse espírito. Com freqüência, depois de fechar o jornal, o Cláudio subia para a sala do meu pai e eles tomavam um uísque juntos e conversavam sobre o dia. Depois de fechar é modo de dizer, porque na época o jornal fechava muito tarde. O Cláudio depois descia para terminar o fechamento. Mas, freqüentemente, eles tinham um bate-papo por volta de nove, dez horas da noite. Às vezes participava também o dr. Rangel Pestana, que era advogado da empresa na época".

Como Cláudio Abramo viria a admitir depois, em 1975 "começou a virada". Foram contratados Paulo Francis, Newton Rodrigues, Alberto Dines e passaram a escrever na *Folha* pessoas como Gerardo Mello Mourão, Oswaldo Peralva, Flávio Rangel e Glauber Rocha. O jornal ganhou as colunas "Brasília", "Rio de Janeiro" e "São Paulo", existentes até hoje. Newton Carlos desde os anos 60 já assinava um artigo diário sobre política internacional, e Alberto Dines introduziu a crítica pública do jornalismo no país, com a coluna dominical "Jornal dos Jornais". Foi o começo da crítica pública, porque não podemos nos esquecer de que Cláudio Abramo já fizera a crítica interna da própria *Folha*, em 1965, a pedido de Frias, antes de assumir a Redação. Foi também em 1975 que Otavio Frias Filho começou a trabalhar diariamente no jornal.

Se 1975 foi o começo, 1976 sacramentou a virada: no dia 22 de junho, sem anúncio ou pompa, apareceu pela primeira vez na página 3 a seção "Tendências/Debates". Com ela, a *Folha* passou a desempenhar um papel decisivo no processo de redemocratização do Brasil, porque abriu suas páginas ao debate de idéias que fervilhavam na sociedade civil, abrigando inclusive textos de intelectuais e políticos perseguidos pelo regime militar. Pautada pelo princípio da pluralidade, a seção "Tendências/Debates" passou a publicar artigos de todos os matizes ideológicos.

No entanto, em 1977, apenas três anos depois de Golbery ter manifestado apoio para a *Folha* se contrapor ao *Estadão*, o governo se arrependeu. Em agosto, João Figueiredo, então chefe do Serviço Nacional de Informações (SNI), entregou ao ministro da Justiça Armando Falcão um relatório que dizia que a *Folha de S. Paulo* tinha "o esquema de infiltração mais bem montado da chamada grande imprensa". E apontava Cláudio Abramo, Alberto Dines, Dalmo de Abreu Dallari, Luiz Alberto Bahia, Mauro Santayana, Ruy Lopes e Samuel Wainer como os que ajudavam a fazer da *Folha* a "vanguarda entre os veículos da imprensa empenhados em isolar o governo da opinião pública". Conforme Mario Sergio Conti diz em *Notícias do Planalto*,[22] o relatório "dava como exemplos de cobertura 'facciosa' as reportagens sobre manifestações estudantis e a trigésima reunião anual da Sociedade Brasileira para o Progresso da Ciência".

Em 1º de setembro, na Semana da Pátria, Lourenço Diaféria publicou o texto "Herói. Morto. Nós", na coluna que tinha na "Ilustrada". A crônica falava de um bombeiro que salvara a vida de um garoto que tinha caído num poço de ariranhas no zoológico de Brasília. Como o bombeiro foi ferido pelas ariranhas e morreu, Diaféria o comparava a outros heróis militares,

---

22. Op. cit, nota 19.

Octavio de pé, diante da mãe, dona Elvira, que segura a filha Vera no colo. Ao redor, da direita para a esquerda, os demais irmãos de Octavio: Zélia, José, Luiz Plinio, Felix e a prima Maria Rosaura.

Álbum de Família / c.1915

Álbum de Família / c.1922

A mãe, dona Elvira, em Jundiaí, SP.

Esportista desde criança, à direita na foto, Octavio Frias num jogo de futebol.

Era época da Revolução de 1924. Na atual Hípica de Santo Amaro, então casa de campo do tio Jorge Street, um pioneiro da indústria. Octavio Frias está sentado no chão, em traje de marinheiro. O industrial, encoberto, está indicado pela seta.

Álbum de Família / c.1930

Elegantemente trajado, Octavio Frias caminha pelo centro velho de São Paulo, no início de carreira.

Aficionado do tênis, aos 19 anos era sócio do Tennis Clube Paulista.

O pai, Luiz Torres de Oliveira, juiz em Sorocaba (SP).

Vestindo o uniforme com o qual lutou em Cunha (SP), durante a Revolução Constitucionalista. Foto tirada na casa da família, na avenida Pompéia, em São Paulo (SP).

Toma posse a nova diretoria da Empresa Folha da Manhã.
Da esquerda para a direita: Carlos Caldeira Filho, Octavio Frias de Oliveira,
Flavio Noschese, Caio de Alcantara Machado, Francisco Rangel Pestana e
Quirino Ferreira Neto.

VII

Frias com José Reis, ao centro, recebendo um prêmio da Sociedade Interamericana de Imprensa.

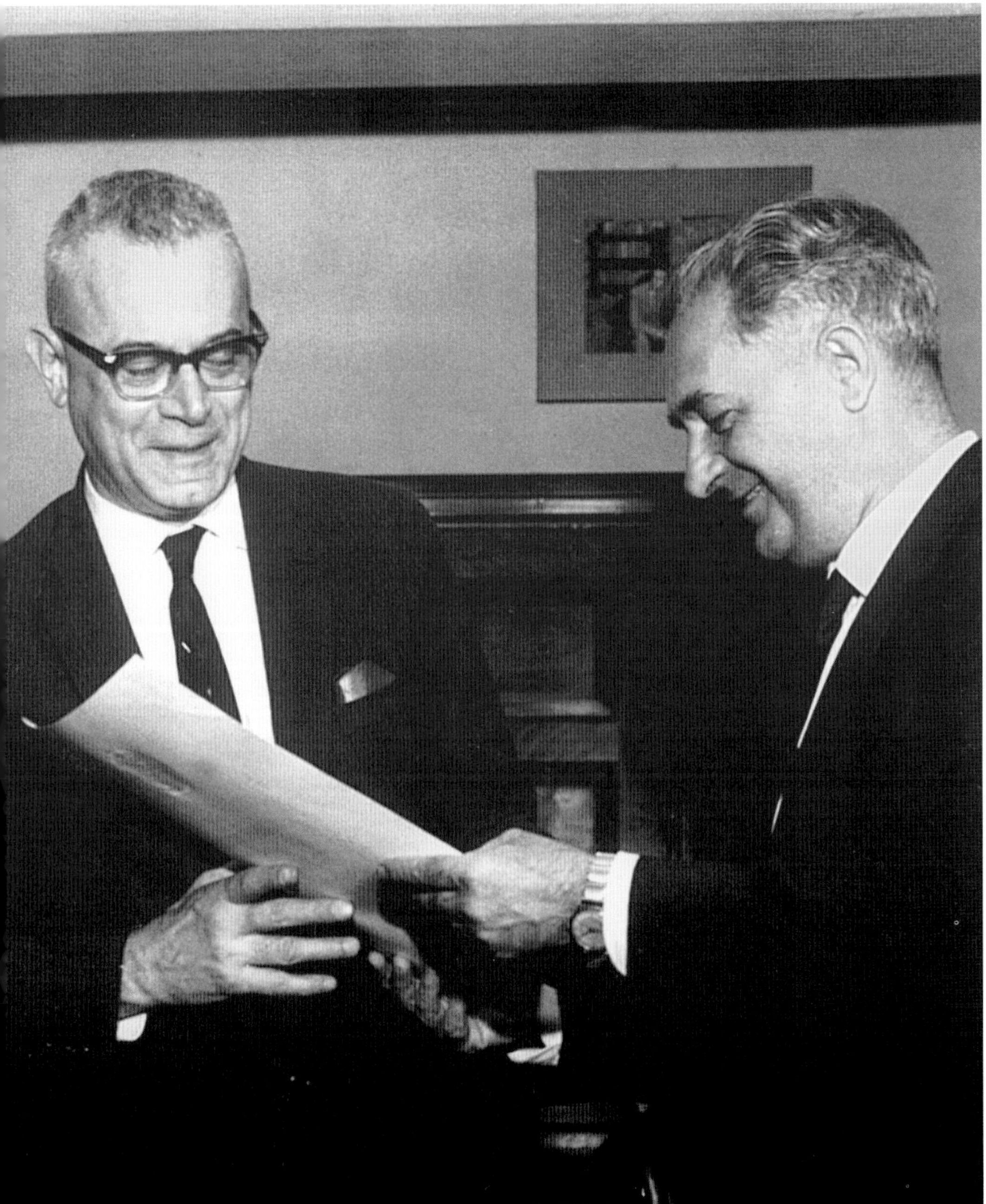

Carlos Lacerda, então governador da Guanabara, conversa com Octavio Frias.

Em Brasília (DF), o presidente João Goulart condecora Octavio Frias com a medalha do Mérito Aeronáutico.

Octavio Frias e a esposa, dona Dagmar.

Octavio Frias de Oliveira e Paulo Machado de Carvalho.

Conversa com Magalhães Pinto, governador de Minas Gerais à época. À direita, Antonio de Pádua da Rocha Diniz.

Octavio Frias cumprimenta o marechal Castello Branco, então presidente da República. Ao centro, Adhemar de Barros, governador de São Paulo à época.

Em pé, Octavio Frias discursa. Sentado, Roberto Campos.

Octavio Frias na Cidade de Deus, em Osasco (SP), com o fundador do Bradesco, Amador Aguiar. Estão ladeados por Laudo Natel, à esquerda, e pelo colunista social Tavares de Miranda, à direita.

Amaury Kruel, o segundo da esquerda para a direita, João Saad (parcialmente encoberto), Edmundo Monteiro, Assis Chateaubriand (sentado) e Octavio Frias de Oliveira.

Recepção aos pais no aeroporto de Congonhas: Otavio entrega flores para a mãe, dona Dagmar, enquanto as irmãs Cristina (atrás de Otavio) e Maria Helena, à direita, observam a cena. Ao fundo, Octavio Frias segura Luís no colo.

Carlos Caldeira Filho ao lado do sócio Octavio Frias de Oliveira, ladeado pelos filhos Luís, à esquerda, e Otavio, à direita.

Na mesa do almoço em homenagem ao repórter fotográfico Gil Passarelli: a partir da esquerda, Cláudio Abramo, Nilo Ramos, o homenageado, Octavio Frias e o filho Otavio.

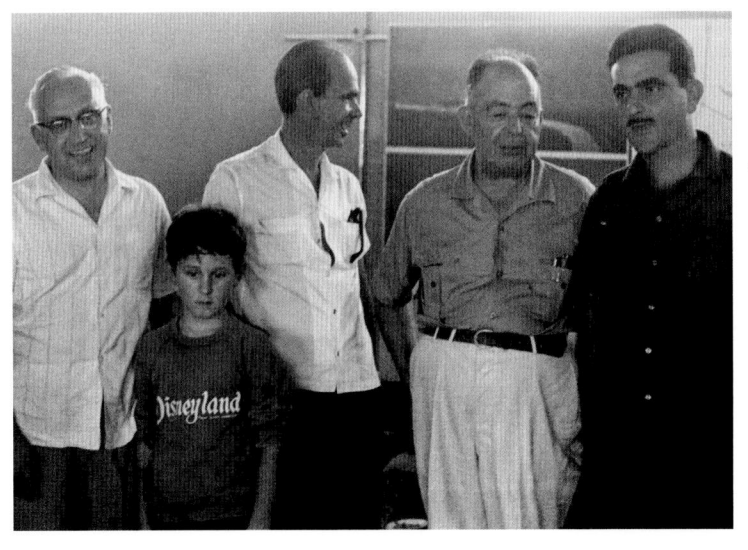

Octavio Frias e o filho Otavio com o empresário Sebastião Camargo (de calça clara).

A partir da esquerda, Victor Civita, Octavio Frias, José Ermírio de Moraes e Sérgio Ugolini.

Diálogo econômico? Roberto Campos (à esquerda) conversa com Octavio Frias.

Faria Lima, prefeito de São Paulo, e Laudo Natel, governador do Estado, ladeiam Octavio Frias. Ao fundo, Luiz Gonzaga de Azevedo, sobrinho dele.

O futuro presidente Arthur da Costa e Silva e Octavio Frias com o prefeito Faria Lima.

José Sarney, à época governador do Maranhão, visita Octavio Frias na *Folha*.

Octavio Frias (primeiro a partir da esquerda), Raphael Noschese, Antonio Delfim Netto, Roberto Campos, Roberto de Abreu Sodré, Daniel Machado de Campos, Levy Sodré Filho e Paulo Maluf.

Caio Prado Junior recebe o prêmio Juca Pato das mãos de Octavio Frias e de Raimundo de Meneses, presidente da União Brasileira dos Escritores (UBE), no auditório da *Folha*.

Traje de gala: Octavio Frias e a esposa, dona Dagmar.

Delfim Netto, Octavio Frias, Carlos Antonio Rocca e João Paulo dos Reis Velloso, vistos da esquerda para a direita.

Dez anos depois da compra da *Folha*, Octavio Frias posa ao lado de maquete de rotativas recém-adquiridas.

O cardeal Paulo Evaristo Arns visita Octavio Frias na *Folha*

Octavio Frias passeia a cavalo na Granja Itambi, em São José dos Campos (SP).

Da esquerda para a direita: Nestor Jost, Dílson Funaro, Octavio Frias e Roberto de Abreu Sodré.

Adolpho Bloch (sem gravata) e Octavio Frias ladeiam Juscelino Kubitschek em encontro no jornal.

Da esquerda para a direita, Fernando Henrique Cardoso, Boris Casoy, Dalmo Dallari (ao fundo), Severo Gomes, Franco Montoro (encoberto), Joelmir Beting, Eduardo Suplicy e Octavio Frias.

Da esquerda para a direita, Fernando Henrique Cardoso, Maria Christina Caldeira, Gilberto Freyre, Octavio Frias e Plínio Corrêa de Oliveira.

Aniversário de 60 anos da *Folha*: Wanderley de Araújo Moura, Octavio Frias e Cláudio Abramo, observados por Luís Frias, ao fundo.

Fernando Henrique Cardoso, presidente da República, recebe de Octavio Frias edição especial recém-impressa na inauguração do Centro Tecnológico Gráfico da *Folha* (CTG-F).

Dom Luciano Mendes de Almeida e Octavio Frias.

Em Brasília (DF), Roberto Marinho abraça Octavio Frias (de costas), após ambos serem condecorados com a medalha do Mérito Cultural pelo então presidente Fernando Henrique Cardoso.

Octavio Frias em almoço para colunistas e colaboradores da *Folha*, no Centro Tecnológico Gráfico da *Folha* (CTG-F).

Da esquerda para a direita, Ives Gandra da Silva Martins, Octavio Frias, José Sarney, Aloizio Mercadante e Luís Francisco Carvalho Filho (no canto).

Octavio Frias com Luiz Carlos Bresser-Pereira e Antônio Ermírio de Moraes na mesa do almoço para colunistas e colaboradores da *Folha*.

Octavio Frias e a então futura prefeita de São Paulo, Marta Suplicy.

Octavio Frias com Fernando Gabeira no almoço para colunistas e colaboradores da *Folha*.

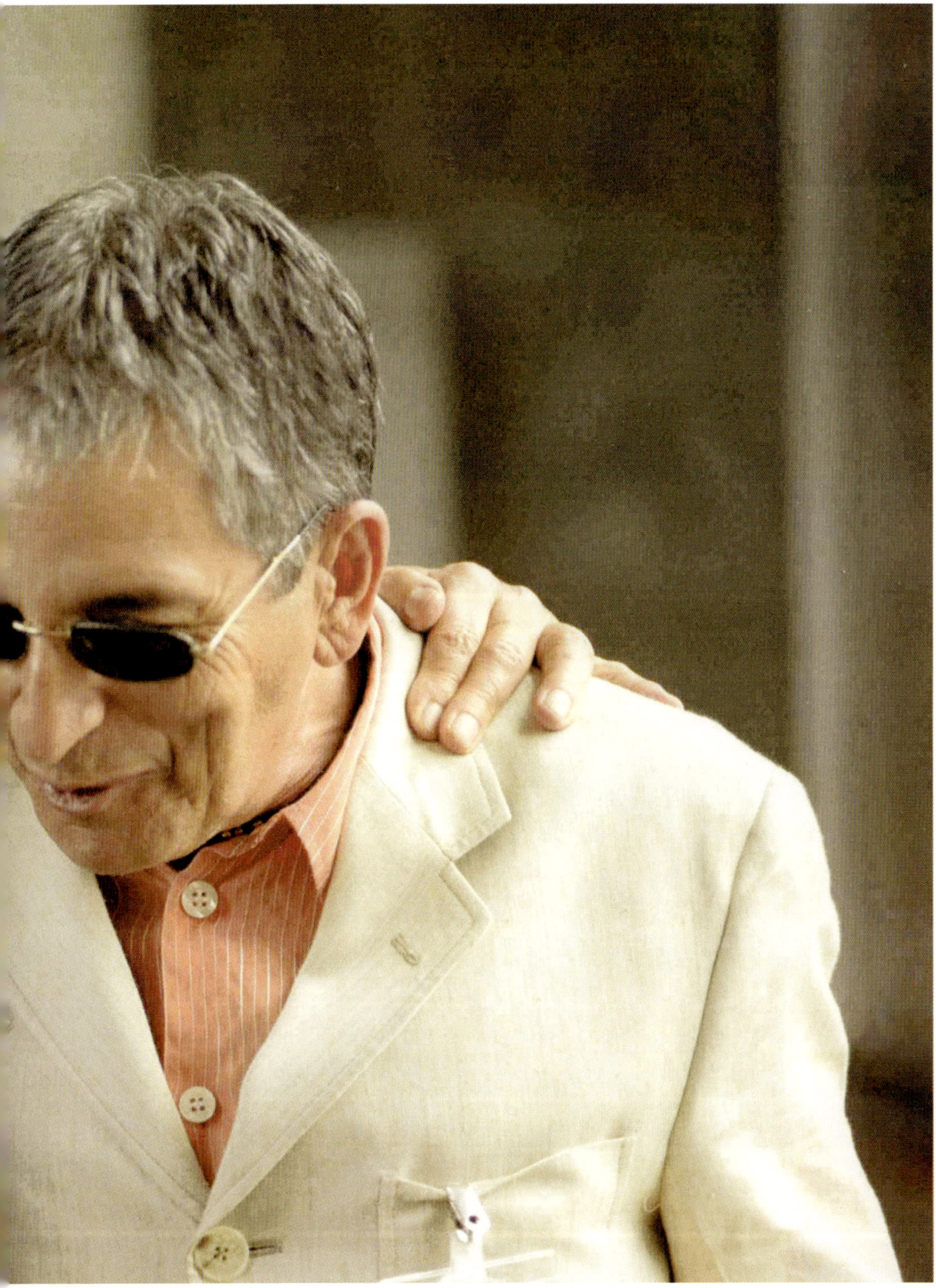

Octavio Frias ladeado pelos filhos, Luis Frias e Otavio Frias Filho, em almoço de fim de ano do Grupo Folha.

Ministro Pádua Ribeiro (presidente do STJ), Antonio Carlos Magalhães (presidente do Senado), Michel Temer (presidente da Câmara), Andrea Matarazzo (ministro da Secretaria de Comunicação do Governo) e Octavio Frias de Oliveira em sessão solene de homenagem aos 79 anos do Grupo Folha.

Ruy Mesquita, de *O Estado de S. Paulo*, Octavio Frias de Oliveira e Luís Frias, do Grupo Folha, em reunião que marcou o início da São Paulo Distribuidora e Logística, empresa constituída pelos dois jornais (no CTG-F).

Octavio Frias com Dona Dagmar (de costas) e o jurista Miguel Reale.

Nos 80 anos da *Folha*, Octavio Frias entre Geraldo Alckmim (esq.) e José Serra (dir.).

Cerimônia de 80 anos da *Folha*, na Sala São Paulo.

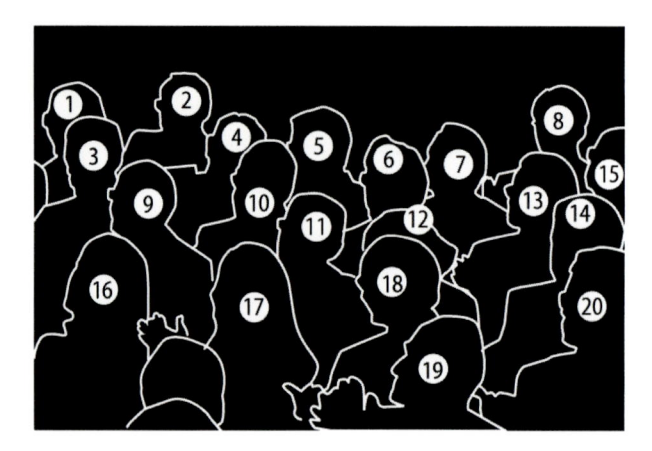

1. Pedro Parente
2. Aloysio Nunes Ferreira
3. Romeu Tuma
4. Celso Lafer
5. Otavio Frias Filho
6. Itamar Franco
7. Michel Temer
8. Antonio Manuel Teixeira Mendes
9. Geraldo Alckmin
10. José Sarney
11. Octavio Frias
12. Dona Dagmar
13. Luís Frias
14. Jader Barbalho
15. Paulo Maluf
16. Maria Cristina Frias
17. Márcia Cutait
18. Raul Cutait
19. Renato Castanhari
20. Andrea Matarazzo

Octavio Frias de Oliveira, *publisher* da *Folha*, em sua mesa de trabalho
no 9º andar do edifício da alameda Barão de Limeira.

Octavio Frias, aos 89 anos, mergulhando de *snorkel* com o filho Luís em recifes no litoral de Santo André (BA).

Boris Casoy cumprimenta Octavio Frias no dia em que o *publisher* da *Folha* recebeu o título de doutor *honoris causa* pela Universidade Fiam – Faculdades Integradas Alcântara Machado (Fiam-Faam/FMU).

José Serra, Octavio Frias, Paulo Renato Sousa, Edevaldo Alves da Silva e Orestes Quércia na cerimônia de entrega do título de doutor *honoris causa* da Fiam ao *publisher* da *Folha*.

Prestes a dançar a tradicional valsa na formatura em medicina da filha Maria Helena.

Octavio Frias lendo jornal em sua sala na *Folha de S.Paulo*.

Clóvis Rossi, Gilberto Dimenstein, Marcelo Coelho, Maria Cristina Frias e Octavio Frias, no prédio da *Folha*.

Folha Imagem / João Wainer – 2006

Octavio Frias recebe o Prêmio Personalidade da Comunicação das mãos do governador Cláudio Lembo, observado por Fernando Henrique Cardoso, no Centro de Convenções Rebouças, em São Paulo (SP).

O presidente Lula visita Octavio Frias em sua casa, em São Paulo (SP).

especialmente duque de Caxias. O jornalista falava da estátua dele em São Paulo e concluía: "O povo está cansado de estátuas e de cavalos. O povo urina nos heróis de pedestal". Dia 15 de setembro, Diaféria foi preso. Dia 16, a *Folha* noticiou a prisão e saiu com a coluna dele em branco, por sugestão de Carlos Caldeira.

Segundo Frias, "o Diaféria escreveu essa crônica que não tinha mal nenhum e daí foi preso saindo da casa dele. Nós ficamos muito irritados e resolvemos manter a coluna em branco enquanto o Diaféria não fosse solto. Aí o chefe da Casa Militar, o Hugo Abreu, que sempre me telefonava com conversas as mais cordiais, me ligou e disse: 'Eu não estou falando hoje como amigo, estou falando como general em comando, como chefe da Casa Militar. Se amanhã sair a coluna em branco no jornal novamente, o seu jornal será fechado. E o senhor também será enquadrado na Lei de Segurança Nacional'. Decidimos não publicar mais a coluna em branco. Nos reunimos e achamos que não adiantava bancar o herói, que era melhor que o Cláudio se afastasse da direção de Redação do jornal. Nenhum nome me foi dito. Mas eu achei que devíamos fazer isso". No dia 17, a coluna em branco foi abandonada e o editorial "Nós" qualificou a prisão de Diaféria de "chocante e lamentável".

O primeiro escolhido para substituir Cláudio Abramo foi Alexandre Gambirasio, que tinha sido levado para a *Folha* pelo próprio Abramo. Mas Gambirasio não podia exercer a função porque era italiano. Então, Frias convidou Boris Casoy, que estava de férias em Araxá, Minas Gerais. Frias mandou um avião buscá-lo para uma reunião de emergência. Boris aceitou assumir, após ouvir o pedido da boca do próprio Cláudio Abramo. Alberto Dines deixou de assinar a coluna "Rio", os editoriais foram suspensos e Diaféria, solto dias depois, só voltaria a escrever em outubro de 1978. O nome de Frias, como diretor-presidente, foi tirado da primeira página, que passou a publicar o de Boris Casoy como editor responsável. Frias e Caldeira se afastaram oficialmente da direção da Empresa Folha da Manhã. Para substituí-los, foram chamados dois funcionários de confiança: Wanderley de Araújo Moura e Renato Castanhari.

Wanderley de Araújo Moura é a encarnação da típica história de *boy* que chega a presidente, apesar de em empresas diferentes. Nascido em Vera

Cruz, em 1935, no interior do Estado de São Paulo, começou a trabalhar muito jovem. "Meu pai era barbeiro e perdeu todo o dinheiro que tinha, vindo para São Paulo. Ele caiu no conto de um picareta que disse que iria fazer um salão de barbeiro para ele. Nós fomos morar no bairro da Casa Verde, nessa época, mais ou menos em 1943-44. Nós passamos uma vida praticamente de cigano, porque, a partir daí, meu pai trabalhou de empregado a vida inteira. Só após muito tempo é que eu consegui comprar um apartamento para ele".

Wanderley começou a trabalhar com nove anos, no largo São Rafael, no bairro da Mooca, num escritório de advocacia: "Trabalhei em três escritórios de advogado. Em 1950, com quinze anos, fui para o Banco Nacional Imobiliário, o BNI, do Orozimbo Roxo Loureiro, do sr. Frias e outros sócios. Eu comecei a estudar, mas não me formei. Foi o banco que me atrapalhou, porque entre o banco e o estudo eu preferi o banco. O banco tinha uma coisa: quando chegava o final do mês, você tinha que dobrar o trabalho. Tinha que fazer os balancetes mensais. Eu cheguei a dormir no banco, na sala do dr. Orlando Pucci, que era um dos advogados do BNI. Nessa época, só conhecia o sr. Frias de vista. Não tinha intimidade com ele".

Quando o BNI fechou, Wanderley trabalhou no Banco Comércio e Indústria. Em 1956, ele foi para a Transaco como auxiliar de escritório: "Eu era amigo do Renato Castanhari, que hoje [2006] mora em Ribeirão Preto. Ele era inspetor do BNI e, quando o banco fechou, foi trabalhar com o sr. Frias na Transaco. Então, fui procurar o Renato. Eu trabalhava à noite no Banco Comércio e Indústria e tinha o dia todo disponível para a Transaco. Mesmo nessa época, ainda não fiquei muito próximo do sr. Frias. Passei a vender ações da Cássio Muniz e de outras empresas. Fui depois para a sucursal em Belo Horizonte, Minas Gerais. Lá vendi ações da loja O Camiseiro e assinaturas do *Diário Católico*. Fiquei em Belo Horizonte de março a dezembro de 1958. Quase que o meu segundo filho nasceu lá".

Quando a Transaco se mudou para a rua General Jardim, Wanderley começou a ter mais contato com Frias. Da Transaco, ele foi para a rodoviária: "Por uns sete, oito meses, fiz a arrecadação do dinheiro. Depois, voltei para a Transaco. Em 1962, o sr. Frias me mandou para a sucursal do Rio de Janeiro. A Transaco vendia ações da Petrominas. As vendas iam bem, mas o recebimento mensal, não. Era 1963 e eu fui como tesoureiro. Fiquei lá uns quatro ou cinco meses. Quando voltei, o sr. Frias me convidou para a *Folha*.

Na *Folha*, eu também era tesoureiro. Tive ainda passagens pela Lithographica Ypiranga em 1964. Mas eu ia uma parte do dia à Lithographica e, depois, voltava para o jornal. Deixei a tesouraria e fui uma espécie de diretor administrativo. Depois, quando houve aquele problema com o Diaféria e o Cláudio Abramo saiu, o sr. Frias me chamou. Fiquei como presidente da *Folha* durante três anos".

Atualmente, Wanderley é presidente da Lithographica Ypiranga, empresa que ficou para Carlos Caldeira no encerramento da sociedade com Frias e que hoje pertence ao genro de Caldeira.

Odon Pereira, em depoimento para a *História Oral da Folha*, fala do que aconteceu depois que Boris Casoy assumiu o lugar do Cláudio Abramo: "A sensação inicial da Redação era de que tudo estava perdido, que não haveria mais futuro para aquele projeto. Na verdade – esse é um pensamento extremamente singular e pessoal –, uma das razões para isso era que a Redação montada pelo Cláudio era formada por pessoas muito motivadas politicamente, e me parece que havia uma troca de sinais total. Era uma leitura extremamente equivocada das decisões e dos rumos do jornal. No livro sobre a *Folha* organizado pelo Carlos Guilherme Mota,[23] um repórter conta que havia uma 'conspiração' para publicar matérias: o Cláudio subia com os textos e, quando descia com eles aprovados, todo mundo ficava feliz por ter conseguido 'enganar o Frias' e passar uma notícia de interesse da oposição. [...] E imaginava-se, como o repórter nesse depoimento, que as matérias eram aprovadas porque tinham sido redigidas de forma que o sr. Frias não percebesse, atribuindo a ele uma falta de entendimento das coisas que não correspondia à realidade".

Para Odon, Frias "conhecia aquilo a dedo. [...] A idéia sempre foi publicar tudo o que o Cláudio levava. O que havia era uma triagem para saber até onde havia verdade, até onde havia uma opinião apenas pessoal, até onde não havia

---

23. Op. cit., nota 2.

lobby. Naquele tempo, algumas pessoas começaram a encarar a abertura da *Folha* como uma espécie de diário oficial dos seus partidos, das suas correntes. Elas consideravam que a *Folha* devia publicar *ipsis litteris* seus comunicados, manifestos, documentos e assim por diante. Claro que não podia ser assim. Mesmo quando se tratava de notícias, era preciso tomar cuidado para que não fossem redigidas de maneira inadequada, que criasse problemas inúteis, quando se podia atingir o objetivo de informar com uma redação diferente. [...]

Atribuía-se o projeto *Folha* a uma invenção da Redação. O sentimento predominante era: 'Estamos todos aqui, somos todos de oposição ao regime militar e quase todos de esquerda, por isso a *Folha* é assim. O Frias está lá num canto, coitado, sem saber o que está acontecendo, e o povo vê as coisas acontecerem e não pode fazer nada'. Nesse cenário, atribuía-se ao Cláudio esse dom mágico, de que era ele o autor – ou melhor, não o autor, porque isso ele de fato era –, de que era uma espécie de fiador do projeto, sem o qual ele estaria falido. Não era verdade, tanto assim que o projeto continuou com o Cláudio ausente e assumindo o Boris, que era um homem que tinha toda a simbologia de direita conservadora. Na melhor das hipóteses, um liberal. E o projeto continuou e o Boris jamais tentou qualquer coisa no sentido de abortar esse projeto porque ele fosse de esquerda. Não era essa a divisão que havia entre nós e a direção do jornal".

Em 1979, uma greve dos jornalistas durou sete dias, com reivindicações fundamentalmente salariais. Apesar do movimento ter tido adesão maciça – a assembléia que o deflagrou reuniu 1.692 profissionais – e de quase todos os jornalistas da *Folha* pararem, o jornal circulou todos os dias, em edições precárias, feito por quinze pessoas, sete delas jornalistas.

Nesse ano, Cláudio Abramo passou a coordenar o recém-criado Conselho Editorial da *Folha*, mas depois se demitiu e foi para o *Jornal da República*, que, fundado por Mino Carta, sobreviveu apenas cinco meses. Em 1980, chamado de novo por Frias, Abramo foi para Londres como correspondente da *Folha* e, em 1983, mudou-se para Paris, na mesma condição. Em 1984, já de volta ao Brasil, começou a escrever a coluna "São Paulo", na página dois da *Folha*.

Abramo morreu em 1987, quando era o titular da coluna. Seu obituário foi redigido por Boris Casoy. Abramo recebeu duas medalhas em vida: uma do governo italiano, pelo trabalho clandestino na resistência italiana durante a Segunda Guerra; e, em 1986, a medalha do Mérito do Trabalho, do governo da República Democrática Popular da Polônia, em reconhecimento ao apoio dado à luta antinazista dos poloneses. Também dirigiu, marginalmente, a *Folha Socialista*, jornal do Partido Socialista Brasileiro, do qual foi membro alguns anos, e deu o nome, como diretor-responsável, sem nele trabalhar, ao *Portugal Democrático*, jornal da resistência antifascista portuguesa. Tem uma obra póstuma, *A Regra do Jogo*, organizada e editada pelo filho Cláudio Weber Abramo.[24]

Frias nunca escondeu que Cláudio Abramo foi um dos jornalistas que mais admirou ao longo da sua vida: "Eu levei o Cláudio Abramo para a *Folha* convencido de que estava levando um grande jornalista. E sempre convivi muito bem com ele. E deu certíssimo, sempre foi muito correto, não tenho nenhuma queixa do Cláudio".

Em junho de 1981, surgiu o documento de circulação interna "A *Folha* e Alguns Passos Que É Preciso Dar", a primeira sistematização de um projeto editorial. O texto fixava três metas: informação correta, interpretações competentes sobre essa informação e pluralidade de opiniões sobre os fatos.

Nesse mesmo ano de 1981, Luís Frias – que se graduou na Faculdade de Economia, Administração e Contabilidade (FEA), da Universidade de São Paulo, e depois fez pós-graduação nas Universidades de Cambridge, Inglaterra, e Sorbonne, França – começou a trabalhar de fato na Empresa Folha da Manhã S.A. Com dezoito anos, a missão principal dele era viabilizar o departamento comercial, em especial a área de classificados. A *Folha* não estava nem no páreo: ela tinha naquele ano 1.026 páginas de classificados e *O Estado de S. Paulo*, 7.158. A partir de estratégias agressivas, a *Folha* foi aumentando sua participação no mercado de classificados nos anos seguintes, passando de 12,5% em 1981 a 27,6% em 1986 e 41,4% em 1990, até atingir a liderança em meados dos anos 90. O faturamento da empresa em 1981 foi de US$ 51 milhões.

---

24. Ver nota 21.

Luís lembra do seu primeiro contato com a *Folha*, em 1979. Ele era uma daquelas quinze pessoas da Redação que fizeram o jornal sair: "Foi na greve dos jornalistas, e eu tinha de quinze para dezesseis anos. Quem fazia as frases da segunda página, no rodapé, era eu. A gente dormia na sala do almoço, e o Odon Pereira foi muito importante naqueles dias para que o jornal saísse. Ele foi de muita determinação, muita firmeza. Era muito obstinado".

Em 1981, quando Frias pediu que o filho viabilizasse o departamento comercial, Luís já tinha "experiência". Ainda estudante, sentiu o que era ser filho de dono de jornal: "Na faculdade, a pressão era menor. Até porque eu ia pouco, só para as provas. Então, o pessoal não me conhecia. Até o primeiro ano, lembro que eu fiz bem os estudos, li um terço de *O Capital*, do Marx. O primeiro semestre, eu fiz direito. Eu falo isso porque os economistas dizem que ninguém lê *O Capital*, que é enorme e um tédio. Senti a pressão mais no ambiente de trabalho. Fora do ambiente de trabalho, nunca senti muito. Quando estudava no Colégio Santo Américo, eu tinha um jornalzinho, *O Alvo*, que foi fechado. Eu tinha uns treze anos e fui até insuflado pelo Otavio, que me ajudava. O *slogan* do jornal era – imagine, na ditadura militar – 'Este É um Jornal Livre' e tinha um texto extraído da Constituição do Brasil. O jornal era totalmente editado por mim".

O colégio era o Santo Américo, que Luís considera "até hoje extremamente conservador. Pais de alunos pediram o fechamento do meu jornal. Eu tenho certeza que foi porque a *Folha* estava começando, entre aspas, a aparentar-se com um jornal mais de esquerda. Foi bem na época do Cláudio Abramo, 1975, 1976. Acho que a criança chegava em casa e o pai pegava o jornal, com aquele *slogan* de jornal livre... – achavam o jornal totalmente subversivo e, então, fecharam. Eu vendia anúncio, e o primeiro que vendi foi para a papelaria Dux. Eu e um colega fomos lá em Santo Amaro. A gente vendeu por um valor extraordinário, dava para pagar por duas impressões *off-set*. Daí, a gente deixou o mimeógrafo e passou para o *off-set*. E ainda vendíamos o jornal para os alunos na escola. Tínhamos pedido autorização para os padres e o preço era uma coisa ridícula, uma moedinha de centavos. Quando fecharam o jornal, eu tentei vender na porta, na rua, mas não consegui. Ainda fiz mais um número, mas não agüentei e fechei. O meu jornal também brigou com o jornal do grêmio, o *Morumba*. Eu estava competindo com ele. Fizeram uma matéria e eu lembro que cheguei chorando para o Otavio. A nossa diferença de idade é de seis anos. Hoje não é nada, mas naquela época era significativa".

Na verdade, em 1981, quando Frias pediu ao filho que viabilizasse o departamento comercial, Luís descobriu que "a *Folha* não tinha departamento comercial. A *Folha* tinha feito um processo de saneamento financeiro e foi um período de apertar o cinto até o último botão. Acho que meu pai e o Carlos Caldeira já herdaram uma companhia sem departamento comercial. Não tenho condição de dizer se, na época, as companhias de mídia já haviam se modernizado a ponto de ter um departamento comercial. Eu sei que a *Folha* não tinha. Eu comecei por ali e fiquei assombrado que a *Folha* não tinha classificados. Eu pegava o *Estadão*, era um catatau. Um domingo peguei o *Estadão* com 290 páginas de classificados. Parecia o *The New York Times* no auge. Com a parte editorial, o jornal devia ter umas 320 páginas. Naquela época, os classificados não tinham páginas de editorial. Era só anúncio. E a *Folha* devia ter umas três páginas de classificados".

Luís passava na sala do pai todo dia e foi se envolvendo com o jornal: "Quando fui ver, já estava submerso naquele mundo. Como não conseguia fazer as coisas pela metade, entrei de cabeça. Saía da *Folha*, nem ia para a USP. Só ia para fazer prova. Depois, passei o curso para a noite, no segundo ano. Não ia também, só para as provas. Lembro que, na sexta-feira, dia de fechamento de classificado – porque não ia reinventar a roda, tinha que fazer classificado no domingo –, eu saía às 6h da manhã, porque queria ver o *paste-up*. É claro que a juventude ajudava. Um ano depois, eu já estava até o pescoço e o meu pai empurrando: 'Pega agora a circulação'. Alguns anos depois, o meu pai me empurrou a administração mesmo, a parte financeira, a parte industrial. E o Carlos Caldeira incentivando, porque achava que eu tinha vocação, que eu dava para o negócio".

Em 24 de maio de 1984, Otavio Frias Filho assumiu a direção de Redação da *Folha*. Nascido em 7 de junho de 1957, Otavio começou a freqüentar o jornal ainda de calças curtas. Em 11 de setembro de 1965, por exemplo, com oito anos, estava ao lado do pai e junto de Cláudio Abramo num almoço em homenagem ao repórter fotográfico Gil Passarelli. Para Frias, o filho Otavio assumir a direção de Redação foi "o caminho natural. Eu achava que era o momento, que ele já estava preparado. Ele sempre se recusara a fazer isso antes, achando que não estava preparado. Eu insistia com ele para assumir, mas ele não queria. Em 1984 não houve nenhuma razão especial para ele assumir, apenas a tendência natural".

Para Otavio, "não foi propriamente uma decisão. Eu sempre tive uma inclinação para a área de Humanidades. Na época de escola, ia melhor nessa área de português, história; e, quando adolescente, comecei a ter um interesse crescente pelo jornal. Meu pai sempre estimulou que eu fosse ao jornal. Às vezes ia com ele e voltava com ele. No período de férias, por exemplo, eu ficava na *Folha* com ele. O meu pai sempre imaginou que, devido à diferença de idade, ele fosse morrer antes que eu me tornasse adulto. Então, sempre me puxava para ir em viagens ao Rio de Janeiro. Às vezes, ele tinha viagem de negócios e me levava junto – eu com dez, onze anos. Ele sempre estimulou uma proximidade, porque queria aproveitar o período de convivência, por causa da grande diferença de idade. Quando eu nasci, ele tinha 45 anos. Era uma coisa consciente dele. Ele me ensinou a dirigir muito cedo. E me ensinou a atirar muito cedo. Uma série de coisas que ele achava que devia transmitir logo, porque imaginava que não teria muito tempo. Foi queimando etapas".

Na *Folha*, de cara Otavio teve contato com o Cláudio Abramo: "E houve uma simpatia recíproca. Eu gostava de ler, era uma pessoa muito interessada em literatura, e o Cláudio me estimulou, dava livros, emprestava livros. O meu envolvimento com a *Folha* começou dessa forma. Comecei a ir esporadicamente ao jornal por volta de 1973 e passei a ir todo dia útil a partir de 1977. E sempre fui bem ligado em jornal. Com treze anos, acompanhava o noticiário internacional. Sempre fui muito ligado a essa parte mais escrita mesmo, de texto. Eu gostava de ler. Esses dias, vi uma frase do Pedro Herz, o dono da livraria Cultura, que achei muito boa. Foi no caderno 'Mais!'. Perguntaram a ele: 'Quem lê?'. E ele respondeu: 'Quem lê é filho de quem lê'. Achei uma observação profunda, sociologicamente, e é isso mesmo".

Otavio gostava de ir à *Folha*, mas na escola não queria que soubessem que era filho de dono de jornal: "Eu estudei num colégio chamado Jardim Escola São Paulo, que era um colégio bastante liberal, organizado por professores em sua maioria de origem judaica. Depois, estudei em um colégio católico, semi-interno, chamado Santo Américo, que é um colégio de padres beneditinos. E, depois, fiz as faculdades de direito e ciências sociais. Mas era ruim ser filho de dono de jornal na escola, porque gerava um pouco de hostilidade da parte dos colegas, mais por uma imagem de poder, riqueza. Não era uma coisa simpática. Mesmo da parte de alguns professores, eu me sentia meio hostilizado. Eu escondia ao máximo, detestava que falassem da *Folha* e de qualquer coisa desse tipo. Mesmo assim, fiz muito jornal de escola, política de grêmio estudantil. Como já disse, eu tinha certa propensão para português e história e tinha facilidade para escrever, gostava de escrever".

Ao assumir a Redação, duas coisas foram difíceis para Otavio: "Primeiro, minha condição de filho do proprietário, uma condição meio ambígua. Eu tenho a impressão de que, das famílias que hoje em dia são proprietárias de meios de comunicação no Brasil, é capaz de eu ser o único que tem uma atividade mais jornalística. Os outros são mais empresários, executivos. Então, sempre sofri um pouco dessa ambigüidade de ser jornalista e membro da família proprietária, com todos os mal-entendidos e os preconceitos que isso suscitou e ainda suscita.

A outra dificuldade foi que eu sempre pensei em fazer carreira intelectual, acadêmica. Pensei até em fazer carreira política ainda na juventude, mas nunca pensei propriamente em atuar no jornal. Lembro que uma vez meu pai me disse: 'Olha, você tem condições de ser um editor do jornal'. Foi num jantar de família, por volta de 1981, que meu pai, pela primeira vez, não digo cobrou, porque ele nunca me cobrou, mas ele falou algo do tipo: 'Você é uma pessoa que tem propensão ao jornalismo, você tem certas aptidões. Você poderia ser um editor. A *Folha* poderia se desenvolver se você tivesse uma atitude mais decidida em relação ao jornal, se você fosse menos diletante do que tem sido'. E foi uma conversa muito chocante para mim, fiquei muito abalado com a maneira como ele colocou as coisas. E começou a crescer um pouco na minha cabeça a idéia de que seria uma espécie de covardia eu me furtar, não digo à obrigação, porque ele nunca colocou isso como obrigação, mas de eu me furtar à possibilidade de aproveitar essa oportunidade, uma oportunidade de circunstâncias fortuitas, do nascimento, de família e tal.

A partir daí, eu comecei a levar mais a sério, digamos, a idéia de ter uma atuação mais profissional no jornal. Isso porque, nessa época, eu já escrevia editoriais da *Folha*. Quer dizer, eu ainda estudava, fazia pós-graduação, escrevia editoriais, mas não me sentia responsável pelo jornal".

Ao assumir a direção de Redação, aos 27 anos, Otavio sabia que não tinha legitimidade profissional: "Fosse porque eu era muito novo, fosse porque não tinha feito nada de muito significativo na profissão. E poucas pessoas tinham alguma noção do aprendizado que, bem ou mal, eu tinha feito com dois belos professores, que foram o meu pai e o Cláudio Abramo. Eu convivi com esses dois, eu participava, digamos assistindo, das reuniões, das conversas, das decisões deles. Convivi com eles durante sete anos, antes de assumir realmente o meu cargo de editor. O Cláudio Abramo me aproximou muito do mundo jornalístico. E me beneficiei muito também da convivência com outros jornalistas, como o Victor Cunha Rêgo, que era um jornalista português que trabalhou aqui com o Cláudio Abramo; e, um pouco mais tarde, já estudante universitário, um pouco com o Alberto Dines, um pouco com Luiz Alberto Bahia, Paulo Francis, o próprio Newton Rodrigues, que, depois, se declarou um inimigo figadal meu. Mas eu me beneficiei muito da convivência com essas pessoas. Mesmo assim, me ressenti dessa falta de legitimidade e me ressenti da inexperiência. Tinha muitos erros e era ainda um tanto juvenil".

Otavio começou a freqüentar a *Folha* porque o pai o convidava: "Ele me convidava e eu ia. Eu sempre o admirei muito, gostava muito dele, tinha curiosidade. A maior parte do tempo, eu estudei em colégio semi-interno. Mas, antes disso, quando estudava meio período, eu ia para o jornal. Eu me lembro da impressão a chumbo, por exemplo, nitidamente, dos operários gráficos trabalhando com as máquinas de chumbo. Me pediram para pegar a calandra[25] [risos]. Agora, tudo é muito diferente. [Naquela época] tudo começava a funcionar mais tarde. Havia menos seções, menos editorias, menos gente, menos espaço editorial, menos cadernos. O Cláudio fez a

---

25. A calandra era uma peça grande de ferro que antigamente fazia parte do equipamento de impressão do jornal. Era tradicional com qualquer novato em jornal pedir a ele que fosse à oficina trazer a calandra. O pessoal da gráfica já sabia da brincadeira e indicava a enorme peça para o novato levar.

seção de economia nos anos 1960, com o Sebastião Advíncola, que foi um pioneiro, numa época em que o jornal não tinha esse espírito. O Nabantino criou a 'Ilustrada', no fim dos anos 1950, com uma idéia bastante machista aos olhos de hoje, de que 'o marido no café-da-manhã pega o jornal e a mulher faz o quê?' As pessoas tinham dois, três empregos, chegavam na Redação às quatro, cinco horas da tarde. Daí, ficavam até uma, duas da manhã".

Otavio também teve experiências no exterior que auxiliaram na formação dele como jornalista. Por exemplo, Cláudio Abramo levou-o junto quando, em 1974, foi fazer um seminário de jornalismo em Stanford, nos Estados Unidos. Em 1975, passou dois meses em Portugal, hospedado por Victor Cunha Rêgo, jornalista que se refugiara uma época no Brasil e fora editorialista da *Folha*. Foi um grande aprendizado político para Otavio: Portugal vivia a efervescência da Revolução dos Cravos, e Rêgo era assessor de Mário Soares. No início dos anos 80, José Serra, então editorialista da *Folha*, foi convidado para ser professor visitante em Cambridge, na Inglaterra, e também levou Otavio junto. Em 1983, a convite da diplomacia britânica, ele visitou jornais e revistas inglesas.

Mario Sergio Conti diz, em *Notícias do Planalto*, que Otavio também procurou contato com a família Mesquita: "Quando assumiu responsabilidades maiores na Redação, Frias Filho pediu a José Eduardo Faria, seu professor de filosofia do direito e editorialista do *Jornal da Tarde*, que intermediasse um encontro com os Mesquita. O professor Faria marcou um jantar no restaurante Paddock, ao qual compareceram os Mesquita da quarta geração com funções editoriais no Grupo Estado – Júlio César, Rodrigo, Fernão e Ruyzito – e Otavio Frias Filho, da segunda geração da *Folha*. O jantar transcorreu bem e propiciou uma cortês troca de visitas: os jovens Mesquita foram à *Folha*, e Frias Filho visitou *O Estado de S. Paulo* e o *Jornal da Tarde*, onde conversou com Ruy Mesquita. Na sua visita, o diretor de Redação da *Folha* disse a Ruy que o considerava um dos melhores jornalistas brasileiros. O diretor do *JT* se impressionou com o interlocutor. Admirou-lhe a formação intelectual e, ao longo dos anos, a competência jornalística".

Otavio iniciou a sua carreira jornalística em 1975 e, a partir de 1978, passou a secretário do recém-criado Conselho Editorial da *Folha*. Em 1980, graduou-se no curso de direito da Universidade de São Paulo. Ao assumir a direção de Redação da *Folha*, introduziu uma linha editorial qualificada como "crítica, apartidária e pluralista". Ao assumir o cargo, sofreu forte resistência e chegou a ser processado por exercício ilegal da profissão em 1985, por não ter diploma de jornalismo. O processo foi suspenso porque desde 1978 ele tinha registro de jornalista.

Foi ele quem implantou, em setembro de 1984, o *Manual da Redação*, que vinha sendo elaborado por Carlos Eduardo Lins da Silva e Caio Túlio Costa, com a colaboração do próprio Otavio. A partir da implantação do *Manual*, o texto da *Folha* tornou-se impessoal, descritivo e rigoroso. Pouco tempo depois, um abaixo-assinado da Redação pediu a revogação do *Manual* e a nomeação de uma comissão paritária para discutir a sua utilização. Então, Otavio demitiu os jornalistas que lhe faziam oposição (cerca de cinqüenta pessoas). A Redação passou a contar com uma equipe jovem, os salários médios aumentaram e a linha editorial ficou mais agressiva. Em 1991, recebeu, em nome da *Folha*, o Prêmio Maria Moors Cabot de Jornalismo, da Universidade Columbia, nos Estados Unidos.

Mesmo diretor de Redação, Otavio não abandonou seu lado intelectual. Escreveu seis peças de teatro, três delas publicadas no livro *Tutankaton*,[26] junto com ensaios sobre cultura. As outras três foram encenadas em teatros da capital paulista, entre elas *Don Juan*, em 1995. Cinco anos depois, lançou *De Ponta-Cabeça – Fim do Milênio em 99 Artigos de Jornal*,[27] uma seleção de 99 artigos publicados na *Folha* entre 1994 e 1999, na coluna semanal que escrevia às quintas-feiras na página 2, de "Opinião", do primeiro caderno. Nesses artigos tratava, entre outros assuntos, de política, livros e globalização. Parou de escrever a coluna em novembro de 2004 porque achava que precisava se reciclar.

Em 2003, Otavio atuou numa peça de teatro, em São Paulo, e lançou o livro *Queda Livre*,[28] no qual relata algumas situações de "risco psicológico", contando experiências da vida pessoal e profissional dele, inclusive andar num submarino, visitar uma casa de troca de casais e saltar de pára-quedas.

---

26. São Paulo: Iluminuras, 1991.
27. São Paulo: Ed. 34, 2000.
28. São Paulo: Companhia das Letras, 2003.

Otavio assumiu a direção de Redação praticamente no final da campanha Diretas-Já, que a *Folha* liderou entre final de 1983 e início de 1984. O movimento, no qual ele teve, junto com o pai, papel importante, foi o ápice da virada editorial do jornal. Dois anos depois, em 1986, a *Folha de S.Paulo* passou a ser o jornal de maior circulação no país, posição que mantém até hoje (2006). Apesar de ter chegado à posição que queria desde a compra da *Folha*, 22 anos antes, Frias sabia que não podia simplesmente comemorar e relaxar. Por isso, o empenho dele e de Carlos Caldeira continuou o mesmo. Assim, em junho, foi feito o documento de circulação interna "A *Folha* Depois da Campanha Diretas-Já", devido ao destaque do jornal na campanha em relação aos outros veículos de comunicação. Esse documento mais o *Manual da Redação* mostravam que a *Folha* tinha que continuar em estado de alerta. Era como se nada tivesse sido ganho; afinal, ser o primeiro é fácil, o difícil é continuar sendo.

Em 1989, a *Folha* inovou mais uma vez, com uma iniciativa de Otavio Frias Filho, instituindo o cargo de *ombudsman*. Caio Túlio Costa foi o primeiro, com dois mandatos de um ano cada, renovados em setembro: de 1989 a 1990, e de 1990 a 1991. Na verdade, como já vimos, o primeiro *ombudsman* da *Folha* tinha sido Cláudio Abramo, em 1965, quando contratado para ser secretário do jornal, mas que, devido à reação contrária da Redação, ficou seis meses na Transaco, fazendo uma crítica diária do jornal para Frias. De maneira um pouco mais formal, o jornal teve outro *ombudsman* na figura de Alberto Dines, que, como também já foi dito, de 1975 a 1977 editou o "Jornal dos Jornais", que fazia crítica da imprensa de modo geral, não apenas da *Folha*. Em nenhum dos casos havia ainda o conceito de *ombudsman* de hoje, mas isso prova que Frias já estava antenado à necessidade da autocrítica.

A palavra *ombudsman*, de origem sueca, é bem antiga e designava, em 1807, um funcionário nomeado na Suécia para canalizar queixas de cidadãos contra o governo. Na mídia, o primeiro *ombudsman* surgiu em 1967, em um jornal de Louisville, no Estado norte-americano de Kentucky. Há hoje cerca de uma centena de *ombudsmans* em jornais, revistas e emissoras de rádio e televisão de todo o mundo. Caio Túlio Costa escreveu a primeira coluna em 24 de setembro de 1989 e a última em 22 de setembro de 1991. Depois, vieram Mario Vitor Santos (29/9/91 a 19/9/93), Junia Nogueira de Sá (26/9/93 a 25/9/94), Marcelo Leite (2/10/94 a 5/1/97), Mario Vitor Santos, de novo (12/1/97 a 28/12/97), Renata Lo Prete (8/3/98 a 9/3/01) e Bernardo Ajzenberg (18/3/01 a 7/3/04). O atual (2006), Marcelo Beraba, teve o privilégio de trazer para São Paulo, entre 7 e 10 de maio de 2006, a 26ª Conferência Anual da ONO (Organização de Ombudsmans de Notícias, na sigla em inglês). Foi a primeira vez que a entidade, criada em 1980, organizou seu encontro fora da Europa ou da América do Norte. Com o apoio da *Folha* e tendo como organizador o próprio Marcelo Beraba, o evento atraiu cerca de quarenta *ombudsmans* de quatorze países, que discutiram a situação da imprensa na América Latina e a credibilidade dos jornais.

Apesar de os militares terem saído de cena em 1985, o ano de 1990 resumiu bem os anos de chumbo do Brasil e os anos de ouro da *Folha*. Fernando Collor de Mello tomou posse como primeiro presidente da República eleito diretamente desde 1960 e lançou o Plano Collor. Na tarde de 23 de março de 1990, uma sexta-feira, seis fiscais da Receita, dois agentes e um delegado da Polícia Federal invadiram o prédio da *Folha*. Zélia Cardoso de Mello, ministra da Economia, disse a Collor que a PF faria uma diligência no jornal e Collor autorizou. O pretexto da invasão era conferir se o jornal estava cobrando faturas publicitárias em cruzados novos ou na moeda recém-criada, o cruzeiro. Conforme orientação da Associação Nacional de Jornais (ANJ), a *Folha* fazia as cobranças em cruzeiros. Mas o verdadeiro motivo era outro, segundo relatou Mario Sergio Conti em *Notícias do Planalto* e em matéria dos oitenta anos da *Folha*.

Desde a cobertura das eleições, em 1989, Collor via na *Folha* um inimigo. Para começar, ressentiu-se da maneira com que foi recebido nas duas visitas que fez ao jornal. Na primeira, Frias e o filho Otavio não estavam. A esposa de Frias, dona Dagmar, tinha tido um aneurisma e foi operada no Canadá. O filho e o marido estavam lá, com ela. Luís conta o episódio: "Minha mãe é uma mulher muito forte. Eu me lembro que em 1989, já com idade, teve que fazer, por conta de uma enxaqueca, umas tomografias e descobriram um risco de aneurisma. A dificuldade dessa operação é que a pessoa está normal, não sente nada, mas tem que abrir a cabeça. Ficamos um mês naquela discussão, opera, não opera. Fomos para o Canadá, meu pai e eu. Tínhamos descoberto que havia a possibilidade de fazer a cirurgia no Japão, na Suíça e no Canadá. Escolhemos o Canadá. Meu pai e eu ficamos lá duas semanas e, depois da operação, eu voltei e o Otavio foi. Um negócio terrível. Uma operação muito lenta, a dificuldade de reconhecer as pessoas. E ela foi de uma coragem que eu fiquei impressionado".

Na segunda visita, Collor foi recebido por Otavio e Clóvis Rossi. Ou seja, em nenhuma das duas Frias esteve presente. Além disso, na cobertura propriamente dita, a *Folha* criou a imagem do "carrapato": um repórter grudado em cada candidato. No caso de Collor, o primeiro foi Ricardo Amaral, depois substituído por Mauro Lopes, sobrinho-neto de Barbosa Lima Sobrinho. Além do "carrapato", escreviam sobre Collor os jornalistas Clóvis Rossi, Elvira Lobato e Gilberto Dimenstein, então diretor da sucursal de Brasília. Collor detestava, em especial, os textos de Elvira Lobato, porque eram apoiados em provas documentais.[29]

Ao ser mais agressivo com Collor, Mauro Lopes várias vezes enfrentou o empurra-empurra e chegou a ser agredido pelos seguranças. Uma ocasião, quase caiu de uma altura de cinco metros: foi salvo por Cláudio Humberto, assessor de imprensa de Collor, que o segurou. De outra vez, Mauro Lopes, de carona no avião de um empresário, ouviu de Leopoldo, irmão de Collor, ameaça a Clóvis Rossi. Relatou à direção da *Folha*, que decidiu registrar denúncia/depoimento em cartório para ter uma prova, caso acontecesse alguma coisa com Clóvis Rossi. O peso da *Folha* na cobertura podia ter feito um estrago à candidatura Collor: o jornal brasileiro que mais vendia tinha 331 jornalistas na Redação e mais quarenta na Agência Folha.

Por tudo isso, naquela tarde de sexta-feira, os policiais e agentes da Receita, em vez de irem aos arquivos contábeis da empresa, foram direto para o 8º andar, da diretoria, e perguntaram insistentemente por Frias. Como ele estava em outro andar, levaram à Polícia Federal a secretária dele, Vera Lia Roberto, e os diretores Pedro Pinciroli Jr. e Renato Castanhari, que prestaram depoimento e foram liberados. Além de matéria sobre a invasão, no dia

---

29. Muitos desses textos estão agora reunidos no capítulo "República dos Usineiros", no livro de Elvira Lobato, *Instinto de Repórter* (São Paulo: Publifolha, 2005).

seguinte, a *Folha* trouxe na primeira página o editorial "A Escalada Fascista", que responsabilizava Collor diretamente pela invasão e o comparava a Ceaucescu, o ditador comunista da Romênia que fora destituído do poder e fuzilado três meses antes. No domingo, artigo de Otavio Frias Filho comparava Collor com Mussolini.

Na segunda-feira, o governo cancelou a medida provisória que dera embasamento à invasão e a *Folha* parou de falar no assunto. Na avaliação da direção do jornal, havia sido cumprido o objetivo de mostrar aos leitores, e ao governo, que a *Folha* não se atemorizaria. Como acabou a história, todos sabem: em 29 de dezembro de 1992, para não cair vítima de *impeachment*, Collor renunciou.

O ano de 1990 ainda viu Luís Frias tornar-se diretor-geral da Empresa Folha da Manhã, concentrando toda a gestão dos negócios, e o faturamento anual atingir US$ 162 milhões. Em 1991, Frias adquiriu a totalidade do controle acionário da companhia e Luís Frias tornou-se o presidente, aos 29 anos. Em janeiro de 1992, a *Folha* consolidou-se como o jornal com a maior circulação paga aos domingos, média de 522.215 exemplares.

Luís conta que em 1992, quando assumiu a presidência, "foi mais uma formalidade, porque de fato nada mudou no dia-a-dia da empresa. O Carlos Caldeira tinha só uma filha, a Maria Christina, e ela se interessava muito superficialmente pelo jornal. E o Carlos Caldeira achava que, para o bem geral, deveriam encaminhar a sucessão deles enquanto tudo estava bem. Meu pai sempre foi muito refratário a isso e não fazia muito a coisa andar. Então, o Caldeira, pragmático como era – não que meu pai também não fosse, mas o Caldeira era o pragmático –, um belo dia falou para o meu pai: 'Olha, Frias, tem duas listinhas aqui'. Eles eram assim. Não tinha máquina, nem régua de cálculo. O Carlos Caldeira dizia: 'Isso é coisa de engenheiro que não sabe fazer conta. Eu faço tudo com a cabeça'. E fazia realmente. Era impressionante, assustadora às vezes, a capacidade do Caldeira de fazer conta de cabeça. Ele colocou num pedacinho de papel tudo que os dois tinham. Fez duas listas. E disse ao meu pai: 'Já que eu fiz as duas listas, você escolhe. Se você quiser, pode fazer o contrário. Você faz as duas listas e eu escolho'. Coisa extremamente simples e que me pareceu genial, porque, quando um dá o direito de o outro escolher, tem que fazer bolos iguais. E se acontece de você ficar com o pior? Tem que tentar fazer ali um negócio o mais justo possível. Foi assim que eles fizeram a separação. Basicamente, o Caldeira ficou com a gráfica Ypiranga, com mais dinheiro e com uma grande parte imobiliária. E meu pai, com a parte editorial". Na época, a Empresa Folha da Manhã S.A. editava os jornais *Folha de S.Paulo*, *Folha da Tarde* e *Notícias Populares*.

A sociedade acabou ali, mas a amizade e harmonia de Frias e Caldeira foram até a morte deste. A vida de Carlos Caldeira também daria um livro. Muito ligado ao Santos Futebol Clube, do qual se tornou sócio em novembro de 1928, em 1969 chegou a socorrer o time com recursos próprios para permitir que o clube mantivesse o Parque Balneário, cujo terreno fora dado como garantia para dívidas não pagas. Em 1976, foi eleito presidente do Santos por aclamação, mas não chegou a assumir. Raramente vestia terno e gravata, preferindo camisas e calças claras, e sandálias ou chinelos em vez de sapatos.

"Fui criado na beira da praia e, mesmo quando fui viver na capital, jamais abandonei o hábito de me vestir de acordo com o clima", disse em julho de 1980, quando tramitou na Câmara Municipal de Santos, onde era prefeito, projeto que o obrigaria a ser mais formal no vestuário. Ocupou a prefeitura santista entre maio de 1979 e janeiro de 1980. Ao tomar posse, determinou o leilão dos automóveis do seu gabinete e das secretarias municipais. Promoveu a venda de produtos alimentícios nos bairros da periferia, através do mercado volante, a preços 30% inferiores ao do mercado e estimulou mutirões para a construção de casas populares. Também reduziu pela metade o Imposto Predial e Territorial Urbano (IPTU) das regiões mais pobres. Além disso, distribuiu material didático e educativo para as vinte mil crianças da rede municipal de ensino e reintegrou em suas funções os servidores exonerados por motivos políticos. Ao transmitir o cargo para o então presidente da Câmara, declarou-se honrado "de passar o cargo a alguém eleito pelo povo". Herdou do pai a preocupação social, tendo fundado e dirigido a Casa dos Velhinhos Ondina Lobo, de orientação espiritualista, que sempre prestigiou e dá acolhida a idosos carentes. No gabinete de trabalho, no prédio da *Folha*, em vez de ar condicionado, música ambiente e decoração pasteurizada, tinha sala informal, com janelas abertas para um terraço cheio de plantas, pássaros e objetos de estimação espalhados pela escrivaninha. Segundo amigos, gostava de cães e desprezava apetrechos tecnológicos, como calculadoras eletrônicas.

Otavio conta um caso curioso, que é a síntese da personalidade de Caldeira: "Esse caso eu vi acontecer. Um dia, o Cláudio Abramo estava trabalhando e recebeu um telefonema do Caldeira. Desculpem a linguagem, mas o Caldeira simplesmente disse ao telefone: 'Cláudio, vá tomar no cu!'. O Cláudio pegou o paletó e subiu para pedir demissão. Chegou à sala do Caldeira, que estava com um visitante. Daí, o Caldeira se virou para o Cláudio e falou: 'Não, Cláudio, não é nada, não. Só falei isso para mostrar para o nosso amigo aqui que eu só consigo trabalhar com quem eu tenho intimidade'. Isso é muito a cara do Caldeira. Ele era uma pessoa muito bronca, muito rude. Mas fantástica".

Luís também tem boas lembranças de Caldeira: "Ele gostava muito de mim. Era uma figura muito curiosa, de uma inteligência raríssima, uma das pessoas mais inteligentes que eu conheci e, ao mesmo tempo, de uma alergia a qualquer tipo de atividade intelectual. Imagino que ele nunca teve um livro em casa. Talvez tivesse, mas eu imaginava que não era dele. Tinha um estilo meio grotesco. Ele tinha uma personalidade forte e usava uns trajes característicos, engraçados. Era um homem muito alto e meio gordo e ia de branco, tudo branco, e uns chinelos daqueles que você usa ao sair da cama. Ele chegava com aqueles trajes no jornal e gostava que ninguém soubesse quem ele era e que não viessem falar com ele. Era um pouco cheio de manias. E, ao mesmo tempo, muito carinhoso. Nós o chamávamos de 'tio Carlos'.

Não sei se isso vinha do meu pai, ou dele, mas depois de um tempo os dois falavam isso: que o meu pai era o único sócio com o qual o Carlos Caldeira não tinha conseguido brigar. Ele era um comerciante, um grande negociador, um ganhador de dinheiro. Não era um empresário planejador, administrador, centralizador, para construir uma instituição. Sabia das oportunidades e não tinha nenhuma paixão pelo trabalho. Ele dizia que quem trabalha muito perde dinheiro. Ele achava, e talvez tivesse razão, que realmente onde você faz uma diferença material é em algumas grandes decisões, em alguns grandes lances".

A partir de 1978, Caldeira sucedeu Frias como presidente da Fundação Cásper Líbero por dois mandatos. Em 20 de setembro de 1981 – portanto, quando ele e Frias ainda tinham a estação rodoviária, que só foi desativada em maio de 1982 –, assumiu a diretoria extraordinária de Terminais Rodoviários da Companhia Metropolitana de São Paulo, o Metrô, e pediu exoneração em 13 de outubro seguinte, alegando ter cumprido sua missão após a conclusão dos estudos para o funcionamento do terminal do Tietê. Em maio de 1990, de acordo com o disposto no inventário de sua mulher, Leodéa Bierrenbach de Lima Caldeira, transferiu as ações para a filha única Maria Christina Caldeira. Em 19 de agosto de 1991, por iniciativa dele, Caldeira e Frias dividiram as posições acionárias que mantinham em comum. Além de cidadão emérito de Santos, recebeu o título de cidadão paulistano em julho de 1981, por iniciativa dos 21 vereadores que integravam a Câmara Municipal naquela legislatura. Caldeira faleceu em 13 de maio de 1993, aos 79 anos, vítima de choque hemorrágico provocado por aneurisma da aorta.

Em 2006, Luís Frias apresentou o saldo de 25 anos de sua gestão, com uma diversificação grande de atividades e um aumento de 15 vezes no faturamento, tendo passado de US$ 51 milhões, em 1981, para os US$ 765 milhões previstos para 2006: criação, em 1995, da Plural, maior gráfica comercial da América Latina (51% da participação); criação, em 28 de abril de 1996, do UOL, maior empresa de Internet da América Latina e hoje com capital aberto no mercado (41,9% de participação total e controle acionário); criação da SPDL, maior empresa de logística e distribuição de jornais do país (tendo o Grupo Folha 50% da participação e o Grupo O Estado de S. Paulo, os outros 50%); criação, em 2000, do *Valor Econômico*, jornal mais respeitado no segmento econômico (50% de participação); criação de outras empresas e unidades de negócios (Publifolha, na área de produtos editoriais; Datafolha a empresa de pesquisas de mercado e de opinião mais respeitada do país; FolhaGráfica, no ramo de impressão de jornais etc.).

Depois de doze anos, tendo ajudado a consolidar a *Folha* como o maior jornal do país, Luís quis fazer outras coisas: "Eu nem sabia direito o que era internet. Naquela época, havia algumas redes, chamadas BBS, uma delas do [Aleksandar] Mandic. Eu disse a meu pai: 'Vou fazer'. E ele: 'Tudo bem, desde que você não saia da *Folha*'. Foi a condição que ele colocou e eu concordei. Na verdade, naquela época a reação dele foi: 'Olha, não estou entendendo bem o que você está falando. Mas tudo bem, pode fazer, desde que continue aqui, com foco principal na *Folha*'. Daí, fui em frente. De 2000 para cá, meu pai não teve dúvida de que é importante. Ele já dizia: 'Isso é o futuro'. Foi um dos grandes incentivadores do UOL. E o UOL passou por muitas dificuldades, teve uma hipercompetição. Tudo bem, a gente teve um treino bom com O *Estado*. A gente brinca que parece que O *Estado* tem sete vidas, mas é uma grande companhia, um competidor aguerrido, mas correto. Nesses vinte anos, um competidor muito combativo, que se auto-inventou inúmeras vezes, seja até, na nossa leitura, talvez parcial, copiando a *Folha* muitas vezes, se aproximando da *Folha*, depois que ela passou a liderar. Mas isso é absolutamente legítimo na competição empresarial. No entanto, O *Estado* sempre foi um competidor muito correto".

Segundo Luís, "a competição do UOL foi diferente, porque, em vez de competir com uma companhia brasileira, estávamos competindo com uma multinacional, como foi o Terra, que até hoje é da Telefônica e é o segundo *player* do mercado, um grande competidor do UOL. E, em 2000, desembarcou aqui a America Online [AOL], que tinha acabado de se fundir com a Time Warner, ou seja, a Globo americana, a dona do mundo. A Time Warner tem tudo. Tem CNN, estúdios para filmes, é a Abril das revistas. A America Online era absoluta no mercado americano e, apesar do declínio, ainda é. O pico dela foi em 2002, chegou a ter no mercado americano 26,5 milhões de assinantes pagantes. Caiu muito, mas tem dezenove milhões [em 2005], e ainda é o maior provedor de acesso no mercado americano. Esse gigante, a Time Warner, maior companhia de mídia do mundo, se fundiu com a número um em ascendência em 1999 na internet americana, a America Online, que era a companhia com o maior *market-cap* [valor de mercado]. A America Online de 1999 era o Google de hoje. Tinha o maior valor de companhia do mundo. Os dois se fundiram e desembarcaram no Brasil, em cima do UOL. Torraram nessa empreitada aqui US$ 750 milhões, isso porque a America Online Latin America abriu o capital logo em seguida, para pegar mais dinheiro, passou a ser pública e tem os relatórios registrados na Securities and Exchange Comission [SEC], a Comissão de Valores Mobiliários [CVM] norte-americana. Por isso, os números são públicos. E o UOL teve que acelerar".

Luís conta que "o UOL teve a felicidade de conseguir se capitalizar várias vezes. Em 1999, foram US$ 100 milhões para investidores privados. Depois, vendeu a AcessoNet, criada para desenvolver a infra-estrutura de acesso do UOL no Brasil. Para a Embratel, na época era muito importante adquirir a AcessoNet porque passaria a ter uma presença nacional. Vendemos a AcessoNet por US$ 100 milhões. Tivemos, ainda, o aporte da Portugal Telecom. Mas o UOL chegou perto do abismo claramente em 2001. E o meu pai: 'Vai em frente', bancando, acreditando. Eu não tenho dúvidas de que ele foi o grande incentivador do UOL. E hoje o UOL é uma companhia resolvida, não tem dívida, ao contrário, tem caixa, está ganhando dinheiro. É líder".

8. NEM DOUTOR NEM JORNALISTA

Quem estava ali pregando o botão na própria camisa e deixando entrever a sola furada do sapato não era o Octavio de 1926, que, aos quatroze anos, foi pedir emprego ao tio Felix na Companhia de Gás de São Paulo. Era o Frias, na sala dele, no 9º andar do prédio da *Folha*. O Frias do final dos anos 80, começo dos anos 90, que – depois de ter feito uma carreira de sucesso no serviço público, de ter participado do lançamento de um banco, de ter sido um pioneiro na venda de ações de empresas, de ter impulsionado a verticalização de São Paulo e de ter construído o maior jornal do país – ia descer à garagem da *Folha*, pegar o Monza que foi "do ano" anos atrás e, dirigindo ele mesmo, encontrar algum empresário para fechar um negócio, um ministro, o governador do Estado ou mesmo o presidente da República.

"O dinheiro para ele nunca representou luxo nem coisas supérfluas", diz a filha Maria Cristina: "Ele tem uma vida muito espartana. Parece uma coisa artificial, mas ele nunca teve prazer com coisas materiais. Se você dá um presente, ele deixa lá encostado. Continua usando as roupas velhas e vai usar a nova depois de vinte anos que você deu para ele. Ele não tem prazer nisso. Agora ele tem um Santana, que o Luís acabou insistindo muito para ele ter. Meu pai sempre teve carros pequenos, muito práticos. E nenhuma vaidade com isso".

Vaidade, Frias também não teve com alguns recordes que bateu. Andou a cavalo até os 83 anos. Esquiou até os 84. Mergulhou com *snorkel*[30] até os 89,

---

30. Tubo usado para respiração quando a pessoa mergulha.

sendo que a última vez foi em Santo André, litoral da Bahia. Praticou ioga e dirigiu até os 92 anos. Se Frias não dirige mais (em 2006) é só porque, aos 94 anos, tornou-se aconselhável não o fazer. E também porque ainda se ressente de um pequeno acidente doméstico, no final de 2005, que o obrigou a uma cirurgia no fêmur. Claro, já teve carro zero, um Ford 36. Mas isso foi aos 26 anos, quando ganhava um bom salário: "Ganhava e só gastava, não investia em nada".

Os cabelos brancos – mas não de preocupação ("sempre tive cabelo branco; com dezoito, vinte anos, já tinha uma mecha") – realçam ainda mais os olhos que se movimentam em direção a tudo que acontece. A voz continua firme, disparando franquezas quase brutais. A franqueza é a sua principal característica? "Sou suspeito para julgar. É o meu temperamento."

Franco, mas bem-humorado. Quando era editor-chefe da *Folha*, Boris Casoy recebia críticas sistemáticas, porém corretas, do patrão. Frias ligava para ele às 7h: "Boris, você viu a bosta de jornal que está entregando hoje aos leitores?". E citava todos os erros. Um dia, Boris reclamou, dizendo que Frias era o patrão, mas que ele queria ser tratado com maior respeito. Frias respondeu que o tratava como tratava os filhos. Boris disse que não queria ser tratado como se fosse filho dele. No dia seguinte, Frias ligou no mesmo horário: "Senhor Boris, bom dia. Como vai o senhor? Dormiu bem? Está descansado? E o senhor viu a bosta de jornal que está entregando hoje aos leitores?". Depois de um mês sendo chamado de senhor, Boris pediu que Frias voltasse ao tratamento antigo.[31]

Frias não dava só bronca. Também dava furos. O primeiro que a *Folha* deu no período de abertura foi dele: a nomeação de Olavo Egydio Setubal para prefeito de São Paulo, em 1975, ainda no regime militar. E o maior furo da *Folha* até hoje – a matéria que revelou que Tancredo Neves tinha um tumor e estava desenganado – também. Ricardo Kotscho estava em Brasília, ajudando na cobertura: "Ninguém acreditava. Tinha uns dez repórteres lá e ninguém sabia. Quando a gente viu a manchete no jornal, foi um auê. Nos disseram que era do sr. Frias. Eu lembro que o Paulo Markun, repórter da sucursal na época, ficou inconformado. Anos depois, soube que a fonte dele foi o José Sarney". Na verdade, foi um médico do InCor (Instituto do Cora-

---
31. Quem conta a história é Mario Sergio Conti, em *Notícias do Planalto* (op. cit.).

ção, do Hospital das Clínicas da Faculdade de Medicina da Universidade de São Paulo).

Kotscho participou de outro furo. Um dia, Frias ligou para a casa dele, em São Paulo, às 6h30, bem ao contrário de jornalista, que não gosta de acordar cedo: "Kotscho, vá atrás do Bresser-Pereira, que ele vai ser o novo ministro da Fazenda do Sarney". Kotscho descobriu que Bresser, então secretário de Ciência e Tecnologia do Estado de São Paulo, estava no Hospital Sírio-Libanês, porque a mãe dele tinha sido operada. Kotscho foi lá e contou: "O sr. Frias me telefonou e disse que o senhor vai ser o novo ministro da Fazenda e que é para eu ficar encostado no senhor". Bresser estava surpreso: "Mas eu não estou sabendo de nada". E realmente não sabia. Tanto que ia fazer parte de uma banca examinadora na USP. Kotscho perguntou se podia ir no carro com ele, e Bresser pediu para o motorista ligar o rádio para tentar saber alguma coisa. Kotscho foi entrevistando o novo ministro, e quando chegaram à USP já havia um bando de repórteres esperando por Bresser-Pereira.

Mesmo com todos esses furos, Frias nunca admitiu ser jornalista. Mas tanta gente tem dito que ele é que, pela primeira vez, na entrevista para este livro, não negou: "Bom, pelo menos eles dizem que eu sou". Pôs na boca dos outros, mas não negou. Afinal, nesses 44 anos de *Folha*, Frias conviveu com tudo o que os jornalistas vivem, principalmente pressões. Nos anos 70, por exemplo, quando Paulo Francis "ainda era jornalista de esquerda, antiimperialista", como relata Otavio Frias Filho, um diplomata norte-americano foi visitar a *Folha* e disse a Frias: "Olha, o setor que cuida de Brasil no Departamento de Estado está muito insatisfeito com o Paulo Francis. Há muitas críticas, ele distorce, falseia". E contou que a irritação no setor era muito grande e que, inclusive, a embaixada tinha um serviço só para traduzir e enviar o texto do Paulo Francis de madrugada para o Departamento de Estado. Frias virou-se para o diplomata: "E é esse homem que o senhor quer que eu tire do jornal?".

Frias sempre quis um jornal que fosse sério, honesto e só imprimisse verdades. "Mas é custoso, a gente briga com muita gente para fazer isso. As pessoas queriam que o jornal publicasse uma coisa e eu não deixava. Sabia que não era verdade. As maiores pressões vinham da área política. Da área empresarial, não, porque eu sempre me considerei um empresário. E me relacionava bem porque este é o meu terreno, vamos chamar assim."

Imparcial na *Folha*, totalmente parcial em casa. A tribo de Frias é a família. Se Otavio é o único sem filho e Luís tem apenas um, Maria Helena, com três, e Maria Cristina, com cinco, garantem a continuidade da estirpe. Maria Cristina também trabalha no Grupo Folha. Foi professora de primeiro grau e começou no jornalismo sem influência do pai: ainda na adolescência fez um estágio na *Folha*, na gestão de Boris Casoy. Em seguida, fez tradução para uma editora de livros e para a *Folha*. Depois, trabalhou no SBT, na época em que Boris estava lá, e também na TV Globo, sempre como repórter. Em 2005, teve uma experiência como comentarista de economia no jornal de Lillian Witte Fibe e foi substituta dela, quando Lillian esteve ausente, no jornal do canal 21, do Grupo Bandeirantes. Hoje participa do Conselho Editorial da *Folha* e escreve no jornal sobre macroeconomia, finanças; e tem no jornal *Agora* uma coluna sobre finanças pessoais, com uma abordagem popular. Maria Cristina estudou filosofia na USP, psicologia na PUC e formou-se em jornalismo na PUC. Fez também MBA em finanças no Ibmec. Estudou inglês no exterior e passou uma temporada no Irã. "Meu pai sempre deu muito valor para o conhecimento. Até porque ele teve que parar de estudar. E ele teve um pai cultíssimo, um pai juiz de direito, que chegou a estudar na Inglaterra, uma coisa rara na época."

Frias sempre incentivou muito não só os filhos, mas até mesmo os netos, a estudar. Dizia: "O que você sabe, ninguém tira. Dinheiro, hoje você tem, amanhã pode não ter. Isso não é segurança. Mas aquilo que você sabe, isso ninguém tira de você". Nunca direcionou o estudo dos filhos: "Foi opção deles. Sempre procurei incutir que o essencial era fazer bem a tarefa que eles escolhessem. Podiam escolher o que quisessem, mas deviam se esforçar para serem capazes. Fazer o serviço bem-feito, seja ele qual for".

A preocupação de Frias e o apoio incondicional dele a quem quer estudar ajudaram a outra filha, Maria Helena, a se formar médica em 2005, aos 57 anos. Maria Helena de Toledo Zerwes não é filha de sangue de Frias, mas de dona Dagmar com o primeiro marido dela. O Toledo vem do pai, e o Zerwes, do ex-marido. Nascida em 8 de outubro de 1948, em São Paulo, Maria Helena primeiro se formou em ciências sociais na USP. "Fiz mestrado depois em ciência política, mas o sonho da minha vida era fazer medicina, que não consegui antes porque casei cedo, depois tive três filhos e fui criá-los. Entrei em 2000, com mais de cinqüenta anos, na Faculdade de Medicina do ABC, em Santo André, me formei em 2005. Agora, estou me especializando em cirurgia geral."

Maria Helena considera Frias o seu pai de fato: "Ele sempre foi meu pai, muito mais do que meu pai verdadeiro, mesmo quando meu pai verdadeiro ainda estava vivo. Meu único problema era com relação ao nome, que não é Frias de Oliveira. Tanto as pessoas achavam que eu era filha que, quando viam o nome, não entendiam. Aí, eu explicava que não era filha verdadeira. Mas dentro de casa era como se eu fosse, sem problema. Ele sempre teve um relacionamento de pai para filha comigo, a gente conversava muito, porque ele era de conversar. Eu, inclusive, fui muito companheira dele, talvez mais do que os próprios filhos, em algumas coisas". Isso porque Maria Helena foi morar com a mãe e Frias quando tinha sete anos. Otavio, o primeiro filho de Frias, nasceu em 1957, quando Maria Helena já tinha nove anos.

Ainda criança, ela andava a cavalo com Frias. "Eu andei a cavalo com ele muito mais do que os meus irmãos. Depois, teve uma época em que a gente andava de moto juntos em São José dos Campos, na granja. Lá a gente andava muito a cavalo também. Fizemos passeios juntos quase que todo final de semana durante muitos anos, dos meus nove, dez anos, até os quinze, quando comecei a namorar. Foi ele que me ensinou a andar a cavalo. Depois, a gente voltava do passeio e conversava. E nas conversas ele falava de igual para igual, dando para a gente muita responsabilidade. Lembro que eu era meninota, o Otavio já maiorzinho, e a minha mãe tinha uma menina que tomava conta dele, tomava conta, não, brincava com o Otavio. E, uma vez, eu briguei com essa menina, não sei por quê. Papai sentou comigo e disse: 'Filha, o que aconteceu? Você precisa ter paciência com ela. Olha a sua responsabilidade. Você tem uma casa, estuda numa escola boa, tem uma família que está do seu lado. Você tem uma porção de coisas. Então, você tem responsabilidade sobre isso, em relação às coisas. Veja como você é privilegiada'. Ele sempre conversava com a gente desse jeito. Sempre induzindo a gente a ter responsabilidade. E é por isso também que ele nunca mandou."

Nem no trabalho. Maria Cristina foi editorialista da *Folha* durante certo tempo: "Nas reuniões, para decidir a opinião do editorial, por exemplo, e não só com os filhos, ele nunca foi de impor 'eu quero que faça assim'.

Sempre foi uma conversa, com ele muito aberto e pronto para rever a própria posição. Isso é uma coisa admirável nele. É uma das grandes qualidades dele, uma facilidade que poucas pessoas têm, de ouvir opiniões adversas, e com muita tranqüilidade. E faz questão de ouvir até para dar oportunidade para que mudem a opinião dele. Ele não é nada preconceituoso. Sempre foi o pai mais velho entre os pais das minhas amigas, mas nenhuma tinha um pai tão liberal e tão aberto. E sempre disse: 'Estou do seu lado. Conte comigo para o que precisar'. Eu tive filho muito cedo e ele recebeu com muita facilidade, respeitando muito, 'ainda que eu ache que idade boa para mulher casar é lá pelos 35, 40, aproveitando bem a vida antes'. Ele sempre esteve à frente do tempo. E sempre tratou as crianças como adulto, de igual para igual".

Frias não descuidou da tribo nem nos primeiros anos depois de comprar a *Folha*, quando tinha que se desdobrar para pôr as finanças do jornal em ordem e ainda apagar os incêndios políticos da estação rodoviária. Trabalhava bastante, mas estava sempre presente. Quando mocinha, Maria Helena brigava muito com a mãe e depois se trancava no quarto. "Às vezes, minha mãe ligava para o meu pai e ele saía de onde estivesse. Não sei se nessa época ele já estava no jornal ou na rodoviária. Eu sei que ele ia para casa, batia na porta e falava: 'Filha, abre a porta que sou eu'. Para ele, eu abria. Ele entrava e conversava, pedia para eu ter paciência com a minha mãe."

Durante grande parte do período em que Maria Helena, ainda criança, estudava, Frias fazia questão de levá-la para a escola, de manhã cedo. E também ia buscá-la nas festinhas, de madrugada. Perguntava à filha a que horas ela queria que ele fosse, colocava o despertador, levantava, punha o roupão sobre o pijama, pegava o carro e ia buscá-la.

Com Maria Cristina, Frias também era muito atencioso. Invariavelmente chegava muito tarde, mas sempre ia dar um beijo nela. E não era só dona Dagmar que podia ligar a qualquer hora que ele atendia. Para os filhos também ele nunca estava ocupado, mesmo que estivesse recebendo alguém. Ele levava os filhos ao médico, ao dentista. Frias não chegou a levar os demais filhos à escola, mas ia às reuniões de pais. Uma vez ele foi convidado pelos padres do Colégio Santo Américo, onde Otavio e Luís estudavam, para uma reunião de pais. Os padres tinham feito uma piscina na escola e sugeriram que as crianças da favela que ficava no entorno pudessem freqüentá-la. Todos os pais foram contra. Só Frias foi a favor.

Quando criança, Maria Cristina tinha uma professora basca. Um dia, professora chegou à escola e contou que Franco[32] tinha morrido e que ela estava muito contente por isso. Em casa, Maria Cristina falou: "Pai, eu estou muito contente porque o Franco morreu". E Frias lhe disse: "É, eu entendo, ele fez muito mal, não é, filha? Mas a gente não precisa ficar contente com a desgraça alheia".

Frias não guarda rancor, nem tripudia em cima de quem está por baixo. Todo mundo cita uma frase que ele fala muito na *Folha*: "Não se deve chutar cachorro morto". Não fala mal de adversário, de concorrente. Mesmo com relação a pessoas ligadas a *O Estado de S. Paulo*, jornal com o qual teve muitas desavenças, Frias mantém o nível: "Sempre tive admiração pelo Júlio de Mesquita Filho. Eu acho que, apesar dos pesares, ele foi de enorme importância na vida de *O Estado*. Imprimiu uma enorme dignidade ao jornal, sob certos aspectos. Foi um homem que nunca se vendeu por dinheiro, nunca".

Frias nunca falou mal nem mesmo de Fernando Collor de Melo, que autorizou a invasão da *Folha* e, segundo pessoas muito próximas a ele, queria ver Otavio Frias Filho na prisão. Nada disso o abalou. Nem, inclusive, quando morou com a família no apartamento do 8º andar do prédio da *Folha*, com a segurança do Dops a acompanhar os seus passos. Nunca se mostrou contente por alguma coisa de mau que tivesse acontecido a outra pessoa, mesmo que essa pessoa estivesse fazendo algo errado para a ele ou a família dele.

Como vimos antes, num bilhete escrito ao pai em 1924, quando ainda tinha onze anos, Frias assinou como "Dr. Octavio" por estar acostumado a ouvir chamarem o pai, que era juiz, de "doutor". Apesar disso, nunca permitiu que o chamassem de doutor, e sempre que alguém se refere a ele assim faz questão de dizer que não é doutor. E a atitude nunca foi meramente formal, do tipo "não precisa me chamar de doutor, mas saiba que quem manda sou eu". Nem na *Folha*.

Demian Fiocca, hoje presidente do BNDES, foi editorialista do jornal. Era jovem e idealista, e Frias sempre foi muito pé no chão. Um dia, junto com

---

32. O ditador Francisco Franco Bahamonde foi presidente do governo da Espanha de 1939 a 1973 e chefe de Estado da Espanha de 1939 a 1975, quando morreu.

outras pessoas, os dois estavam discutindo um editorial e alguém colocou um ponto com o qual Frias concordou. Imediatamente Demian falou: "É exatamente o que eu ia dizer, mas não falei, porque achei que o senhor não ia gostar". Frias se virou para ele: "Demian, você está aqui para dizer o que acha, mesmo que seja uma coisa com a qual eu não concordo". Frias jamais gostou do *"yes man"*, uma expressão típica dele.

Além das já citadas "não chutar cachorro morto" e *"If you want to make money, find a need and fill it"*, Frias tem outras frases prediletas, que cita muito:

"There is no free lunch" ("Não existe almoço grátis") ou "Sem bilheteria não tem circo";

"The proof of the pudding is in the eating" ("Só se conhece o pudim ao comê-lo");

"It is immoral to loose money in business" ("É imoral perder dinheiro no negócio") ou "O dinheiro não aceita desaforo";

"Yo no creo en las brujas, pero que las hay, las hay";

"Nada en la vida es verdad o mentira, todo depende del color del cristal en que se mira";

"De onde não há, El-Rey não tira";

"É melhor ser acionista rico do que diretor pobre".

A próxima, além de ser de autoria dele mesmo, resume a visão do Frias empresário/jornalista: "Sua Excelência, o leitor". Ele foi provavelmente o primeiro empresário/jornalista do Brasil, apesar de considerar que há muita diferença entre um empresário e um jornalista: "São profissões totalmente diferentes. E você já pode me perguntar qual é a diferença também entre um bom empresário, um bom médico e um bom jornalista. Eu digo que a mesma diferença que vejo entre um bom empresário e um bom jornalista eu vejo entre um bom empresário e um bom médico. Acho que cada um tem que dominar bem aquelas condicionantes da sua própria profissão. Mas acho que os jornalistas estão melhorando, e muito. Um dia nós fizemos um almoço na *Folha* e todo mundo à mesa falava inglês. Houve uma época em que na *Folha* isso era impossível. Quando vinha alguém que falava inglês, era uma caça aos que falavam o idioma".

Frias não tem uma característica marcante. Tem várias. Capacidade de ouvir opiniões adversas, não convencer pela autoridade, não guardar rancor de nada. Passar segurança, mais do que característica, parece uma preocupação, talvez pelo trauma sofrido com a morte da mãe antes dos oito anos. E isso foi ainda mais acentuado quando os filhos eram pequenos. Maria Cristina lembra do dia em que as caminhonetes da *Folha* foram queimadas, em 21 de setembro de 1971: "Fui a primeira a chegar ao apartamento no 8º andar do prédio da *Folha*. Eu não sabia de nada. Estranhei quando foram me buscar na escola. Eram duas pessoas desconhecidas, mas a secretária do meu pai estava junto e me levaram para o jornal, no apartamento que eu não conhecia. A gente costumava muito ir para a *Folha* às sextas-feiras. Ficávamos esperando meu pai terminar de trabalhar para irmos para o sítio, em São José dos Campos. A gente saía muito tarde de São Paulo. Então, me pegaram na escola. Eu cheguei sozinha ao apartamento. A secretária foi fazer as coisas dela e eu fiquei ali.

Aí, eu vi no jornal que estava na sala, não tinha visto antes, a caminhonete queimada e comecei a chorar, de saber o que tinha acontecido. Logo depois chegou a minha mãe, muito nervosa. Não sei se ela trazia o Otavio e o Luís. Mas eu me lembro do meu pai. Ele chegou com a maior tranqüilidade. E eu, que sempre fui muito apegada a ele, falei: 'Pai, e agora? Vão querer matar você!'. E ele: 'Não, filha, tudo vai passar, tudo vai dar certo'.

Ele com aquela segurança, aquela tranqüilidade, que sempre foram características dele. Porque, por piores que fossem as pressões, ele nunca foi de cultivar aborrecimento, nem de descarregar nos outros, nos filhos. Nem de se lamentar. Apesar de nos colocar muito a par, ele nunca demonstrou receio, até porque ele não via a situação tão ruim. A gente ficou aquele período lá no apartamento. Os agentes do Dops fizeram uma barricada, eu lembro que o apartamento tinha uma varandinha, e eles colocaram umas madeiras para tapar. Mas o meu pai logo dispensou todo aquele aparato".

Para Maria Helena, uma das características mais marcantes do pai é o otimismo: "Ele é aquela pessoa para cima. Sempre para ele está tudo bom, vai ficar bom, vai ficar melhor. Também tem muita força de vontade, perseverança, trabalho. E, desde pequena, eu escuto ele falar: 'Vou estar sempre do seu lado. Aconteça o que acontecer, eu estou sempre do seu lado. Você pode estar certa, pode estar errada, eu vou estar sempre do seu lado. Se precisar, eu vou te ajudar'".

Luís acha o pai muito determinado: "Quanto mais porrada levava, redobrava as forças. Tem uma paciência notável, e isso até se mistura com essa determinação, essa obstinação, essa coisa de insistir, insistir. E sempre teve uma grande devoção ao trabalho. Se pudesse eleger uma coisa que realmente norteou a vida dele, talvez dos doze anos até hoje, porque ele ainda vai todos os dias ao jornal, é uma grande devoção ao trabalho. Ele foi esquiar pela última vez com 83 anos – e aprendeu com sessenta. Eu me lembro, naquela primeira semana, ele caiu como um condenado. Mas ficava lá, naquele chiqueirinho, e tombo, tombo, tombo. E a minha mãe, que tem horror a esportes, aquilo devia ser um inferno para ela, porque em estação de esqui não tem outra coisa para fazer a não ser esquiar. Ela falava: 'Pára com isso, você já passou da idade', ou seja, era o maior 'estímulo' possível que uma mulher poderia dar. Ele ficou oito dias caindo, até que conseguiu.

Jogava tênis com 85 anos. Montou cavalo até quase oitenta. E os amigos perguntavam: 'Qual o segredo da longevidade?'. Ele falava: 'Esporte, exercício – odeio, mas faço todo dia –, alimentação e trabalho'. Então, na cabeça dele, o trabalho é um dos itens que explicam a longevidade".

Outra característica que Luís admira no pai é que ele sabe respeitar os outros: "Respeitar no sentido de pedir a opinião. Isso é um cuidado que ele tem com todo mundo. Virou uma segunda natureza dele. Hoje, eu vou a um restaurante e chega um garçom e pergunta: 'Olá, Luís, como vai o seu pai?'. Manda um abraço para ele'. É por isso que as pessoas gostam dele".

Para Otavio, o traço mais marcante da personalidade do pai "é um apego muito grande à verdade. É estranho dizer isso. Eu nunca o vi mentir, nem em pequenas nem em grandes coisas. Se ele não fosse agnóstico, eu diria que é um apego quase protestante, quase um fanatismo. Ele chega ao ponto de descuidar da imagem pública dele. Nem digo vaidades, mas certas considerações com a auto-imagem que todas as pessoas têm. Ainda mais uma pessoa que está numa certa posição, com proeminência. É uma pessoa muito austera e muito espartana. Essa é outra característica dele. Ele tem um padrão de vida em termos de luxo, de consumo, que é praticamente zero".

Alberto Dines disse que Frias é muito sovina. E Otavio concorda: "Ele sempre foi, muito, muito mesmo. Sempre cultivou essa idéia de que precisa poupar, parar de gastar, isso é bobagem, isso é luxo, precisa trabalhar". Enquanto Otavio falava isso, queimou uma lâmpada. Otavio sorriu: "Ele deve estar reclamando aí pelo que estou falando". Segundo o filho, Frias também não é moralista: "Ele é tudo, menos moralista – ele não tem o aspecto religioso e, como já disse, meu pai parece um protestante. Sempre teve uma ética de trabalho, disciplina, poupança, vida austera, pequenos hábitos. Quando eu era criança, nunca tivemos empregada no fim de semana, em casa. Ele achava que empregada tinha que ter folga no fim de semana. Até hoje, meu pai e minha mãe têm um padrão de vida de classe média.

Ele não tem paixão por carro, por lancha. Viajar, ele viajava, mas também nunca foi de fazer grandes viagens. Nada de roupas, compras, nada. Ele sempre foi voltado para o trabalho. Isso, de certa forma, provocou agora um esvaziamento da vida dele, nesta fase mais recente. Ele não tem mais aptidão para trabalhar como tinha antigamente, por causa da idade. Então, ficou uma vida mais esvaziada. Ele não tem *hobby*. É uma pessoa totalmente voltada para o trabalho".

No depoimento para a *História Oral da Folha*, Adilson Laranjeira falou da capacidade de Frias se reciclar, referindo-se ao fato de que, depois de anos montando uma frota própria, ele resolveu acabar com ela: "Em 1981, [Frias] chegou à conclusão de que ter frota era uma besteira e se desfez dela em um mês. Pegou a frota da entrega e passou para os próprios caras que faziam a entrega, vendendo para eles. Com isso, ele se livrou de almoxarifado, de encargos trabalhistas, e o cara que dirigia o caminhão, claro, passando a ser dele, passou a cuidar muito melhor do veículo. Acabou com a frota de reportagem também. Tudo táxi – com isso acabou com estoque de peças, acabou com garagem, fez uma economia brutal. Ele age conforme as circunstâncias do momento e conforme as coisas vão se aperfeiçoando. Até hoje".

Para Laranjeira, Frias tem "uma inteligência fulminante, raciocínio rápido, e você aprende a trabalhar com ele. Aprende a trabalhar mesmo, na marra, mas aprende, porque é uma escola. Quando ele telefona, no momento em que vai perguntar alguma coisa ele já sabe a resposta, está perguntando para ver se você sabe. Essa é grande preocupação dele: 'Será que ele sabe?'. E isso ele transmitiu aos filhos, mais aprimorados ainda, porque o Otavio fez faculdade, escreve muito bem, tem uma cultura muito grande, e o outro [Luís], na parte comercial, é imbatível também.

Tudo isso ajudou a transformar a *Folha*. O Otavio é muito exigente, o sr. Frias é muito exigente e você cuidava de fazer as coisas de forma a atender essa exigência, porque sabia que vinha depois a cobrança. Porque o sr. Frias cobra, não tem conversa. Existe até a piada do cara que disse: 'Mas, sr. Frias, isso é muito difícil'. E ele falou: 'Claro que é. Por isso que você está lá. Senão a gente punha um contínuo e resolvia, não tinha problema nenhum'. No fim, o trabalho virava até um prazer, quem se adaptava a isso não tinha problema nenhum. Tirava de letra".

Segundo Maria Cristina, o pai "sempre dizia que gostava mais da granja do que da *Folha*. Ele gostava de ver que estava criando empregos. Sentia muito prazer nisso. Ele viu um papel social na granja, chegou a ter 1.200 funcionários. Então, cultivou esse papel social do dinheiro".

Anos atrás, perguntado se se sentia mais feliz cuidando da granja ou da *Folha*, Frias foi categórico: "Eu diria satisfeito. Feliz é um termo que eu não consigo entender bem. Mas me dá mais prazer na granja porque lá eu tenho 1.200 homens trabalhando numa empresa que eu fiz, nos meus fins de semana. Não vou dizer que isso me dá orgulho. Orgulho é um outro sentimento que eu não consigo ter. Eu acho que o sucesso que eu possa ter, aquilo que vulgarmente se chama sucesso, é um produto das minhas glândulas, sei lá, eu não tenho mérito nenhum. Se eu tenho tenacidade é porque a minha conformação biológica me permite isso. Então, não vejo motivo para orgulho".

Frias sempre procurou incutir nos filhos o princípio de que cada direito implica um dever: "E talvez eu tenha até sido mais insistente nesse tema do que deveria. Sempre dei a eles toda liberdade, mas sempre me esforcei para que eles vissem que, a par da liberdade, estavam assumindo obrigações. E sempre me esforcei para que eles entendessem que o dinheiro traz muitas obrigações e não pode ser administrado só no interesse próprio. Que o dinheiro só terá sentido enquanto estiver, de alguma forma, a serviço da sociedade. É uma visão um pouco poética, mas eu acredito nisso realmente.

Insisti muito com eles e talvez tenha feito isso mais do que devesse. Tinham o direito de fazer o que entendessem, mas com as responsabilidades decorrentes dessa própria liberdade. Talvez eu tenha sido um pouco incisivo demais. O Otavio, pelo menos, sempre reclama disso. E sempre tive a preocupação de levá-los para o jornal o mais rápido possível. Tanto o Otavio como o Luís. O Otavio sempre reagia, ele não queria ir para o jornal, mas eu vinha insistindo muito para que ele fosse cedo. E foi o que acabou acontecendo. Eu achava que tinha pouco tempo, então, gostaria que eles se preparassem cedo, para uma eventual substituição mais premente, mais repentina. Eu queria que eles estivessem preparados".

"Você acredita em Deus?" Com essa pergunta, feita num debate pela televisão, acredita-se que Boris Casoy enterrou a vitória de Fernando Henrique Cardoso na disputa ao cargo de prefeito de São Paulo em 1986, apesar de muitos dizerem que, na verdade, a derrota para Jânio Quadros foi porque FHC se sentou na cadeira do prefeito na véspera da eleição, posando para uma foto. Em 1989, no sítio de São José dos Campos, ao fazer para Frias a mesma pergunta, rindo, Boris ouviu a seguinte resposta: "Eu sou agnóstico, nem acredito que ele exista nem afirmo que não exista". "Mas não houve momentos em que você apelou a Deus, assim, em momentos de dificuldade da sua vida?", Boris insistiu. "Não, conscientemente não, eu sempre achei que dependia de mim. O sucesso, qualquer tipo de sucesso, depende muito mais de tenacidade do que de inteligência. Muito mais", respondeu Frias.

Clóvis Rossi aproveitou para perguntar: "O senhor disse que foi um homem de sorte, apesar das dificuldades todas. Não é um pouco contraditório com a tenacidade, que é a qualidade básica do empresário?"."Eu chamo de sorte, não é? Ou talvez pudesse chamar de tenacidade e aplicação. Eu sou muito aplicado naquilo que faço. Eu fico com aquilo, penso 24 horas por dia. Medito. Penso muito sempre. Minha ação é sempre planejada e eu às vezes planejo com todos os detalhes possíveis. Sempre planejo pelo pior; se vier o melhor, ótimo." "Mas é engraçado, porque às vezes o senhor parece tão intuitivo." "Talvez porque eu já meditei muito antes de chegar àquele momento. Mas eu acho que tenho uma boa intuição e cultivei também sempre muito a decisão rápida, é óbvio. E digo sempre que prefiro uma decisão rápida errada a uma certa daqui a seis meses."

Frias sempre soube contornar os momentos difíceis. A única vez em que cedeu foi na confrontação entre Frota e Geisel, em 1977, por ocasião do *affair* Diaféria. A pressão era muito forte, e ele recuou estrategicamente, pedindo que Cláudio Abramo deixasse o cargo, embora o tenha mandado como correspondente para Londres, e saindo da presidência, junto com Carlos Caldeira, que deixou a vice-presidência. Mas na essência a *Folha* não mudou, até porque Frias continuou atuando nos bastidores. No mais, ele sempre tirou de letra, como admite o filho Otavio: "Meu pai sempre foi muito simpático, muito habilidoso e disposto a ouvir todo mundo. Sempre estimulou muito esse hábito que o jornal tem de estar aberto, tem de receber quem quiser falar. Ele até hoje recebe. Quem quiser marcar uma hora ele recebe. Até estudante, se quiser fazer uma entrevista. Sempre muito aberto, disponível, disposto a ouvir. Mas muitas vezes, fazendo um pouco, para esse tipo de pressão, sem falso trocadilho, 'ouvidos de mercador'".

Otavio, diretor de Redação desde 1984, enfrentou, como vimos, forte reação no início, mas foi decisivo para fazer da *Folha* o maior jornal do país, posição que mantém há mais de vinte anos. Luís, em 25 anos de gestão, conseguiu um aumento de quinze vezes no faturamento do Grupo Folha, passando de US$ 51 milhões, em 1981, para os US$ 765 milhões previstos para 2006. Frias, que nunca tinha sido empresário de comunicação, há muitos anos deixou de recolher as migalhas que caíam da mesa de *O Estado de S. Paulo*. É muito difícil ser filho de Frias?

Para Otavio "é muito fácil e muito difícil. É muito fácil porque ele é um pai muito amoroso e tem uma atitude pedagógica muito rara em pais em geral e especialmente na geração dele. Ele sempre tratou as crianças como iguais. Nunca, jamais impôs castigo físico. Ele raramente dava ordens. Dizia: 'Você tem que se acostumar a desenvolver a sua responsabilidade. Se ficar até muito tarde vendo televisão, amanhã você não vai estudar e vai mal na prova'. Ele jogava a responsabilidade para os filhos. E sempre num ambiente muito aberto, de discussão. Ele é agnóstico. Então, não tinha esse peso de religião. E ele sempre foi muito bom, porque é muito amigo, compreensivo, estimula os filhos, sempre nos deu muita liberdade".

O difícil, segundo Otavio, é que o pai "jogou precocemente muita responsabilidade para os filhos. Isso acaba tendo um efeito esmagador. Uma personalidade forte como a dele, com êxito profissional e bem-sucedido materialmente. Já no período do jornal, bem-sucedido em termos de imagem pública. Então, jogou um peso um pouco massacrante. Tenho até a idéia psicológica de que eu acabei desenvolvendo aptidões que ele não tinha. É uma maneira de fugir à competição, que é normal entre filho e pai. Não por acaso, as minhas supostas aptidões tendem a ser aquelas que ele não tem.

Curiosamente, o meu irmão acabou desenvolvendo as aptidões que eu não tenho. Então, reproduziu o modelo do meu pai. O meu irmão é muito parecido com meu pai, é quase o meu pai quarenta, cinqüenta anos mais jovem. Os dois têm muitas semelhanças, até de temperamento. São de uma inteligência muito aguda, muito prática, muito concreta. São muito dinâmicos, muito ativos, gostam de esporte. E eu sou uma pessoa bem diferente desse modelo do meu pai. Meu pai e minha mãe sempre tiveram a idéia de que a gente precisava trabalhar cedo. Acho até que eles exageraram um pouco na dose".

Para Luís, ser filho de Frias é "menos difícil do que parece. Ele sempre teve essa coisa de 'você decide, mas, depois, arque com as conseqüências. Se errar, vou até ficar do seu lado, mas vou falar que você está errado'. É um pouco menos difícil agora. No começo, quando eu era jovem, pesava um pouco.

Agora, pior do que ser filho do sr. Frias é ser filho do dono. Isso é uma coisa que conta dos dois lados. Eu imagino que também é difícil para quem trabalha para o filho do dono. Esse lado é o menos óbvio. Também não é tão fácil para o filho do dono. Você sente mais a necessidade de se auto-afirmar, de dar certo, maior do que qualquer outra motivação: carreira, dinheiro, reconhecimento. Esse viés adicional põe muita pressão em você. Esse foi o meu caso e o caso do Otavio. Mas eu acho, graças a Deus, que o mundo empresarial – e a mídia hoje é parte dele – deixou de ser uma coisa artesanal, romântica. Talvez tenha sido nos anos 50. Hoje, a mídia é uma indústria, um segmento da economia como qualquer outro. Eu acho que, cada vez mais, ela tem que se profissionalizar".

Frias nunca foi de ler, exceto livros de negócios e biografias de empresários. Foi, quando jovem, ao cinema, mas hoje só vê filme, raramente, em casa, sempre com legenda, por causa da dificuldade de audição. Apesar de, segundo Jorge Paulo Lemann, amigo de Frias, ouvir bem "às vezes": "Nos jantares, porque tem uns amigos que nos convidam para jantar, eu sou sempre posto do lado que ele não ouve, para ele ouvir do outro lado e para eu falar para ele o que estão dizendo do meu lado. Houve vários jantares assim, em que eu era o 'ouvidor'. E o sr. Frias está sempre animado, é bola para a frente, tem bom humor, não fala mal de ninguém e sempre é muito curioso. Então, fica desesperado quando não ouve o que estão falando ou quando tem algum assunto que ele captou, mas não ouviu. Mas, uma vez, nós tínhamos uma moça bonita que trabalhava conosco e fomos visitar o sr. Frias na *Folha*. Isso faz uns dois anos, mais ou menos. Ela foi com uma minissaia e eu nunca vi o sr. Frias ouvir tão bem quanto aquele dia. Eu avisei a moça, 'ele ouve mal'. Mas ele estava ouvindo que era uma beleza".

Por causa das dificuldades que passou quando criança e adolescente, Frias sempre quis ganhar dinheiro. E uma das lições que deixou para os filhos é a idéia de que na vida tudo é móvel, nada é seguro, que não dá para contar com nada como certo. A vida é sempre dinâmica. Ele gosta de citar um provérbio oriental que fala que "um homem deve viver o tempo suficiente para ver tudo acontecer, inclusive o seu contrário". Sempre gostou de debates, de opiniões controvertidas, de diferentes opiniões. Por isso, segundo Otavio, "ele gostava muito de discutir com o Cláudio Abramo socialismo, capitalismo, e também com o Victor Cunha Rêgo, aquele jornalista português que ficou no Brasil um tempo como refugiado político e foi editorialista da *Folha*".

Hoje, Otavio mantém o pai a par do que ele considera assuntos mais importantes. "Meu pai acompanha mais diretamente os editoriais. Converso um pouco sobre o jornal, sobre o que está acontecendo, como ele está vendo as coisas. E despacho alguns assuntos mais específicos do dia-a-dia, coisas que têm alguma interface com ele. Ele acompanha, se mantém a par, participa da orientação geral, mas já faz muitos anos que não tem uma função propriamente executiva."

É sempre difícil apontar defeitos em quem a gente gosta. Com os filhos de Frias não é diferente. Maria Cristina vê um único defeito no pai. Mesmo assim, admite que o pai não o vê como defeito: "Eu acho que, apesar de ter sido um pai muito presente, ele poderia ter diversificado um pouco a sua vida, que foi muito dedicada ao trabalho. Ele poderia ter criado *hobbies* e outros interesses. Andar a cavalo, nadar, jogar tênis foram sempre atividades do ponto de vista do esporte. Ele sempre teve a preocupação de se manter bem, com saúde. Por exemplo, ficava andando enquanto conversava. E o único *hobby*, que era o sítio, foi transformado em negócio".

Para Otavio, os defeitos do pai são "o pragmatismo exagerado, impaciência e o fato de ele ser 'esganado' por tudo, comida – quer comer logo, de tudo –, vida e até sexo. O 'esganado' é decorrência da perda da mãe, que foi a pior coisa da sua vida e, na visão dele, causa de tudo o que de ruim lhe aconteceu na infância e parte da adolescência. Só foi mudando de opinião a partir do momento em que começaram a lhe acontecer coisas boas".

A partir daí, procurou aproveitar ao máximo para compensar os maus momentos. Parte disso tudo resultou também numa característica de Frias: ele vive o presente. Como teve o primeiro filho, Otavio, aos 45 anos, procurou ensinar-lhe tudo e estar com ele o máximo de tempo possível, com medo de não ter muito tempo mais de vida para conviver com o filho.

Luís também testemunhou essa preocupação do pai: "Quando eu nasci, meu pai já tinha 51 anos e eu sempre convivi um pouco com essa preocupação de 'com até que idade eu vou ver o meu pai?'. Lembro de quando fiz dezoito anos. Foi uma comemoração cheia de choro, da minha parte e da parte dele, não por causa da idade que supostamente marca a maioridade, mas pelo fato de ele estar vivo".

Frias acha que já realizou todos os sonhos que tinha com relação ao Grupo Folha e está com a missão praticamente cumprida. "Pus os filhos para trabalhar já há algum tempo. Eles me ajudam muito. Cada um mostrou a sua tendência. O Luís, mais comerciante, e o Otavio, mais intelectual. E eu não os contrariei. O meu único mérito foi esse. Cometi muitos pequenos erros, mas nenhum grande. Sempre fui muito cauteloso. Não me arrependo de nenhuma decisão que eu tomei. Faria tudo igualzinho."

Duas coisas ele tem certeza que não faria de novo. Comprar a *Folha*: "Não compraria de novo porque não teria dinheiro para pagar o que ela vale hoje". E lançar outro jornal, como o *Valor Econômico*, em parceria com as Organizações Globo: "Não estou arrependido por ter feito, porque hoje o *Valor* está consolidado. Naquele momento foi fácil a parceria com a Globo. Mas hoje provavelmente não seria. As coisas mudaram muito. Eu me entendia muito bem com o velho Roberto Marinho".

Em discurso no dia 3 de maio de 2006, ao receber o prêmio Personalidade da Comunicação 2006, concedido no 9º Congresso Brasileiro de Jornalismo Empresarial, Assessoria de Imprensa e Relações Públicas, Frias disse:

Caro governador Cláudio Lembo, Prezado prefeito Gilberto Kassab, Prezado presidente Fernando Henrique, Prezado senador Marco Maciel, Prezados Fernando Xavier, Franklin Feder, Eduardo Ribeiro e Marco Antonio Rossi. Meus amigos:

A idade nos concede uma série de direitos. Deveria conceder também o direito de evitar uma cerimônia como esta. Não me considero merecedor desta homenagem. Mas aqui estou, atendendo à insistência de meus filhos e à gentileza de tantos amigos aqui presentes.

Cabe-me agradecer aos organizadores deste congresso pela homenagem, ainda que indevida. Prefiro ver, nesta homenagem, o reconhecimento pelo trabalho dos muitos amigos e companheiros que vêm me ajudando ao longo da vida.

Tive algum êxito como empresário. Consegui dar minha modesta contribuição no grande trabalho coletivo de criar riquezas, gerar empregos, fortalecer empresas e lançar novos produtos. Atribuo esse êxito ao trabalho perseverante e a alguma sorte.

Procuro ter em mente aquele verso de Kipling,[33] *no qual o escritor inglês fala do sucesso e do fracasso como dois impostores. De minha parte, experimentei ambos. Acima dessas vicissitudes, penso que o mais importante é trabalhar*

---

33. Apesar de nascido em Bombaim, Índia, Joseph Rudyard Kipling (1865-1936) é britânico. Escritor de contos e poeta, em 1907 ganhou o Prêmio Nobel de Literatura. Em 1894 lançou *O Livro da Selva*, que se tornou um clássico infantil mundial, também conhecido pelo seu personagem principal, o pequeno Mowgli.

com afinco naquilo de que se gosta.

Há quatro décadas, o acaso me levou ao ramo das comunicações. De jornalista só tenho, talvez, a curiosidade de aprender coisas novas.

Sou um otimista sem ilusões. Vejo com interesse as mudanças que continuam a ocorrer nas comunicações e no mundo como um todo. Acho que nosso país ainda enfrenta problemas tremendos, mas é hoje melhor do que era quando comecei minha vida profissional. O jornalismo e as comunicações também evoluíram muito.

Não tenho outro testemunho a oferecer, exceto a crença no trabalho, o gosto pela inovação e a confiança no futuro. Que sempre haverá de ser melhor do que o presente.

Muito obrigado.

DEPOIMENTOS

Ele vislumbrava a oportunidade de transformar
a *Folha* num jornal de influência
ALBERTO DINES

"Eu acho que na imprensa brasileira houve duas reformas importantes, que deixaram seqüelas extraordinárias. Uma foi no campo gráfico, visual, que foi a do *Jornal do Brasil*, em 1956, orquestrada pelo Odylo Costa, filho e feita pela equipe toda, inclusive o Janio de Freitas. E ela está até hoje na imprensa brasileira. É claro que hoje já começa a ser abandonada, mas certos fundamentos do *JB* ainda estão lá, ainda estão nos jornais – na *Folha*, no *Estadão*, em um monte de jornais.

E a outra foi a reforma de conteúdo da *Folha*, que também é da maior consistência e que está aí, em toda a imprensa. Porque é uma reforma de opinião; quer dizer, foi a única vez na imprensa moderna, dos anos 50 para cá, que você teve um dono de jornal que apostou em conteúdo e, sobretudo, apostou em opinião no momento em que a opinião estava suprimida. Isso foi uma coisa extraordinária.

Então, a do *JB* não importa [mais], mas a do Frias importa muito. Porque ele vislumbrou – claro, muito ajudado pelas percepções do Cláudio Abramo – a oportunidade de transformar um grande jornal que ele tinha, mas que era inodoro, invisível, sem importância, num que tivesse influência. Isso ele conseguiu em poucos meses. E sem frescura de "muda isso ou aquilo". Claro, o Cláudio fez umas mudanças de paginação, mas a importância não foi o visual. Foi o conteúdo. E ele soube aproveitar a brecha política que havia. Isso é uma coisa de mestre."

Jovem cinéfilo, Alberto Dines começou no jornalismo em 1950, fazendo críticas para a revista *Scena Muda*. Dali passou a repórter de *Visão*, em 1952. Depois, foi para a *Última Hora*, convidado por Samuel Wainer. Dirigiu o *Diário da Noite*, do Rio, que transformou em tablóide. Em seguida, foi para *Fatos&Fotos* e *Jornal do Brasil*, ao qual chegou em 1962, promovendo uma grande mudança.

Depois de doze anos, foi demitido do *JB*, o que o magoou muito; e foi para os Estados Unidos, de onde escrevia semanalmente para *O Estado de S. Paulo*. Dines estava em Nova York quando, de repente, foi procurado por Cláudio Abramo, que lhe disse: "Você não vai viver nos Estados Unidos o resto da vida, eu tenho certeza. Quando você voltar, eu gostaria que a primeira empresa que procurasse fosse a *Folha de S.Paulo*".

Dines confessa que foi uma enorme surpresa: "Porque enquanto eu fui, por quase doze anos, diretor do *Jornal do Brasil*, eu raramente abria a *Folha*. Ela estava na minha mesa, eu dava uma folheada, mas não tinha nada. Era um jornal que não significava. E o *Estadão*, não. E olha que o *Jornal do Brasil* era até mais importante que o *Estadão*, mas eu parava para ler o *Estadão*. Era leitura obrigatória. E a *Folha* era aquela coisa de você passar e não sobrar nada. Eu fiquei pensando: 'Mas o Cláudio vai se meter nessa?'. Mesmo assim, disse a ele: 'Conte comigo'. Digamos que isso foi em fevereiro, acho que março de 1975.

Uns dois meses depois, voltei para o Brasil, me reinstalei no Rio de Janeiro e liguei para o Cláudio. Ele me pediu para passar na sucursal da *Folha*, pegar uma passagem e ir para São Paulo almoçar com o Frias. Eu fui, mas não sabia o que ele queria. Cheguei e o Frias, de uma forma muito simples, porque ele não é de frescura, não é de grande elaboração, disse: 'Nós temos uma grande oportunidade pela frente. O *Estadão* está devendo muito, não pode dizer as coisas, e eu não tenho problema nenhum e quero começar a dizer as coisas. Queria que você fosse o chefe da sucursal do Rio de Janeiro e, além disso, escrevesse um artigo diário, porque eu quero que o jornal tenha muitas opiniões'. Foi uma surpresa para mim".

Na verdade, foram muitas surpresas para Dines. Por exemplo, o convite para escrever. "Porque eu não era famoso pela participação escrita. Eu era um editor de jornal. No *JB*, se eu escrevi cem laudas em doze anos, foi muito. Fiz algumas reportagens, cobri duas guerras, fui à Rússia e fiz uma série. Mas eu era um regente. Não era homem de Redação. Isso me surpreendeu: 'Onde ele descobriu que eu sei escrever?'. Bom, acertamos um salário e eu disse ao Frias: 'Além disso, eu queria fazer mais uma coisa e não vou cobrar um tostão a mais do que combinamos, mas eu gostaria de fazer algo a mais'."

Para entendermos a proposta que ia fazer a Frias, Dines fala de 1975, um ano antes da renúncia do presidente norte-americano Richard Nixon: "A imprensa vivia o seu poderio e também já vivia o clima de discussão sobre a imprensa. A crítica da mídia, *media criticism*, ou *media watching*, já era uma coisa comum na imprensa americana. Inclusive houve sérios questionamentos durante a campanha do Nixon sobre o papel da imprensa. Eu já estava lá e foi quando surgiu a expressão *checkbook journalism*, o jornalismo de talão de cheque, que era o seguinte: você pegava um sujeito importante e pagava a ele para escrever um depoimento. Isso aconteceu com um procurador do Ministério Público. Alguém pagou e ele deu um depoimento importantíssimo. Mas não faz sentido, isso não pode ser comprado.

Em suma, esse debate sobre a imprensa já estava presente. Então, eu disse ao Frias: 'Estou vindo dos Estados Unidos, estou acompanhando o surgimento de um negócio extraordinário e eu queria fazer isso aqui, queria fazer uma coluna de crítica da imprensa. Quero segunda-feira, no segundo caderno, duas colunas de alto a baixo e faço de graça'. Ele botou a mão no meu ombro e disse: 'Ô, Dines, não se meta nisso, você só vai arranjar inimigo'. Eu falei: 'Não, o negócio é muito importante, sobretudo agora que estamos em um período de autocensura e vai começar a haver a distensão (que já tinha sido anunciada), e eu acho que tem que se discutir a imprensa, para evitar os vícios, sobretudo os vícios da censura'. O Frias olhou para mim, ele tem um olhar penetrante, e disse: 'Então, tá bom'".

Mais uma surpresa para Dines veio em seguida: "Dez dias depois, eu comecei com a coluna, o 'Jornal dos Jornais', mas eu não escrevi na segunda-feira, no segundo caderno, duas colunas. A coluna apareceu no domingo, na página seis, metade da página seis, que é onde está até hoje o *ombudsman*. O Frias sacou, eu acho isso de uma acuidade empresarial, porque um jornalista sacaria, mas era difícil um empresário que pegasse: 'Não, isso é um bom produto. Eu não vou esconder. Vou botar na vitrine'. E, no meio da conversa, eu disse: 'Para eu escrever na *Folha*, precisamos ter uma página de opinião, que o jornal não tem. Como é que eu vou ficar sambando de uma página para outra? Tem que ter um lugar para os artigos de opinião, tem que ter uma página'. Isso porque a *Folha* tinha um comentarista político, o Ruy Lopes, mas não tinha uma página definida para os artigos. E aí o Cláudio Abramo deu aquela piscada de olho, porque era o que ele estava querendo. E o Frias disse: 'Tá bom, então vocês vão fazer o desenho de uma página e depois me mostram'. E o Cláudio, brilhante, grande artista, desenhou".

Como tinha alguma experiência, porque havia refeito a página de opinião do *Jornal do Brasil*, Dines deu alguns palpites. "Na semana seguinte, já estava lá o meu artigo, encimado por 'Rio de Janeiro', e assinado apenas com as iniciais – nisso ele imitava os editoriais do *Estadão*, que tinham iniciais. Acho que o primeiro editorial era da casa e o resto eram com iniciais. O Frias tinha um grande respeito pelo *Estadão*, e eu posso dizer que ele copiava muitas coisas, no sentido de manter uma tradição. Eu acho também isso muito bonito. Então, éramos o Ruy Lopes, eu, depois veio Samuel Wainer e começaram a vir outros. E aí a *Folha* trocou o beletrismo por experiência jornalística.

O Samuel não era um beletrista, mas com aquela senhora experiência, sabendo usar as pretinhas, ele estava muito bem ali, naquele papel. Em suma, o jornal fez tanto sucesso, essa página de opinião da *Folha* chamou tanto a atenção que, três ou quatro meses depois, o Cláudio convenceu o Frias a fazer o que nos Estados Unidos se chama a *op-ed page*, que é a página frontal aos editoriais, que era a três.

Hoje, não há jornal brasileiro de importância que não tenha a dois e a três espelhadas, com opinião. Por isso, eu digo, é uma revolução que ficou. Não há um jornal brasileiro, se você vai aos cafundós, se tem um jornal com alguma pretensão de ser alguma coisa, ele tem a dois e três de opinião. Às vezes, tem alguns que não têm as duas, mas o *ranking* de importância é dado pelas páginas dois e três. Pode ter sido idéia do Cláudio, mas foi o Frias que autorizou. E acho extraordinário isso".

Dines também ressalta a tabelinha entre Frias e Abramo: "O Cláudio, um porra-louca, maluco, delirante, e o Frias, um empresário com os pés no chão. Havia ali um intercâmbio, uma liga muito boa. Porque o Frias sabia pinçar, escolher as coisas".

Texto a partir de entrevista concedida em 17 de março de 2006.

Alberto Dines *nasceu em 19 de fevereiro de 1932 no Rio de Janeiro. É filho de judeus russos que vieram para o Brasil na década de 1920. Ao sair da Folha, escreveu o livro* Morte no Paraíso – a Tragédia de Stefan Zweig *(Nova Fronteira, 1981; reed. Rocco, 2004). Depois, foi para a Editora Abril, como secretário editorial. Em 1988, estava em Portugal para levantar informações e escrever um livro sobre Antônio José da Silva, um judeu brasileiro executado naquele país pela Inquisição – livro que seria parcialmente publicado em 1992, com o título* Vínculos do Fogo *(Companhia das Letras). Ficou em Portugal até 1995, quando retornou ao Brasil. Escreveu também, entre outros livros,* O Papel do Jornal, Por Que Não Eu? *e* O Baú de Abravanel, *sobre os antepassados de Silvio Santos. É o editor-responsável do* Observatório da Imprensa, *que está na Internet, na televisão e no rádio.*

Meu irmão caçula
ALEX PERISCINOTO

Fui enganado pelo Pablo Neruda quando ele disse: "Escrever é fácil: você começa com uma letra maiúscula e termina com um ponto final. No meio, você coloca as idéias". Acreditei. Eu, por ser diretor de arte e trabalhar mais com imagens do que com palavras, sempre alimentei a esperança de um dia poder checar se o Neruda não estava sacaneando os ingênuos com aquela dica. Isso foi rolando na minha cabeça até que esse dia aconteceu.

Foi num almoço na *Folha de S.Paulo* a convite dessa figura única e eternamente jovem chamada Octavio Frias de Oliveira, onde eu, como todo publicitário contador de 'causos', falei de um episódio divertido da vida profissional. O Octavio gostou e pediu pra eu escrever a história e mandar para o jornal. Tremi nas bases e fingi que tinha esquecido, mas não adiantou. O Octavio me ligou cobrando o texto. No fundo, eu achava uma tremenda abelhudice minha aparecer com um artigo assinado num belo domingo, com a audiência máxima do jornal, compartilhando o espaço com os atiradores de elite e grandes articulistas da *Folha.*

Na época, não saquei que o convite a um leigo em jornalismo como eu era um detalhe microscópico de uma idéia ampla, um novo conceito de jornal. Realmente, dar espaços assinados a quem não pertencia ao mundo acadêmico ou jornalístico, buscando com isso oferecer aos leitores a multiplicidade de opiniões e visões da realidade social, era impensável para os jornalões da época. Mas assim foi. Com a habilidade de uma mente privilegiada que sabe fazer acontecer antes dos outros, Octavio Frias de Oliveira foi oxigenando corajosamente o conteúdo da *Folha*, surpreendendo o cenário jornalístico ao dar voz a todos – direitistas, esquerdistas, conservadores, progressistas, exilados, além dos banidos pela mídia.

Hoje dá para fazer uma reflexão panorâmica. E, como profissional de comunicação e *marketing*, só posso dizer que o talento do Octavio Frias também incluía a capacidade de ver o futuro através das paredes do tempo. Ele soube perceber que o futuro revolucionaria não só a maneira de gerar as notícias. Mas também a forma como o público iria buscar, adquirir e interagir com o produto informativo. E que essa nova realidade jornalística exigiria do veículo, mais do que nunca, fortes diferenciais: pluralidade opinativa, independência na captura da notícia, liberdade de expor os fatos e as versões dos fatos.

Octavio Frias de Oliveira sabia que o sucesso empresarial e jornalístico de um órgão de informação na 'era do conhecimento' que estava pintando (ele também anteviu essa chegada) dependeria da competência em saber empregar essa liberdade de informar para seduzir o leitor.

Hoje a *Folha*, mais do que um jornal, é um grupo de mídia poderoso, diversificado, gerador de conteúdos, que superou o papel e a tinta como ferramentas de trabalho – vide a liderança do UOL. Sob o comando de Octavio Frias, o grupo cresceu focado no perfil do novo leitor que surgiria no contexto de uma sociedade redemocratizada, moderna, aberta, viva.

Ao fazer da *Folha de S.Paulo* um ponto de convergência para o exercício das divergências, Octavio Frias de Oliveira mostrou na prática como se exercita a essência da democracia: o convívio entre os contrários. Exatamente por isso, a *Folha* tornou-se um êxito em todas as faixas etárias, socioeconômicas e culturais. As tiragens crescentes, a cobertura nacional e a qualidade crítica provam isso.

Numa frase: Octavio Frias de Oliveira soube transformar essa força editorial num sucesso empresarial. Noutra frase: a independência no ato de pensar gerou a independência no ato de administrar.

Com a liderança e o padrão jornalístico consolidados, a *Folha* também conquistou a valorização dos seus espaços publicitários. Anunciantes importantes passaram a priorizar o jornal pela eficácia do retorno. Ou seja: Octavio Frias de Oliveira fez da *Folha* um veículo desejado também pela publicidade das empresas privadas, cujas verbas constituem a mais legítima e transparente fonte de recursos, decisiva para a liberdade de imprensa em todo mundo democrático.

Fazendo a sinergia entre a independência econômica e a independência opinativa, e vice-versa, o meu 'irmão caçula' não criou apenas o maior grupo editorial da América do Sul. Ele criou um brilhante *case* de *marketing*, que merece ser lido, estudado, aprendido.

O parágrafo de cima encerrava este artigo até que, de repente, percebi a minha incompetência como escrevinhador ao não explicar por que ganhei o privilégio de poder chamar o "sr. Frias" de irmão caçula. Mesmo fora do *timing*, aí vai: aconteceu na rotina fraterna e amiga que se criou ao nos falarmos todas as segundas-feiras, quando ele, gentilmente, abria espaço em sua agenda lotadíssima para me ligar e comentar, sempre incentivando, o que eu havia escrito na minha coluna domingueira 'Criação & Consumo'. Numa dessas conversas sempre bem-humoradas, acabei dizendo, nem me lembro por quê, que para mim ele era como um irmão caçula. Com seu jeitão jovem, antenado e rápido no raciocínio, ele aceitou e ampliou o uso do *nickname* para os dois; dali para a frente, era o que nos identificava em substituição aos nomes. Essa jovialidade é outra marca da personalidade desse profissional que soube vencer obstáculos poderosos, semear idéias novas e, como o maior *publisher* que o país já teve, soube fazer da *Folha de S.Paulo* muito mais do que de São Paulo. Do Brasil e de todo o mundo onde a liberdade de imprensa é um valor sagrado.

Octavio Frias de Oliveira. Taí meu tremendo irmão caçula."

Alex Periscinoto *nasceu em 8 de abril de 1925, em Mococa, São Paulo. É publicitário e sócio da Consultoria de Comunicação SPGA – Sales Periscinoto Guerreiro Fontoura & Associados. Fundador e sócio da Almap/BBDO, foi responsável por campanhas publicitárias antológicas na história da propaganda no Brasil. Foi secretário de Comunicação da Presidência da República no governo de Fernando Henrique Cardoso.*

Frias não trabalha, vive
ANTONIO DELFIM NETTO

"Eu acho o Frias um verdadeiro guerreiro. Lembro de quando ele comprou o jornal e foi dando uma característica especial a ele. Hoje, eu considero a *Folha* um jornal extremamente vibrante, um dos melhores que têm no Brasil, um jornal muito informativo, extremamente corajoso. É um jornal que se dedica à notícia, para o qual não tem amigo ou inimigo. A opinião tem lá o seu cantinho reservado, mas o resto é realmente informação e, na minha opinião, informação de muito boa qualidade. Ao contrário de vários jornais, não tem proteção para amigo e não tem perseguição para inimigo. Quando há notícia, não tem jeito. Pode ser a maior amizade, aquela relação profunda. Não tem acordo, não tem arranjo, não tem como fazer."

Antonio Delfim Netto teve uma coluna sobre café na *Folha*, durante muitos anos, na época de Nabantino Ramos e, portanto, antes de Octavio Frias de Oliveira comprar o jornal. Em 1964, prestou concurso na USP e continuou colaborando ocasionalmente. "O Frias só me convidou para ir para o jornal em 1984, praticamente no dia em que eu deixei o governo. Me lembro que estava no Massimo almoçando e recebi um telefonema dele me convidando para ser colaborador efetivo do jornal. Estou lá desde aquele momento, já faz mais de vinte anos." Delfim Netto escreve às quartas-feiras na *Folha de S.Paulo*.

Segundo ele, "O que tornou a *Folha* o que ela é hoje é o grande respeito pelo profissional que está produzindo a notícia. Não tem intervenção. O Frias jamais, eu acho, interveio. Eu considero o jornal, na parte de opinião, inteiramente aberto. Você vê dois editoriais, um ao lado do outro, assinados, defendo posições inteiramente diferentes. A opinião do jornal está nos editoriais dele, bem distintos. E, na notícia, é outra coisa. A informação é feita com o maior cuidado possível. Eu acho que a *Folha* abriu os olhos do Brasil. Ela é muito menos sectária do que a maioria dos jornais. Eu acho que ela, com essa amplitude de visão, com essa capacidade de superar problemas ideológicos menores, abriu os olhos do Brasil. Nada de importante passa hoje sem levar um tiro pela *Folha*".

Formado na Faculdade de Economia e Administração da Universidade de São Paulo, Delfim Netto é professor catedrático de economia brasileira e de teoria do desenvolvimento econômico e professor emérito da Faculdade de Economia, Administração e Contabilidade (FEA), da USP. Como professor, ele pode dizer que Frias fez a lição de casa: "O Frias sabia que a independência é primeiro financeira. Ele varou esse período todo. Nenhum jornal dos grandes varou esse período sem ter conseqüências sérias do ponto de vista financeiro, sem ter tido problemas. Os mais independentes receberam favores horrorosos do governo. Os que mais criticam os subsídios foram os que receberam subsídios. O Frias nunca se meteu nisso e sempre administrou as suas finanças. Essa é a característica fundamental do empresário. O Frias sempre soube que, se a caixa é livre, a idéia é livre. Tem mais, sem a clientela que ele construiu, não existiria a *Folha*.

A *Folha* foi vítima de uma série de processos, mas não era jornalismo antes do Frias. Era um negócio, como tantos outros. Agora, não. É um caso de paixão. O Frias não trabalha, ele vive, se diverte. Esse é o ponto central. Você é feliz quando não sabe que está trabalhando. Você acredita que está vivendo. Nisso, eu acho que ele foi um mestre. Ele se integrou naquela coisa. Por isso ele ficava lá até de madrugada. Ele encontrou uma forma de viver que coincidia com o trabalho. É um dos poucos sujeitos que conseguiram não se alienar. O trabalho é a sua própria obra. Na verdade, ele estava manipulando o seu próprio ser.

A alegria com que ele ficava na *Folha* é a prova. O Frias nunca ficou cansado, nunca ficou esperando o fim de semana. Por quê? Porque ele vive o que faz. Ele é um empreendedor, no sentido do Schumpeter.[34] Onde ele põe a mão, ele constrói. São empresários natos, uma coisa assim parecida com Amador Aguiar, com José Ermírio, com Antonio Ermírio. Quer dizer, são pessoas que são a sua própria obra. Não adianta tergiversar sobre isso. Ele veio de uma origem humilde, como a maioria das pessoas, e ascendeu por conta disso. E ele é, na verdade, um grande empresário".

Para Delfim Netto, "o importante é que o Frias é um autodidata em matéria de jornalismo. Veio de um setor totalmente diferente. Uma inteli-

---

34. Joseph Alois Schumpeter (1883-1950) foi um dos mais importantes economistas do século 20. Ele nasceu na cidade de Triesch, à época parte do Império Austro-Húngaro, atualmente na República Tcheca. Schumpeter sempre foi um entusiasta da integração da sociologia como uma forma de entender suas teorias econômicas.

gência aguda, foi capaz de ver as coisas com cuidado. Teve também gente de muito boa qualidade que o ajudou. Alguns já morreram. Outros estão aí, como o Boris [Casoy]. O Cláudio Abramo foi, na minha opinião, um dos suportes. O Cláudio era um figura extraordinária e que mostra o que é o Frias. O Cláudio tinha aquela orientação marxista dele, mas era um sujeito de valor. Era capaz de separar a ideologia da notícia".

Deputado federal (PMDB-SP), Delfim Netto foi eleito sucessivamente em 1986/1990/1994/1998 e 2002. Foi secretário da Fazenda do Estado de São Paulo (1966-67), ministro da Fazenda (1967-74), embaixador do Brasil na França (1975-77), ministro da Agricultura (1979, março a agosto) e ministro-chefe da Secretaria de Planejamento da Presidência da República (1979-85). Por isso, viveu pessoalmente a relação da imprensa com o governo: "Frias tinha relações cordiais com o governo e descia o porrete no governo. É por isso que eu digo: nunca houve nenhum atrito. O que ele publicava eram as coisas corretas, mas que quase nunca eram do agrado do governo. Isso era e é assim, e por isso quem está no governo tem a tendência de ficar contra a notícia. Coisa que nunca aconteceu comigo. Se você produz a notícia, não adianta ficar contra ela.

Então, a *Folha* sempre foi, na minha opinião, muito decente. E o Frias é um homem confiável, que sabe respeitar uma informação sigilosa. Se você diz para ele: 'Isso aqui é uma informação para você. Por quê? Porque é informação importante, para orientação do jornal, para saber para onde aponta a direção', isso morre com ele. Ele guarda, processa e não conta para ninguém. Publicar, nem pensar. O quê, para o governo, é uma coisa importante, porque isso estabelece um limite do nível da crítica. E o governo só se qualifica quando não mente. Aliás, o Frias é adepto do velho teorema de que a primeira mentira é a que mata".

Para Delfim Netto, "o Centro Tecnológico e Gráfico da *Folha* mostra quem é o Frias. É ele e sua obra. Aquilo é um avanço. Ele sempre foi desse jeito. É um tomador de risco, que é o que caracteriza o empresário. Mas cuidadoso. Sempre muito cuidadoso na parte financeira. É intuição. Não existe racionalidade nesse negócio. Nós agora estamos passando por uma situação muito delicada, porque a economia está sendo depredada pela psicologia. Descobriram que todas as decisões econômicas são tomadas do lado da emoção no cérebro. O economista pensava que era um ser racional. Então, o que acontece? É o que o Keynes[35] dizia: 'Ninguém faz um cálculo racional'. Se você tiver aquele ingrediente da emoção empresarial, percebe na hora se aquilo é bom, se vai dar certo. Se de cada dez coisas que fizer seis derem certo, você vai em frente. Se não, você quebra. Mas é essa a característica do empresário. O Frias chegou lá, ele foi apropriado pelo jornal".

Texto a partir de entrevista concedida em 3 de abril de 2006.

Antonio Delfim Netto *nasceu em 1º de maio de 1928, em São Paulo. Além dos cargos citados acima, exerceu, na Câmara dos Deputados, a presidência das Comissões de Finanças e Tributação e de Fiscalização Financeira e Controle; e é membro da Comissão de Economia. Tem vários livros publicados sobre problemas da economia brasileira e escreve semanalmente nos jornais* Folha de S.Paulo *e* Valor Econômico *e na revista* CartaCapital. *Seus artigos são também publicados regularmente em cerca de setenta periódicos em São Paulo e em vários outros Estados.*

Brasil deve muito a Frias
ANTÔNIO ERMÍRIO DE MORAES

A vida de Octavio Frias está intimamente ligada ao jornalismo. Lembro-me de quando ele comprou a *Folha de S.Paulo*. Inicialmente, em sociedade com Carlos Caldeira Filho. Depois, sozinho.

Sou do tempo da *Folha da Noite* e da *Folha da Tarde,* que, mais tarde, foram fundidas na *Folha de S.Paulo*.

Ao assumir o jornal, Frias demonstrou ser um bom empresário e um jornalista criativo. Sabia que seus negócios só prosperariam se oferecesse um produto de qualidade e diferente dos demais. Isso o levou a liderar muitas revoluções na empresa.

---

35. O inglês John Maynard Keynes (1883-1946) foi um dos mais influentes economistas do século 20. É considerado um dos maiores revolucionários tanto na teoria como na prática da economia.

A primeira, na década de 1970, foi a de abrir espaço para as discussões democráticas, o que veio a dar ao jornal sua marca de independência – o que sempre apreciei.

A segunda, nos anos 80, foi a modernização tecnológica. A *Folha* saiu na frente na impressão em cores. Na época, salientei esse avanço em um de meus artigos na coluna dominical que mantenho na *Folha*.

Sempre me impressionou a coragem com que Octavio Frias enfrentava os novos desafios. Tudo foi feito com garra e com muito trabalho.

Frias continua um trabalhador exemplar. Até hoje, com mais de noventa anos de idade, ele dá expediente diário na sede da *Folha*. Isso é maravilhoso. É um grande exemplo para a juventude.

Ao lado da coragem e da garra, suas ações no âmbito da *Folha* foram sempre marcadas pelo patriotismo e pelo espírito democrático. É só olhar sua trajetória de vida. Frias enfrentou e superou dificuldades gigantescas.

O período pós-1964 foi difícil para a imprensa brasileira. Os jornais tiveram de conviver com a deplorável censura.

Com coragem e patriotismo, Frias enfrentou a situação. Trata-se de um empresário que coloca as causas da nação bem acima de seus interesses pessoais. Quem conversa com Frias sente claramente o grande apreço que ele tem pela economia da produção e o enorme desprezo que expressa pela economia da especulação.

Frias sempre se preocupou com o emprego e o bem-estar dos brasileiros. Para ele, a felicidade só emerge quando seus semelhantes passam bem. Bem diferente daqueles empresários que só pensam no lucro e no enriquecimento individual. Frias educou seu filho na mesma filosofia. É dessa forma que Otavio Frias Filho administra a *Folha* nos dias de hoje.

A *Folha* ocupa um lugar central na história do Brasil. E Frias foi e continua sendo o seu grande líder. O jornal apoiou a campanha pela anistia, impulsionou a das diretas e defendeu a Constituinte. O Brasil deve muito a Frias.

Antônio Ermírio de Moraes *nasceu em 4 de junho de 1928, em São Paulo. Escreve coluna semanal para a* Folha, *aos domingos, desde 31 de março de 1991. Empresário, é presidente do Conselho de Administração do Grupo Votorantim. Também preside o Hospital da Beneficência Portuguesa em São*

Paulo, SP. Membro da Academia Paulista de Letras, já escreveu e produziu as peças teatrais *Brasil S.A.* e *SOS Brasil*, *que focalizam problemas brasileiros.*

Ele analisa o ponto de vista do leitor
BORIS CASOY

Quando colocou os pés na *Folha de S.Paulo* pela primeira vez, em 1974, Boris Casoy não se sentia preparado: "Não digo para ser jornalista, mas para exercer a função de editor. Até porque exigia um conhecimento técnico de jornal que eu não tinha. Eu nunca tinha trabalhado em jornal". Jornalista ele era, e experiente também. Nascido na cidade de São Paulo em 1941, Boris começou a trabalhar aos quinze anos. Só que, apaixonado por rádio, sempre trabalhou com um microfone nas mãos. Começou como locutor de esportes, na extinta Rádio Piratininga. Passou, depois, pelas rádios Santo Amaro, Panamericana e Eldorado. E, do rádio, Boris partiu para a área de assessoria.

Como secretário de Imprensa do prefeito Figueiredo Ferraz, Boris teve vários encontros com Octavio Frias de Oliveira, *publisher* da *Folha*: "O Frias presidia a Fundação Cásper Líbero, e a prefeitura fazia questão de pôr em ordem o prédio da fundação na avenida Paulista. O prédio tinha uma série de pontos inacabados, não tinha alvará de funcionamento, e eu fui escalado para acompanhar essa tentativa de regularização com o Frias. Pela Fundação Cásper Líbero, ele tinha um cronograma de término de obras, e eu fui muito duro com ele. Depois, quando me contratou, ele me disse que, além das informações que o Cláudio Abramo lhe dava a respeito do meu trabalho na prefeitura, que eram positivas, ele gostou desse tipo de ação que eu tive em relação a ele. Não era uma relação de camaradagem. Era uma relação dura, embora educada. As exigências não foram abrandadas. O fato de ele ser um grande empresário de comunicação não me acovardou. Estou dizendo o que ele me disse, como ele via. Ele juntou todas essas coisas e achou que, na visão dele, uma pessoa como eu, se vestisse a camisa da *Folha*, faria um aprendizado muito rápido e colaboraria com o jornal.

Foi tudo muito rápido. Essa primeira etapa minha, de 1974, foi muito rápida. Eu fiquei muito nervoso, não dei conta do recado. Ele me colocou como editor-chefe logo depois. Eu me sentia despreparado mesmo. Mas, da segunda vez, em 1977, já me sentia preparado". Em 1977, Boris substituiu Cláudio Abramo como editor-chefe da *Folha*. E ficou no cargo até 1984.

Ele sempre teve todo o apoio de Frias. Mas nem por isso deixava de ser cobrado. Frias ligava diariamente para ele logo cedo, já tendo lido o jornal inteirinho. E apontava todos os erros. "E, quando eu dava uma desculpa – 'Olha, o jornalista é muito nervoso, ficou doente, eu tive que substituir por uma pessoa não especializada na última hora' –, Frias dizia: 'Da próxima vez, você dá essa explicação também para o seu leitor. Eu sou consumidor, eu paguei, eu não quero saber o que aconteceu. Eu quero a informação correta, na hora certa'. Era assim que ele posicionava a gente. Temos uma tendência de nos enredar nas próprias tolerâncias que existem nas Redações. E ele não tolerava esse ciclo de tolerância, como ele chamava. Eu te tolero, você me tolera. Existia muito isso nas Redações. Como empresário, ele acima de tudo é um vendedor. Tem a visão do vendedor. Como vendedor, tem a visão do comprador."

Uma das virtudes de Frias, segundo Boris, "é não se apegar a nenhum tipo de preconceito e nem ao preconceito de não saber as coisas, que é muito humano. Quando estourou a questão energética, da possibilidade de racionamento de gasolina, petróleo, como de fato houve, o governo ia estabelecer as 'simonetas', as cotas. Ele foi procurar as melhores cabeças para discutir a questão energética, exaustivamente, muitas vezes com a redação, muitas vezes sem a Redação, a cúpula da redação, para aprender. E, como bom aluno, aprendia e concluía. Ouvia os prós, os contras. Quem era a favor, quem era contra, e tirava uma conclusão. Não é que ele decidia. Não é aquela coisa que você ouve todo mundo e cada um tem uma posição. Ele formava um amálgama e concluía. Geralmente, o aprendizado dele era muito bom, a ponto de poder discutir e debater com as pessoas sobre os assuntos".

Frias não era inflexível. Quando alguém dizia: "Essa sua posição está errada", ele respondia: "Discute comigo". Uma vez, o assunto era a desburocratização do ministro Hélio Beltrão. Uma das questões envolvia a plaqueta que todos os anos devia ser afixada na placa dos carros. Boris achava que "aquela plaqueta tinha outras finalidades, que não a de identificar os devedores. Era uma demanda de produção de plaquetas. Alguém comentou com o Frias que aquilo era uma loucura, porque se identificava o não-pagador. E o Frias dizia: 'Me parece lógico'. E eu disse a ele: 'Olha, Frias, quando você não paga imposto predial, ninguém põe placa na porta da sua casa. Quando você não paga o imposto de renda, você não sai com placa na cabeça'. E ele: 'Ganhou, acabou a discussão', e mudou de posição. Ele não era burramente rígido. Às vezes, era rígido. Às vezes, falava: 'Vamos discutir e me convença'. Se os argumentos que você dava eram fortes, ou ele ficava em dúvida ou mudava de posição".

Outra característica que Boris admira em Frias é que ele sempre respeitou a idéia dos outros: "Quando a idéia é de outro, ele usa a idéia, mas a atribui sempre ao autor. Ele jamais grila uma idéia, o que é muito comum no gênero humano. Essa é uma maneira que ele vê de incentivar a criatividade, os debates". Um exemplo é a página 3, de "Tendências/Debates": "A página 3 foi criada num momento em que o regime militar começava a abrir. Era uma zona cinzenta. A gente não sabia até onde podia ir, tateávamos no escuro. A idéia da página 3 foi do Cláudio [Abramo], mas o sucesso da página 3 é do Frias, porque ele trouxe, ele exigiu, ele fiscalizou para que houvesse um grande leque ideológico. Trazer algumas figuras da extrema esquerda ou da extrema direita era tabu dentro da Redação. Porque essas pessoas eram malvistas ou bem-vistas em determinadas áreas da Redação, em razão da própria diversidade da Redação. Mas o Frias ficava acima disso".

Segundo Boris, a Redação não queria essa diversidade: "Imagine, a Redação achava que o Plínio, da TFP, era um horror. 'Trazer esse cara para escrever no nosso jornal?' Mas o Frias bancou e bancou o leque todo. O parâmetro era qualidade, representatividade. Não importava a ideologia. Quando eu assumi o jornal da segunda vez, as condições eram apocalípticas, e ele dizia assim: 'Eu quero que o jornal seja objetivo, com noticiário, com o maior leque de opiniões'. É confortável o que ele sempre pediu. 'Eu quero um jornal que seja tão bom que tenha esse conteúdo de noticiário isento, apartidário, independente, e cuja leitura seja obrigatória, que ninguém saia de casa sem ter lido a *Folha*'. Porque [se a pessoa não lesse] estaria por fora. Esta subdefinição é minha. A *Folha* seria leitura obrigatória e também se tornaria obrigatório anunciar na *Folha*, como conseqüência. Ele ainda brincava com a gente, uma expressão que ele usa muito: 'Não tem circo sem bilheteria'".

Texto a partir de entrevista concedida em 3 de março de 2006.

Boris Casoy *nasceu em 13 de fevereiro de 1941, em São Paulo. Foi para o SBT em 1988, para ser diretor-geral e editor-chefe do TJ Brasil, cargos que acumulou com o de primeiro âncora da televisão brasileira. Em junho de 1997, foi para a TV Record. Criador da famosa frase "Isso é uma vergonha!", em 13 de fevereiro de 1996, no ar e ao vivo, deu uma "banana" aos deputados que pretendiam manter a aposentadoria especial deles no projeto da reforma da Previdência. Essa atitude provocou imediata mudança nos políticos, os quais acabaram aceitando o fim daquele privilégio. Foi âncora do* Jornal da Record *de meados de 1997 até 30 de dezembro de 2005.*

Ele tinha fama de jovem empreendedor
CARLOS ALBERTO CERQUEIRA LEMOS

Por 52 anos ininterruptos, Carlos Alberto Cerqueira Lemos cultiva a opção de ser professor na Faculdade de Arquitetura e Urbanismo da Universidade de São Paulo, a FAU/USP, onde ingressou em 1954. Mesmo aposentado, ele continua lecionando e orientando os alunos do curso de pós-graduação. Lemos também é respeitado e reconhecido pesquisador, artista plástico e historiador da arquitetura, com destaque para a casa paulista, principal tema dos seus mais de dez livros. No mais recente, *Viagem Pela Carne* (Edusp, 2005), através de narrativa delicada e elegante, ele vai à busca de suas origens, relata sua vida de arquiteto e percorre caminhos da arquitetura em tempos modernos. Não por acaso, a sua participação em importantes projetos da capital paulista, a partir dos anos 50, ocorreu por obra de Octavio Frias de Oliveira.

Nascido na cidade de São Paulo em 1925, Lemos conheceu Frias ainda criança, em Sorocaba, interior do Estado de São Paulo. Morava em um sobrado geminado alugado pelo pai de Frias, o dr. Luiz Torres de Oliveira, nomeado juiz de direito em Sorocaba, a quem ele muito se afeiçoou. "Por volta de 1934, eu tinha de nove para dez anos de idade e o Frias tinha 22 anos", conta Lemos. "Ele visitava o pai nos fins de semana, mas eu não convivia com ele. A gente se encontrava esporadicamente, nas festas, no Natal. Só ficamos amigos tempos depois, eu já adulto, em São Paulo. Quando meu pai mudou-se para São Paulo e o dr. Luís, para Campinas, onde encerrou a carreira dele, a amizade das famílias se manteve. Todo mundo continuou se relacionando em São Paulo."

Lemos lembra que ainda era estudante quando Frias o chamou para um primeiro serviço. "Foi em 1947. Eu estava no terceiro ano da Faculdade de Arquitetura do Mackenzie e projetei a reforma e decoração de um apartamento para ele atrás da Escola Normal, na avenida São Luís. Ele ia se casar e, nessa altura, já estava trabalhando no BNI, o Banco Nacional Imobiliário, fundado pelo Orozimbo Roxo Loureiro. Frias era o chefe da carteira imobiliária. A partir de então, ficamos amigos e, quando eu me formei, em 1950, Frias me chamou para fazer projetos de edifícios para o banco."

Foi trabalhando com Frias que Lemos conheceu Oscar Niemeyer. "Frias contratou o Oscar para fazer prédios importantes aqui em São Paulo, como os edifícios Califórnia, Triângulo, Montreal, Eiffel e Copan. Mas Niemeyer não podia passar o tempo todo em São Paulo, embora houvesse um cronograma de obras. Sem que eu soubesse, Frias mostrou uns desenhos meus para o Niemeyer. O Oscar achou boa idéia eu ser o responsável pelo escritório dele em São Paulo. Isso foi em 1952. Então, eu fiquei cuidando do escritório e trabalhando para o Frias ao mesmo tempo. Quando o Oscar foi embora para Brasília em 1957, definitivamente, fechou todas as atividades dele fora da capital federal, e eu ganhei uma procuração para terminar o Copan. Trabalhei dezoito anos no Copan, desde o dia de fazer o primeiro desenho até a inauguração, em 1970."

Carlos Lemos credita a Frias ter desenvolvido ao máximo a idéia de vender apartamento a preço de custo, uma novidade no início dos anos 50. "Eu sei que o Roxo Loureiro convidou Frias para o banco devido à fama que ele tinha de jovem empreendedor. E continua sendo empreendedor. Ele era muito inteligente. Em tudo o que se metia, ele resolvia logo."

Com a intervenção do BNI e a conseqüente ida de Frias para a Transaco, Carlos Lemos passou a cuidar de seus próprios projetos arquitetônicos, mas a amizade se manteve. "Zuleika, a primeira mulher dele, que morreu no desastre, ficou muito amiga da minha mulher. Ele casou primeiro. Eu me casei em 1951. Mas, mesmo antes de eu casar, nós já convivíamos muito. Ele sempre gostou de cavalos. Era fanático por hipismo e achou que seria legal ter um sítio para criar cavalos. No tempo da Transaco, eu o ajudei muito a procurar sítios. A gente viajava muito. Até que um dia encontramos o sítio de São José dos Campos, que foi a Granja Itambi.

Ele tinha galinha para botar ovo, chocar e vender o pinto de um dia. Isso deu muito dinheiro. Essa granja demorou uns dez, quinze anos só para isso. Quem gerenciava a granja era o motorista dele, um espanhol que, na Espanha, entendia de agricultura e logo se enfronhou no negócio de frango. Chamava-se Fausto e ficou gerente da granja durante muito tempo. E o meu convívio com ele era de amizade. Os dois casais se davam bem. Era só passeio. Todo fim de semana, a gente ia para São José dos Campos.

Era sempre uma turma grande. De adultos, os dois casais, o Frias e a Zuleika, eu e a Celina, a Carola, irmã do Frias que era viúva, e as crianças, os sobrinhos. A gente viajava ali pelas redondezas. Ia muito a Ubatuba, à praia. Pescava no rio Paraíba. Fazia churrasco. Convivemos há quase sessenta anos. Ultimamente, a gente se vê pouco, porque ele mora longe para danar e eu tenho outras coisas para fazer. Mas eu me encontro com ele pelo menos uma vez por ano, em aniversário, essas coisas. Ele é uma pessoa alegre, expansiva. Sempre voltado para o trabalho."

Curiosamente, Lemos lembra que escreveu para a *Folha*, "no tempo em que o jornal não era nem do Frias. Eu tinha uma coluna semanal, aos domingos, sobre arquitetura. No final de 1944, eu estava no Colégio do Estado e um dos meus colegas era o Ênio Silveira, que depois foi editor de livros. Eu sei que nós resolvemos fazer uma revista, que se chamava *O Tonel*. Não tínhamos dinheiro, nada, só muita pretensão. Então, eu fui à *Folha*, falar com o Clóvis Medeiros de Queiroga. Ele foi tão bom, compreensivo, fez um anúncio da *Folha* na revista e, se não me engano, nos deu papel para a impressão. Eu fazia ilustração, só.

Um dia, o José Nabantino me telefonou, talvez inspirado pelo Clóvis: 'Venha à *Folha* , que eu quero conversar com você'. Ele não estava no escritório, e a secretária me disse que tinha ido ao barbeiro. A *Folha* tinha uma barbearia para os funcionários. Ele estava fazendo a barba e o barbeiro usava navalha, eu me lembro perfeitamente. E ele me disse: 'Eu te chamei aqui porque quero te convidar para escrever uma matéria toda semana sobre arquitetura. A gente anuncia prédio, mas ninguém fala de arquitetura'. Eu escrevi durante um ano. Depois, voltei a escrever artigos para a *Folha*, a partir de 1975. Acho que o primeiro artigo foi sobre a demolição do Caetano de Campos. Não foi a convite do Frias, não. Eu pedi para o Cláudio Abramo. Quando eu tenho algum assunto importante, que me perturba, eu peço para publicar".

Texto a partir de entrevista concedida em 6 de março de 2006.

Carlos Alberto Cerqueira Lemos *nasceu em 2 de junho de 1925, em São Paulo. Colaborador de Oscar Niemeyer nos anos 50, integrou a equipe de criação do parque Ibirapuera. Artista plástico, participou de salões e exposições individuais desde o final dos anos 40. Foi membro do Condephaat – Conselho de Defesa do Patrimônio Histórico-Arqueológico, Artístico e Turístico do Estado de São Paulo. Manteve seu próprio escritório de arquitetura até os anos 90. Professor titular do Departamento de História da Arquitetura e Estética do Projeto da Faculdade de Arquitetura e Urbanismo da USP, é membro do comitê brasileiro do International Council of Monuments and Sites e do Comitê Brasileiro de História da Arte. Tem diversos trabalhos publicados em jornais e revistas e é autor de mais de dez livros.*

Cheguei à *Folha* assustado, preocupado com quem ia trabalhar
CLÓVIS ROSSI

Nascido em 25 de janeiro de 1943, no bairro do Bixiga, em São Paulo, Clóvis Rossi foi esportista de 1956 a 1962 e, por causa de sua altura (1,98 m), começou a jogar basquete, chegando a ser campeão sul-americano, aos dezessete anos, pelo Esporte Clube Sírio. Queria fazer diplomacia, mas acabou indo para o jornalismo, na Faculdade Cásper Líbero, simplesmente porque, ao terminar o científico, não tinha idade para prestar o concurso no Instituto Rio Branco. Em 1963, já no segundo ano da faculdade, começou a trabalhar na sucursal paulista do extinto *Correio da Manhã*, onde fazia de tudo. Tempos depois, acumulava três empregos, porque resolveu casar: de manhã trabalhava na revista *Auto Esporte*, à tarde no *Correio* e à noite era copidesque de *O Estado de S. Paulo*. Em 1º de janeiro de 1966, ao voltar da lua-de-mel, passou a chefe de reportagem do *Estadão*, do qual depois foi editor de geral, assistente do editor-chefe e editor-chefe.

Foi no *Estadão* que ele conheceu Frias. Só por ouvir dizer: "Os Mesquita só falavam mal dele, em todos os aspectos. Desde corrupção, relacionada à rodoviária. Eu era assistente do Oliveiros [da Silva Ferreira], que era o editor-chefe do *Estadão*, e um dia, acho que era 1975, a Redação constatou que a *Folha*, num grande acontecimento, tinha feito uma cobertura melhor do que a nossa. E, embora o Cláudio Abramo já tivesse saído havia algum tempo, lá prevalecia uma frase atribuída a ele, segundo a qual 'um grande jornal se conhece nos grandes momentos'. Aquele era um grande momento, e nós achávamos que a *Folha* tinha ido melhor, o que era inusitado, porque a *Folha* era um jornalzinho xexelento e o *Estadão*, bem superior a ela em todos os aspectos.

Eu tinha contato direto e diário com o dr. Júlio de Mesquita Neto, por causa da pauta. Embora fosse o segundo homem da Redação, eu tocava o jornal porque o Oliveiros, que era o primeiro, cuidava mais da relação institucional, pois era época de ditadura. Então, todo dia, eu me reportava ao dr. Júlio Neto, com a pauta na mão. Comentei com ele a matéria da *Folha*: 'Acho que fizeram um trabalho sério. Parece que houve mudanças'. Em dois segundos, ele me cortou: 'O Frias é um comerciante. Jamais vai fazer um jornal'".

Clóvis Rossi confessa que, por isso, ao entrar na *Folha* em 1980, chegou "assustado, preocupado com quem ia trabalhar, um comerciante que não sabia nada de jornalismo. Logo que entrei, era época de atentados a bomba contra bancas de jornal, contra escritórios de oposicionistas. Depois, os atentados contra a OAB no Rio. Uma das primeiras matérias que fiz na *Folha* dizia que, se quisessem achar os autores dos atentados, que batessem nas portas do DOI-Codi. Matéria, modéstia à parte, profética, porque no ano seguinte, com o Riocentro, ficou comprovado que a origem toda era do aparelho da ditadura.

Na noite do dia em que saiu a matéria, o sr. Frias me ligou em casa e disse: 'Talvez fosse melhor você ficar uns dias na minha granja, porque essa matéria teve repercussões'. Ele não entrou em detalhes do tipo 'recebi telefonema do coronel Fulano, dizendo para você sumir por um tempo', mas imagino que tenha sido por aí. Eu agradeci. Foi um primeiro e agradabilíssimo contato, porque fui trabalhar na *Folha* com a pior impressão dele. E minha primeira surpresa foi essa: ele se oferecer para proteger um jornalista novo na casa, que tinha certo rótulo de esquerda, perigoso, enfim, naquele momento".

Logo em seguida, Rossi foi como correspondente para Buenos Aires, onde ficou até 1983. Na volta, ele começou a se aproximar de Frias: "O jeito de nos aproximarmos foi puramente casual, na campanha do Tancredo, indireta, para a Presidência da República. Era um jantar na casa do Abílio Diniz, no Morumbi, para arrecadar dinheiro da elite paulista. Embora a campanha fosse indireta, precisava de dinheiro para a campanha de rua e televisão. Fui lá cobrir e começou a chegar a elite paulista, devidamente motorizada, carros importados, o que naquela época ainda era raro, com motorista etc. e tal. De repente, chegou num carro merreca, não lembro a marca, um tal de Octavio Frias de Oliveira dirigindo pessoalmente, sem motorista, nada. Eu olhei e falei: 'Mas que figura extraordinária. Esse cara é o dono do principal jornal brasileiro, que teve um papel fundamental na campanha das diretas, por extensão, na campanha biônica do Tancredo, na coisa da abertura e, no entanto, ao contrário de todos os seus pares, chega sozinho, sem nenhum aspone, sem segurança e sem motorista, dirigindo pessoalmente'. E ele, muito tempo depois, comentou com terceiros, não comigo, que também ficou surpreso de ver que eu, que ele chamava de 'cardeal do jornalismo brasileiro', estava lá, fazendo plantão, num domingo à noite.

Então, a nossa admiração recíproca começou daí: eu não me levo a sério e ele não se leva a sério. Não faz pose de grande empresário. Nada disso. É o sujeito mais comum que você possa imaginar, mas tem um fascínio pela notícia absolutamente fora do padrão".

Em 1987, Frias e Otavio convidaram Clóvis Rossi para escrever a coluna da página dois, no lugar de Cláudio Abramo, que havia falecido: "Eu fui trabalhar no mesmo andar do sr. Frias e o nosso contato passou a ser diário. Ele lia os editoriais um por um, corrigia e me ensinou uma frase, que até hoje me acompanha: 'Será que Sua Excelência vai entender isso?', referindo-se ao leitor. Porque a gente parte sempre do princípio de que o grau de informação que o leitor tem é mais ou menos o que a gente tem. Então, [acha que] se escrever, sei lá, *fading out*, ou qualquer uma dessas expressões que são comuns em determinadas áreas, o leitor vai entender.

A preocupação de saber se o leitor vai entender contaminou todo mundo. Passei a investir mais tempo na elaboração dos textos, em razão do trabalho de correção, que chegava a ser exasperante. Porque ele – embora em priscas eras houvesse esquemas de fechamento bastante industriais e mecanismos de engenharia –, nos editoriais, nunca teve a preocupação de fechar no horário. Muitas e muitas vezes, a gente ficava olhando o relógio e ele discutindo uma vírgula, um adjetivo, uma colocação, exaustivamente".

Por causa do contato diário, Rossi pôde conhecer Frias mais de perto: "Ele é direto, despachadíssimo. Duro, às vezes, um vulcão. Não é contido. Quando tem que fazer as coisas, quer fazer, vai e faz. É um verdadeiro dínamo, bota a pilha em todo mundo em volta. Mas não faz pose, não se veste de estadista, de grande empresário. Talvez o grande defeito dele seja ser gente em um meio em que todos vestem roupagem de dono de jornal. É de uma extrema simplicidade". Também por isso, Rossi avisa: "Em relação a ele, eu não consigo ser o jornalista que vai ver defeitos etc. Eu não tenho nenhum distanciamento, nem isenção, para falar dele. Gosto demais dele".

Em 2001, na palestra que fez na inauguração da Cátedra de Jornalismo Octavio Frias de Oliveira, Clóvis Rossi falou: "Quase diria que a *Folha* revolucionou a mídia brasileira. Refiro-me à adoção da independência como pilar editorial básico do jornal". Não havia independência no jornalismo até então? "Honestamente, acho que não. O jornalismo brasileiro, ao contrário do *The New York Times*, cujo mote é *'All the news that's fit to print*' [traduzindo livremente: "Todas as notícias dignas de notícia"], não nasceu para publicar *todas* as notícias, mas para defender bandeiras, personalidades, partidos, ideologias, a escravidão ou a libertação dos escravos, a república ou a monarquia, o partido liberal ou o conservador, o Carlos Lacerda ou o Getúlio Vargas. Isso veio até o Collor de Mello.

Toda a cobertura da campanha eleitoral de 1989, exceto a da *Folha de S.Paulo*, foi uma excrescência, porque não era para informar sobre a campanha, mas para evitar que o Lula ou o Brizola derrotassem o Collor. Por quê? Porque era o candidato da direita. E a *Folha* jogou. Para jornalista não existe opção melhor. Ela te deixa trabalhar tranqüilamente. Pode elogiar os inimigos do patrão e criticar os amigos do patrão, sem nenhum susto".

Apesar de chegar à *Folha* com dezessete anos de profissão, Rossi diz que Frias contribuiu para a carreira dele: "Primeiro, nesse cuidado maior com os textos. Como sou muito rápido, era menos cuidadoso. Valorizava mais a rapidez em finalizar do que o garimpo do melhor texto. E, em segundo lugar, e principal, foi sentir que tinha as costas quentes para ir aonde quisesse, escrever o que eu quisesse, independentemente de cutucar poderosos, presidentes amigos dele, ditadores.

Por exemplo, eu sei que no tempo da ditadura Pinochet, como correspondente em Buenos Aires, eu tinha que sair do país a cada três meses, para renovar visto. E ia muitas vezes ao Chile. Fiz várias matérias sobre a ditadura chilena. Uma delas, pelo menos, foi criticada por ele, porque ele tinha ido de férias para um *resort* de esqui e teve uma visão muito diferente da que eu tive em Santiago, nas áreas mais pobres da população chilena. Eu soube por terceiros que a consulesa chilena em São Paulo foi à *Folha*, mais de uma vez, reclamar das matérias que eu estava fazendo. E eu nunca soube. O Abreu Sodré reclamou, o Fernando Henrique deve ter reclamado. E vários outros. Nunca houve a menor restrição. Então, você se sente coberto. Você pode correr riscos, especialmente de opinião. Eu faço a coluna desde o governo Sarney e nunca fui exatamente manso com nenhum dos presidentes. E, no entanto, nunca, em nenhum momento, eu senti que devia maneirar".

Mais do que para a carreira dele, Rossi diz que Frias contribuiu para o jornalismo: "Eu acho que a independência é o grande mérito dele. Ele puxou todo mundo para essa estrada. Depois do caso Collor – só lembrando que o comunismo desapareceu e não havia mais necessidade de combater o comunismo internacional –, o que levava a imprensa a proteger o político de direita era o pretexto de que, se atacasse o Antonio [Carlos] Magalhães, digamos, ela estaria contribuindo para o comunismo, porque ele era anticomunista. É um raciocínio meio impetuoso, mas que, de todo modo, com o desaparecimento do comunismo, os outros jornais adotaram também. Já não tinha mais necessidade de defender determinados valores, porque não havia a ameaça do comunismo. Então, tiveram que fazer jornalismo em vez de fazer pregação ideológica de contenção à invasão vermelha. Mas essa estrada foi aberta pela *Folha*".

Texto a partir de entrevista concedida em 20 de março de 2006.

Clóvis Rossi *nasceu em 25 de janeiro de 1943, em São Paulo. Desde a época em que trabalhou no jornal* O Estado de S. Paulo, *vem fazendo muitas viagens internacionais. Pela* Folha, *da qual é colunista e membro do Conselho Editorial, também fez várias coberturas no exterior, como as eleições de 1984 de El Salvador, a Guerra do Golfo (1991) e o Fórum Econômico Mundial de Davos. Recebeu duas vezes o Prêmio Vladimir Herzog: pela capa de* IstoÉ, *"Dossiê da Repressão", de 1978, e pelo conjunto de matérias sobre a violação dos direitos humanos na América Latina. Em 1989, ganhou o Prêmio Fenaj de Jornalismo com a matéria "Os Documentos Militares Secretos", pela* Folha. *Recebeu também o Prêmio Maria Moors Cabot 2001, a mais importante distinção dada a um jornalista estrangeiro nos Estados Unidos. O conjunto de textos com matérias internacionais resultou no livro* Enviado Especial — 25 Anos ao Redor do Mundo *(Senac, 1999), que cobre o período que vai do golpe no Chile (1973) até a Copa do Mundo na França (1998). É autor de mais quatro livros.*

Um homem movido a amanhã
ELIO GASPARI

Duas histórias que Octavio Frias gosta de contar:
• "Eu já vi gente atravessar a rua para vir me cumprimentar, atravessar de novo para não me cumprimentar e voltar a atravessar para cumprimentar."
• "Ouvi dizer que o Fernando Henrique comentou: 'Na *Folha*, não adianta ligar para o Frias'. Não adianta mesmo."

Num mundo de magnatas da comunicação sobre o qual pairou a figura imperial e onipotente de Assis Chateaubriand, Frias é único num gênero: excêntrico pela simplicidade. Será que não adianta ligar para ele? Talvez não, mas adianta muito mais para a *Folha* de *S.Paulo* a percepção, no andar de cima, de que Frias não se incomoda se disserem que não adianta ligar para ele. O jornal de maior circulação do país pertence a uma pessoa desinteressada do tamanho de seu ego. Pode-se suspeitar que, assim como Hulk muda de cor quando fica zangado, Frias embaça o olhar quando acha que está sendo bajulado. Esse é o principal traço da periculosidade da *Folha*.

Se os magnatas da comunicação tivessem mandado no Brasil metade do que pareciam mandar, o *Jornal do Brasil*, a *Manchete* e os Diários Associados não teriam ido à guerra. Por temperamento e percepção, Frias foi o primeiro a dissociar a figura cinematográfica do Cidadão-Seja-Quem-For do projeto de sua publicação. (Nos anos 60, Carlos Lacerda, que farejava capacidades, ofereceu-lhe a *Tribuna da Imprensa*, reconhecendo que não entendia nada de administração.)

Para quem já foi funcionário público, sócio de banco e de casa de investimentos, fabricante das placas comemorativas do Congresso Eucarístico Internacional de 1960 e dono de granja, jornal é um negócio muito divertido. Nele pode-se perder muito dinheiro (não foi o seu caso), mas com certeza pode-se aprender bastante. Frias tem a curiosidade de um repórter cujo emprego está a perigo. (Apesar disso, até o ano passado não sabia o significado da palavra "passaralho".)

Quem freqüenta redações de jornal aprende que, quanto maior o penacho do cacique, menos perguntas ele faz e mais certezas propaga. É muito provável que Frias seja a pessoa que faz mais perguntas no prédio da *Folha* ou em qualquer outro onde funcione uma Redação. Caso raro de sujeito que acorda com vontade de perguntar e, mais raro ainda: pergunta sem dar ao interlocutor a impressão de que vai arrumar as respostas numa moldura já desenhada. Tem até um código para administrar o conflito do segredo com a sua divulgação: "Se você me conta e pede sigilo, eu cumpro. Se alguém fica sabendo por outro caminho, eu não interfiro. A notícia sai". É capaz de ouvir por mais de uma hora um dos sujeitos mais chatos do país sem se aborrecer e, meses depois, nem sequer se lembrará do cidadão como um bate-estacas. Sente-se bem gostando dos outros.

Se Deus poupou a JK o sentimento do medo, negou a Frias o prazer da maledicência. Não estica conversa falando mal do mundo nem da concorrência. Num traço raro no meio jornalístico, fica feliz com o êxito de quem quer que seja, sobretudo das pessoas que trabalham na *Folha*. É fácil ouvi-lo falar bem dos outros (quase sempre pelas costas). Num exemplo, ouvido nos anos 90: "Tarso de Castro? Gênio". Dificílimo ouvi-lo falar bem de si. Raramente menciona suas relações pessoais com Oscar Niemeyer (teve-o como arquiteto num empreendimento), Di Cavalcanti (tem dois quadros dele) e com o bibliófilo Rubens Borba de Moraes (escrevia na *Folha*). Octavio Frias não é um personagem freqüente nas conversas de Octavio Frias. O que ele quer é falar do que está para acontecer. Coisa assim: "Quem deve ganhar a eleição. O que será que ele vai fazer?".

Como se fosse movido a amanhã.

Elio Gaspari *nasceu em 22 de março de 1944, em Nápoles, Itália. É colunista da* Folha *desde 1996. O signatário encontra-se semanalmente com Octavio Frias para uma conversa que dura cerca de quarenta minutos. Nelas já se falou de tudo. Frias nunca se referiu a qualquer coisa publicada na coluna. Umas poucas vezes achou graça e sentiu a falta de Eremildo, o Idiota. Nada mais.*

Levou os novos acadêmicos para a redação
FERNANDO HENRIQUE CARDOSO

Carlos Alberto Cerqueira Lemos construiu sua casa em Ibiúna, município vizinho da cidade de São Paulo, com o dinheiro que recebeu por um projeto para o edifício da *Folha de S.Paulo*. O projeto não foi executado, mas foi ele quem arquitetou a aproximação de dois dos seus amigos: o futuro presidente Fernando Henrique Cardoso e Octavio Frias de Oliveira.

"O Carlos é grande amigo meu. Foi ele quem fez a minha casa em Ibiúna", diz Fernando Henrique. "Estávamos sempre juntos lá e ele me dizia: 'Você tem que tomar um café com o Frias'. Era a época do regime militar e eu passava parte do tempo fora, parte no Brasil, trabalhando no Cebrap. Até que um dia o Carlos passou no meu escritório e me disse: 'Hoje nós vamos tomar um café com o Frias!'. Eu fui, não sei exatamente a data, acho que em 1976, por aí. Nesse encontro estavam o Cláudio [Abramo] e o Frias. E eu gostei de cara do Frias, porque ele é muito inteligente, muito vivo. E tem um estilo irônico, que eu aprecio."

O convite para Fernando Henrique escrever na *Folha* foi imediato, durante o café. E ele aceitou, igualmente de pronto, apesar de preocupado com a inexperiência em escrever para um jornal dirigido ao grande público, como ele próprio revela, lembrando que estava acostumado com os jornais alternativos, de perfil intelectualizado, como o *Opinião*. "Eu comecei na *Folha*, mas não sabia como escrever para um jornal diário, que tinha um leitor mais eclético. Entrei na página 2, naquela coluna que depois foi do Samuel Wainer e hoje é do Clóvis Rossi. E tinha um jornalista na Redação — eu não me lembro o nome — que me ajudava muito. Era um sujeito muito simpático, que me corrigia. Naquele tempo não tinha esse negócio de internet. Era complicado mandar um artigo, às vezes eu ditava pelo telefone."

Carioca, nascido em 1931, o ex-presidente morou pouco no Rio de Janeiro. Da primeira vez, do nascimento até 1940, chegou a fazer dois anos do curso primário em um colégio de Copacabana, por acaso chamado Paulista. Após uma permanência em São Paulo, quando Fernando já cursava o secundário, o pai foi transferido para o Rio, onde ele prosseguiu os estudos. "Depois, voltei para São Paulo. A Radhá — que viria a ser esposa de Cláudio Abramo — foi minha colega desde o curso de admissão. Um dia, o Cláudio foi conversar comigo: 'Olha, eu vou sair da *Folha*, porque houve pressão dos militares... mas o Boris [Casoy], que vai me substituir, está combinado conosco."

Era setembro de 1977 e, sob a intimidação do regime militar, às vésperas das manobras fracassadas do general Sylvio Frota, Cláudio Abramo foi substituído por Boris Casoy. Segundo Fernando Henrique, "os intelectuais começaram a se afastar da *Folha* em protesto, mas eu fiquei. O Cláudio e outros amigos pediram que eu ficasse, porque o afastamento do Cláudio era uma manobra tática do Frias. O Boris era considerado mais conservador. Mas é um homem direito, não ia fazer nenhuma bobagem, como não fez. E eu fiquei na *Folha*, apesar daquela recuada... porque todo mundo achava que o Frota ia dar um golpe. O Geisel não deixou. Foi um momento muito duro e as coisas, de qualquer maneira, não pioraram". Em outubro de 1977, o general Frota, ministro do Exército, foi demitido pelo presidente Ernesto Geisel.

A relação de Fernando Henrique Cardoso com a *Folha* perdurou. Escreveu sua coluna semanal por uns dez anos, inclusive durante todo o período em que ocupou uma vaga no Senado e até se tornar ministro das Relações Exteriores do governo Itamar Franco. Na época, não só ele, mas colegas do Cebrap também colaboraram com a *Folha*: José Serra e Eduardo Graeff eram editorialistas, e Vilmar Faria ajudou na criação do Datafolha.

Para o ex-presidente, duas instituições souberam perceber a mudança da vida em São Paulo nos estertores da ditadura: a Abril e a *Folha*. "O que fizeram? Puxaram a universidade para si. A Abril, na época da ditadura 'começou a chamar gente, aquele pessoal que não tinha emprego, para fazer os fascículos. Eu mesmo trabalhei nisso, a Ruth, o Pedro Paulo Poppovic, que era nosso amigo, dirigia essa parte da Abril. E a *Folha*, por sua vez, chamou a nova geração de acadêmicos. A *Folha* sempre competiu com o *Estadão'* e, a partir de determinado momento, o *Estadão* tinha a velha geração e a *Folha*, a nova. Eu fui da transição. Não era propriamente da nova geração, mas dei o aval para que os mais jovens viessem. E concordava com essa política. Era preciso abrir a imprensa. O pessoal da esquerda era muito do tipo 'eu não colaboro'. Eu acho positivo colaborar com quem deseja mudar as coisas, melhorar a situação do país, mesmo que não seja nas condições ideais. É preciso abrir caminhos, abrir espaços. E tudo isso ocorreu porque o Frias soube equilibrar inteligência e ousadia em um momento muito difícil."

De articulista a assunto obrigatório das edições diárias da *Folha* durante os oito anos do seu mandato presidencial, Fernando Henrique Cardoso entende que o jornal tem dinâmica própria: "Tem que ter independência, tem que ter a capacidade antecipatória, essa que a *Folha* colocou no manual dela. E como é que funciona? É pelo viés, não é pelo normal. É pelo que está errado que o jornal vê o conjunto. Claro que você fica irritado, mas é a maneira que a imprensa tem de olhar a sociedade, é o ângulo próprio dela. É o viés, é o desvio, o escorregão. Às vezes a imprensa exagera. O risco do jornalista é o de só olhar o viés. Nesse caso desorienta a opinião, porque não dá os parâmetros para ela se organizar. Transmite a sensação de que está tudo errado.

É preciso haver um certo equilíbrio. Mas a *Folha* foi por esse caminho, do qual eu não discordo. Eu discordo só do exagero, às vezes, mas não da linha".

Para Fernando Henrique Cardoso, "o Otavio [Frias Filho] encarnou isso de uma maneira muito forte. A *Folha* pautou muitos jornais e avançou. Mas, por trás, está o Frias, com sua capacidade extraordinária de trabalho. Embora o Otavio tenha muitas virtudes, é mais intelectual. O Frias não, é um político e um empresário. Ele tem um pessimismo que é, digamos, metodológico. Por cautela. Porque, se ele fosse pessimista mesmo, não teria feito o que fez. Ele acredita no que faz, mas toma distância. É uma pessoa que tem muitas qualidades e que nunca deixou de olhar para o essencial. Sabe que também é essencial não perder dinheiro porque o jornal é uma empresa. Ele tem essa visão, que parece simples, mas é fundamental. Para quem não é empresário, é diferente.

O Frias tem esse sentimento muito agudo de que é preciso ter dinheiro para ter independência e poder fazer o que se deseja. Mas se fosse só isso, ele não iria longe. É preciso ousar, e ele sabe fazer isso muito bem. Quando resolveu abrir a *Folha* à colaboração das esquerdas e dos opositores ao regime arbitrário, foi porque percebeu que o jornal tinha de ser mais crítico. Até então a *Folha* era apenas mais um jornal, mais uma empresa. Quando o Frias percebeu que já era possível – sem arriscar a vida da empresa – mudar de tom, entrou decididamente pelo lado democrático. Quando viu a nuvem negra do Frota lá em cima, recuou, recolheu algumas velas, mas não mudou o rumo. Foi mais devagar, mas não mudou o rumo. Eu admiro essa capacidade de ser realista, recuar se necessário, mas não desistir de alcançar o que se deseja".

Sujeito do noticiário por força das circunstâncias do cargo que ocupou, o ex-presidente lembra dos muitos ataques que recebeu da *Folha*, mas que, mesmo assim, nunca telefonou para Octavio Frias de Oliveira para reclamar. "Uma única vez, não foi com o Frias, falei com o Otavio, por causa do 'suposto' dossiê Cayman. Disse ao Otavio que não havia cabimento, que aquilo era uma chantagem. E a *Folha* levou dois anos para tirar o assunto da pauta. Mas foi a única vez. Não é o meu estilo. Como eu sei que o viés é a linha dos jornais, eu não reclamei. Uma vez, quando da inauguração do centro gráfico, eu disse ao Frias que não ia, porque saíram uns artigos insinuando que havia roubalheira no governo. Como é que eu vou homenagear um jornal que fica dizendo, direta ou indiretamente, que eu sou ladrão? Mas o Frias fez com que escrevessem uma versão mais amena, sem alusões, mesmo que longínquas, a mim. Aí, eu fui. Fiz um discurso emocionado, porque foi sentido mesmo. A *Folha*, ainda na época do regime militar, tomou posições corretas e eu disse isso lá.

Eu tenho muita admiração pelo Frias. Ele tem uma história fascinante. Ele é *self-made man*. Aquele barão não sei das quantas, lá atrás, de quem ele descende não tem nada a ver com o Frias. O Frias se fez sozinho. Eu gosto dele."

Texto a partir de entrevista concedida em 13 de abril de 2006.

Fernando Henrique Cardoso *nasceu em 18 de junho de 1931, no Rio de Janeiro, Estado do Rio de Janeiro. Foi presidente da República por dois mandatos consecutivos (1995-2003). Também foi ministro da Fazenda e das Relações Exteriores e senador. Sociólogo, ex-professor catedrático de ciência política e atual professor emérito da USP, lecionou em diversas instituições no exterior. É autor e co-autor de muitos livros e artigos publicados no Brasil e em outros países. Atualmente, é presidente do Instituto Fernando Henrique Cardoso; presidente da Fundação Osesp, mantenedora da Orquestra Sinfônica do Estado de São Paulo; e professor na Universidade Brown, nos Estados Unidos.*

Um grau à esqueda do *Estadão*
GETÚLIO BITTENCOURT

Em 5 de abril de 1978, a manchete da *Folha de S.Paulo* destacava a entrevista do general João Baptista Figueiredo, à época candidato do regime militar à sucessão presidencial, para os repórteres Getúlio Bittencourt e Haroldo Cerqueira Lima. "Exclusivo: Fala Figueiredo" teve continuidade na edição do dia seguinte, com as idéias do candidato para a economia do país, e conquistou o Prêmio Esso, na categoria principal daquele ano, para a *Folha de S.Paulo*.

O general Figueiredo proibira que suas palavras fossem gravadas ou anotadas, e os dois repórteres realizaram um verdadeiro trabalho de carpintaria, reconstituindo cena por cena com riqueza de minúcias, para "revelar à nação o linguajar, as idéias e o temperamento do futuro presidente".[36]

Vinte e oito anos depois, Getúlio Bittencourt relembra que "o convidado para fazer a entrevista era o Boris [Casoy], mas ele preferiu escolher o Leleco [Haroldo Cerqueira Lima, falecido em dezembro de 2003], que era mais velho e tinha mais juízo, e eu, para ter uma coisa mais equilibrada. Quando voltei para a Redação da *Folha*, acho que uns dois dias depois da publicação da entrevista, encontrei o sr. Frias no elevador. Ele estava com o Cláudio Abramo. O Cláudio passara o cargo de diretor de Redação para o Boris, em decorrência das exigências do regime militar, mas continuava no jornal, como assessor do sr. Frias. E foi logo dizendo: 'O que você fez foi uma provocação. Se fosse eu, não tinha publicado isso'. Na verdade, o Cláudio estava censurando o Boris e o sr. Frias pela decisão de publicar. Mas, naquele momento, o sr. Frias não falou nada. Ficou quieto, impassível. Que eu saiba, ele não recebeu pressão por causa dessa matéria, mas as primeiras reações à entrevista foram engraçadas. O Alexandre Gambirasio, que era secretário de Redação, reclamou comigo que o começo da entrevista, que era um pingue-pongue, tratava de assuntos sem a menor relevância. Mas, enfim, a despeito das opiniões contrárias, o sr. Frias mandou publicar, deixou sair, não mudou uma vírgula".

Getúlio Dutra Bittencourt é mineiro de Tarumirim, onde nasceu em 1951. Começou no jornalismo em 1969, passando por publicações em Minas e em São Paulo, até chegar à Agência Folha, em 1974: "Em seguida, fui para a Folha, convidado pelo Dante Matiussi e pelo Adilson Laranjeira, da editoria de Cidades. Eles liam as histórias que eu mandava da Agência Folha e, como tinham uma vaga, me convidaram. Melhorava o salário e eu achei ótimo".

Data desse período uma história saborosa que Getúlio conta nos primeiros parágrafos do texto que escreveu quando da criação da cátedra Octavio Frias de Oliveira na Fiam:[37]

"Conheci Octavio Frias de Oliveira, o principal acionista da *Folha de*

---

36. Guilherme J. Duncan de Miranda (org.), *Prêmio Esso: 40 Anos do Melhor em Jornalismo* (Rio de Janeiro: Relume Dumará, 1995), p. 72.
37. "Uma Cátedra Para Octavio Frias, Pai", *DCI*, 26/2/02.

S.Paulo, como repórter iniciante de seu jornal em 1974. Recebi então da editoria de Cidades uma tarefa difícil, a de entrevistar o prefeito de São Paulo sobre a rodoviária paulistana, que ficava defronte à estação Júlio Prestes, no final da avenida Duque de Caxias, e pertencia, entre todos os empresários, ao próprio Frias.

A história foi publicada numa página inteira do jornal, e naquele dia, de passagem pela Redação, Frias veio conversar comigo. Ele tinha várias perguntas apropriadas ao tema, do ponto de vista estritamente jornalístico, que eu deveria ter feito, mas não fiz. No fim, com sua franqueza às vezes brutal, ele concluiu: 'Bom, você não estava preparado para esta entrevista, não é?'.

Tive que admitir que era verdade".

A partir de 1975, primeiro como repórter e, depois, como repórter especial de política, Getúlio passou a conviver mais amiúde com Frias, participando regularmente dos almoços da *Folha* para personalidades convidadas. "Praticamente em tudo que tinha a ver com política eu estava presente. Então, eu almoçava com ele toda semana. Ele tinha firmeza para fazer perguntas aos entrevistados. Sempre foi muito prático e incisivo. Um dia de 1978, depois da publicação da entrevista com o general Figueiredo, cheguei antes dos convidados e conversei um pouco com o sr. Frias. Perguntei se ele achava que a postura crítica e independente da imprensa ajudaria a redemocratização do Brasil e ele me respondeu: 'Isso acelera o momento histórico. Se vai ser bom ou ruim, como é que eu vou saber?.''

O governo do general Ernesto Geisel, de março de 1974 a março de 1979, possibilitou uma abertura lenta e gradual da imprensa. Em uma análise do que foram esses anos "de um general mais civilizado", como ele mesmo diz, Getúlio relata que "em 1974, quando o sr. Frias começou a fazer a primeira reforma da *Folha*, a imprensa brasileira tinha problemas. O *Jornal do Brasil* era excelente e tinha o colunismo político do Carlos Castello Branco. Ainda hoje, não temos nada parecido com o Castellinho, mas a coluna dele às vezes era censurada. O *JB* estava sob censura. O *Globo* não era censurado, mas era um jornal muito informativo. Lembrava um pouco a *Folha* antes da reforma, também não tinha opinião. A *Veja* era uma publicação interessante, bem escrita, mas de elite, muito diferente da revista que nós temos hoje. A parte provocativa da mídia era feita pela imprensa alternativa. Então, era o *Movimento*, o *Opinião*, o *Pasquim*, que era o pai de todos, o *Versus*, do Marcos Faerman. A vida inteligente estava por ali.

Quando a *Folha* abriu espaço para opinião, os novos talentos, ela ocupou o espaço dos jornais alternativos. Fernando Henrique Cardoso, que escrevia para o *Opinião*, escrevia para a *Folha*, assim como Bolívar Lamounier. O sr. Frias, é claro, fez uma coisa mais ampla, o Plínio Corrêa de Oliveira também escrevia para a *Folha*, o Marco Maciel... Ele pegou um espectro que ia da esquerda à direita, mas bastou ele colocar esse espectro da esquerda dentro da *Folha*, que ela ficou muito maior do que todos os jornais alternativos juntos. Ela absorveu isso. É claro que não havia o projeto de destruir os jornais alternativos, mas eu acho que o Cláudio Abramo convenceu o sr. Frias de que era preciso ficar um grau à esquerda do *Estado*, e isso era interessante. Mesmo porque o público conservador já tinha comprado o *Estadão* e não abria mão dele".

Em 1979, Getúlio Bittencourt deixou a *Folha* e foi para a revista *Veja*, na qual trabalhou, primeiro em São Paulo e, depois, em Brasília, nas funções de editor-assistente, chefe da sucursal e editor de nacional. Retornou à capital paulista em 1983 como editor de Política e, em seguida, editor sênior da *Gazeta Mercantil*. Poucos anos depois, estava de volta à capital federal como secretário de Comunicação da Presidência da República, no governo José Sarney.

Vem dessa época outra lembrança a respeito do sr. Frias: "Numa tarde de 1987, quando eu trabalhava como secretário de Comunicação Social do governo Sarney, o sr. Frias foi me visitar no quarto andar do Palácio do Planalto. 'Quero relançar a carreira do Cláudio Abramo', ele me disse. 'Consiga uma entrevista exclusiva do presidente para ele, e prometo que vou fazer esse relançamento.' A entrevista, marcada para dias depois, saiu em duas páginas inteiras da *Folha de S.Paulo*. Cláudio estava relançado, mas infelizmente morreria nesse mesmo ano".

Texto a partir de entrevista concedida em 2 de março de 2006.

Getúlio Bittencourt *nasceu em 28 de maio de 1951, em Tarumirim, Minas Gerais. Foi presidente da Empresa Brasileira de Notícias (EBN) em 1989. No mesmo ano, voltou à* Gazeta Mercantil *como correspondente em Nova York,*

EUA, onde ficou durante onze anos. Em 2000, retornou ao Brasil, como editor-chefe do Panorama Brasil, *do grupo DCI. Desde 2002 é diretor de Redação do DCI – Diário Comércio Indústria&Serviços, em São Paulo. É autor e co-autor de vários livros.*

Ele garantiu a democracia no Brasil
IVES GANDRA DA SILVA MARTINS

A revista *Seleções*, criada pelo casal DeWitt e Lila Wallace nos Estados Unidos, em 1922, exercia grande fascínio sobre os leitores. Trazia assuntos da vida moderna, resumos de *best-sellers* e emocionantes histórias de pessoas comuns, emolduradas pelo título "Meu Tipo Inesquecível". Publicada em vários países, *Seleções* chegou ao Brasil em 1942 e logo se tornou leitura constante do menino Ives Gandra da Silva Martins.

Perguntado sobre Octavio Frias de Oliveira, o hoje advogado tributarista de prestígio, nascido em fevereiro de 1935, foi logo contando: "Para mim, o Frias é o 'meu tipo inesquecível' de jornalista, e olha que ele insiste que não é jornalista. Mas eu disse isso a ele. E confirmo. Eu o presenciei definindo matérias e editoriais. Ora, quem define matérias e editoriais é jornalista. Ele tem uma visão extrajornal, de perspectiva macropolítica, conjuntural, que transcende o jornal que veicula apenas notícias, ou, no máximo, dá suas opiniões, mas sem nenhuma preocupação. O Frias tem uma visão global do noticiário e preocupação pelo país.

Do ponto de vista humano, ele é admirável. Nunca o vi irritado, sempre foi extremamente cordial. Temos muita afinidade de idéias e um ponto de divergência, porque eu acredito em Deus, sou católico. Ele é agnóstico. Na divergência, nós também somos muito amigos. Ele diz que gostaria de ter fé, e eu digo que fé a gente vai adquirindo. Não há nenhum esforço para ter fé. Mas o Frias é um homem que não acredita, e eu digo que ele vai ganhar o céu, apesar de não acreditar. É uma figura humana extraordinária".

Os dois se conheceram por intermédio de um amigo comum, Carlos Alberto Longo, com quem Gandra Martins havia fundado a Academia Internacional de Direito e Economia. Na época, Gandra Martins estava na vice-presidência do Instituto dos Advogados, entidade que depois presidiu, de 1985 a 1986. Um almoço no instituto deu início a uma longa amizade: "Estou convencido de que a amizade independe do tempo e do espaço. Às vezes, a gente convive trinta anos ao lado de uma pessoa e não consegue ser amigo dela. No entanto, quando há aquela empatia, em dez minutos surge uma amizade para o resto da vida. Isso aconteceu entre nós. O Frias e eu, a partir daquele almoço, nos tornamos amigos".

Paulistano, Gandra Martins estudou no Colégio Bandeirantes, onde se formou em 1952. Logo, partiu para um curso de especialização em perfumaria no sul da França. O jovem pensava em seguir a profissão do pai, José da Silva Martins, que era perfumista. Ao retornar ao Brasil, em 1954, ingressou na Faculdade de Direito da Universidade de São Paulo e não demorou a descobrir a sua verdadeira vocação.

"Gosto da reflexão política, mas me dedico mais à vida acadêmica, à advocacia. Exerço a advocacia com intensidade. Por vezes, fui advogado da *Folha* em algumas questões", diz Gandra Martins, que participou da reação da *Folha* ao episódio de invasão do jornal pela Polícia Federal, em 1990, no início do governo de Fernando Collor de Mello.

Há cerca de vinte anos, pelo menos uma vez por mês, Gandra Martins escreve um artigo para a *Folha*. Curiosamente, ele lembra que o primeiro convite para escrever não partiu do pai, mas de Otavio Frias Filho, diretor de Redação da *Folha*. Não por acaso, a relação de Frias com os filhos é motivo de grande admiração para o amigo: "Eu tenho seis filhos e eles me respeitam muito, mas isso não é mais tão comum hoje em dia. Então, eu admiro muito isso. Aquele respeito reverencial é algo que se sente na relação dos filhos com o Frias. Só tem carinho o filho que respeita o pai e só respeita o pai o filho que acha que ele foi um bom pai. Os filhos que acham que os pais não foram bons de alguma forma demonstram suas frustrações. O Frias é um pai presente".

Para Gandra Martins, "Frias fez da *Folha* um jornal absolutamente aberto. Ele pode ter posições no editorial, mas o jornal é de liberdade ampla. Em 'Tendências/Debates', à página 3 do primeiro caderno, todas as correntes podem ser representadas, sem nenhum patrulhamento ideológico. Houve um momento em que isso era extremamente difícil, e o Frias soube garantir essa liberdade, mantendo bom relacionamento com todas as correntes. Nunca ouvi de um político, jurista ou intelectual que conheça o Frias qualquer restrição à maneira de ser dele. Isso eu considero extremamente raro, ainda mais no jornalismo, porque o jornalista, por mais que tente, mais cedo ou mais tarde, vai criando resistências. Com o Frias, não: pode-se não gostar dos editoriais da *Folha*, mas a figura do Frias é preservada".

A aliança fraterna com Frias consolidou-se quando da invasão da *Folha*, assim relatada por Gandra Martins: "Eu era advogado da *Folha* e também da ANJ, Associação Nacional dos Jornais, da qual sou consultor até hoje. Na época entendemos que, por uma orientação expressa da ministra Zélia [Cardoso de Mello, ministra da Economia do governo Fernando Collor, de 1990 a 1992], como os jornais não vendem mercadorias, mas prestam um serviço, nós não estaríamos sujeitos a um congelamento de preços próprio da venda de mercadorias. Então, houve a invasão da *Folha*, sob a alegação de descumprimento da medida provisória que congelara os preços.

Eu estava dando uma palestra, me lembro bem do local, era um congresso da IBM, quando o Frias me ligou. Fui para a *Folha* e lá estavam agentes da Polícia Federal e da Receita Federal. O Frias estava no 9º andar e nós conversamos com os agentes no primeiro andar. Então, liguei para o Bernardo Cabral, que era o ministro da Justiça e grande amigo meu. Juntos, tínhamos sido conselheiros da Ordem dos Advogados. Ele me disse que iria falar com a ministra. Eu não a conhecia. Ela me ligou cinco minutos depois e nós nos entendemos. Em seguida, liguei de novo para o Bernardo e disse a ele: 'Com a ministra não há problema, mas a Polícia Federal continua aqui'. Bernardo Cabral quis conversar com o delegado em comando, mas ele teimava em não obedecer ao ministro. Uma frase que o delegado repetia ao telefone era: 'O senhor não é o meu chefe'. Isso foi notável".

A breve conversa com o ministro tranqüilizou o advogado quanto à segurança das pessoas levadas para prestar depoimento na Polícia Federal. "Realmente, ninguém foi indiciado e, no dia seguinte, a ministra Zélia revogou a medida provisória que serviu de pretexto para a invasão. Mas, naquela sexta-feira, assim que o pessoal saiu para depor, nós fizemos uma reunião, e foi aí que a figura do Frias me marcou. Às dez horas da noite, já tinha sido preparado um editorial. Eu até contestei parte dele, que foi amenizada para efeito jurídico. Na sala, com o Frias, estávamos o meu assistente, Antonio Carlos Rodrigues do Amaral, eu, o José Carlos Dias [advogado e, depois, ministro da Justiça], o Otavio [Frias Filho] e o Luís Francisco [Carvalho Filho, advogado]. Então, o Frias perguntou: 'Como vamos fazer isso?'. Eu respondi: 'Nós vamos mostrar que foi praticada uma arbitrariedade'. E ele, diante da gravidade da situação, me deu a liberdade de escolher se eu queria continuar, dizendo: 'Você quer ficar conosco, ou, em função...'. De imediato, respondi a ele: 'Eu já estou velho demais para não manter a palavra. Nunca abandonei um cliente. Não vai ser agora que vou abandoná-lo, Frias. Ou nós vamos para a cadeia juntos ou começamos a fazer com que haja consciência'."

Na opinião de Gandra Martins, Collor mandou invadir a *Folha* e não os outros órgãos de imprensa, já que todos tinham ajustado os seus preços, para calar o jornal. A *Folha* era o mais fustigante na cobertura do governo. De fato e de início, os demais jornais silenciaram. A solidariedade à *Folha* não foi imediata. Por isso, para Gandra Martins, a decisão que Frias tomou de enfrentar o governo Collor fez com que começasse a mudar a história do Brasil: "Todo mundo fala do episódio da invasão, mas é preciso avaliar a dimensão histórica do fato. Às dez da noite daquela sexta-feira, o Frias salvou a democracia no Brasil. Se a *Folha* tivesse se calado, a covardia que começava a tomar conta de todo mundo se alastraria.

Naquela primeira semana de governo, havia perseguições, muita gente foi presa, o Congresso Nacional estava relativamente quieto, estava todo mundo assustadíssimo. Não havia alguém para dar respaldo a quem dissesse qualquer coisa. Então, quando um jornal como a *Folha* passou a dizer que havia arbitrariedades dentro do governo, aí os políticos começaram a falar. A partir do momento em que Frias tomou a decisão, 'vamos nos defender', ele terminou com o que eu chamaria de 'ascensão da arbitrariedade do governo Collor'.

Se não fosse o episódio *Folha*, talvez nós estivéssemos amargando uma ditadura, com todas as conseqüências. Quando contarem a história do país, daqui a vinte, trinta, quarenta anos, e quando se aprofundarem nesse fato, e perceberem o antes e o depois do episódio *Folha*, a história terá que fazer esse registro em relação ao Frias. Ele foi o único homem que reverteu essa situação. Ele foi o homem que garantiu a democracia no Brasil. Pode parecer assim um pouco retumbante, manchete de jornal, mas eu vivi aquele episódio e posso garantir: foi o que aconteceu. Eu estava lá, no 9º andar, todos em silêncio, ao redor da mesa, e ele definindo o que fazer".

Texto a partir de entrevista concedida em 24 de fevereiro de 2006.

Ives Gandra da Silva Martins *nasceu em 12 de fevereiro de 1935, em São Paulo, Estado de São Paulo. Advogado tributarista, professor emérito da Universidade Mackenzie, da UniFMU e da Escola de Comando e Estado-Maior do Exército, é presidente da Academia Paulista de Letras, do Conselho de Estudos Jurídicos da Federação do Comércio de São Paulo e do Centro de Extensão Universitária.*

Tal pai, tal *Folha*
JANIO DE FREITAS

Vinte anos em oitenta. Extravagância que merecerá um champanhe. O aniversário importante provocou a confirmação de que completei imprevisíveis e quase inexplicáveis vinte anos na *Folha*. Quase inexplicáveis porque sua causa fundamental não está no meu trabalho, mas em uma peculiaridade que, ela sim, pode justificar uma reflexão envolvendo a coluna por mim assinada.

Entre as empresas de mídia e o jornalismo desenvolveu-se no Brasil, ao longo do tempo, um antagonismo radical e primário. O jornalismo, submetido a restrições e manipulações, transformou-se em pretexto para o comércio de espaço publicitário, quando não também de opinião, e conquista de influência para favorecer outras atividades. Na equação daí resultante, o jornalismo é secundário, com sua carga de ética e de compromisso com o destinatário.

A lógica do empreendimento jornalístico inteligente é, porém, mais sofisticada do que o primarismo empresarial brasileiro pode perceber. O jornalismo autêntico – informação descomprometida e franqueza analítica – é e sempre será uma atração apaixonante para o público leitor/espectador, que retribui com a chave da mina: as tiragens e as audiências, que são, por sua vez, o atrativo inigualável para o anunciante e a autorização para preços muito mais lucrativos pelo espaço.

No final dos anos 50 e início dos 60, o *Jornal do Brasil* começou um empreendimento nesses moldes. Resultou muito além do esperado, mas durou pouco: as pressões e tentações seduziram para a equação vulgar. Em dia impreciso, a *Folha* começou a sair do limbo em que vivia e adotou a lógica do empreendimento jornalístico autêntico. A época, regime militar ainda, nem era propícia. Mas até a audácia mesma de tal empreendimento, àquela altura, de uma parte fortaleceu-o como atração para a opinião pública, de outra cumpriu um papel que o regime jamais esperara.

No dia em que se escrever a história séria do regime militar e de seu encerramento, não poderá ser esquecida a contribuição da maneira determinada e corajosa com que Octavio Frias de Oliveira assegurou o acesso à *Folha* da palavra de pessoas banidas por toda a mídia, algumas desde antes do regime militar, algumas nem ao menos citáveis pelo simples nome. A página 3 da *Folha*, em particular, cuja modalidade foi legada por Cláudio Abramo, teve no processo de abertura uma influência importante e, apesar disso, pouco conhecida. Em dado momento, o regime se viu diante da alternativa de cercear a *Folha*, ao preço perigoso de um retrocesso difícil, ou ceder a um desafio às regras tácitas da situação. A liberdade de imprensa começou a alargar-se.

Sou beneficiário do caráter de empresa autenticamente jornalística que Frias, pai, introduziu na *Folha*. Devo o primeiro passo para isso a Flávio Rangel, amigo muito saudoso, que sugeriu meu nome a Otavio Frias Filho para uma necessidade talvez apenas momentânea. O que se passou com meu trabalho, a partir daí, não imagino que pudesse acontecer em outro jornal da chamada grande imprensa.

Disso tive demonstração espantosa logo aos primeiros dias da coluna assinada por mim. Foi um dos dois melhores furos que proporcionei à *Folha*. Violava o bem guardado segredo de que o general Figueiredo precisava de urgente cirurgia cardíaca e se recusava a aceitá-la. A contestação foi unânime na mídia e violenta por parte do governo e de militares (só Figueiredo se calou). A *Folha* ficou mal, mas fez o inesperado: não entregou minha cabeça, nem me cobrou a retificação inaceitável.

Uma semana depois, Figueiredo pedia licença para ter "o peito aberto como um frango", segundo sua descrição, nos Estados Unidos. Nenhum jornalista, militar ou político teve a hombridade de corrigir-se, já não digo desculpar-se pelos insultos. Mas o episódio foi decisivo para a coluna, dando-lhe expressão logo no nascimento, e creio ter sido o verdadeiro início dos meus vinte anos de *Folha*.

Já que falei em um dos dois melhores furos, o outro foi o resultado antecipado da multibilionária concorrência fraudulenta para a ferrovia Norte-Sul. A informação sobre a negociata abriu uma longa fase de trabalho nesse gênero, com a qual procurei mostrar que a volta à (semi) democracia não acabara com a corrupção, nem ao menos a diminuíra. Assim tem sido meu trabalho: feito de fases com temas e modos preferenciais, cada fase com informações e interpretação que me parecem necessárias ao conhecimento dos leitores, mas, por motivos diversos, não freqüentam a mídia. Por essa natureza do meu trabalho e pelo tempo que já a fez cansada, posso dizer com toda segurança: tal pai, tal *Folha*.

Texto originalmente publicado no caderno dos oitenta anos da Folha de S.Paulo, *em 19 de fevereiro de 2001.*

Janio de Freitas *nasceu em 9 de junho de 1932, em Niterói, Rio de Janeiro. É colunista e membro do Conselho Editorial da* Folha.

Ele sempre tocou o jornal com a característica que deve ser a principal de qualquer empresário: perpetuar o negócio
JORGE PAULO LEMANN

Quando se mudou do Rio de Janeiro para São Paulo, Jorge Paulo Lemann, um dos fundadores do Banco Garantia, foi à *Folha* almoçar com Octavio Frias de Oliveira, a exemplo de outros tantos empresários do país que não perdem a oportunidade do almoço para debater assuntos de interesse mútuo com editores do jornal.

O encontro ocorreu por intermédio do também empresário e amigo, Roberto Teixeira da Costa, há cerca de treze anos, pelo que Lemann recorda: "Fui para conversar. Eu acho que o Frias sempre tem interesse em conhecer gente que está fazendo alguma coisa. Como nós éramos do Rio, viemos para São Paulo e estávamos agitando o mercado financeiro, ele deve ter dito ao Roberto que queria nos conhecer. Ele gostava do Amador Aguiar. O Amador era a referência dele no mercado financeiro".

Jorge Paulo Lemann fundou e foi diretor do Banco de Investimentos Garantia de 1971 até junho de 1998. Atualmente, é membro do Conselho de Administração da AmBev, Lojas Americanas e InBev. É conselheiro da Fundação Estudar e também participa da Endeavor, uma ONG que ajuda jovens empresários a se firmar e crescer no mercado.

Feitas as apresentações, Lemann e Frias passaram a se freqüentar pontualmente: "Ele, de vez em quando, nos convidava para ir à *Folha*, e nós, de vez em quando, o convidávamos para eventos que tínhamos no Banco Garantia. Nós sempre tínhamos eventos. Convidávamos gente daqui e estrangeiros, e ele gostava de ir a esses encontros para ouvir opiniões diferentes. Em 1998 nós vendemos o banco e, então, acabaram-se os eventos".

Os dois nunca fizeram negócios juntos, mas cultivaram uma boa amizade. Lemann lembra que, uma vez, teve um problema de coração e foi aos Estados Unidos para fazer exames: "O Frias achava que tinha algum problema também e fomos juntos. Acabamos na cidade de Cleveland. Nenhum de nós gostou de Cleveland. Saímos correndo".

Para Jorge Paulo Lemann, vitalidade é a marca de Octavio Frias de Oliveira: "Chegar aos 94 anos assim é um espetáculo. Acho admirável a lucidez e a vitalidade dele. Lembro que o último evento em que estivemos juntos foi em novembro de 2005, quando ele deu uma palestra para a Endeavor sobre empreendedorismo. Havia cerca de trezentos jovens empreendedores na platéia para quem ele falou bem e respondeu a perguntas".

Outra admiração aponta para a atividade profissional de Frias: "Ser dono de jornal é uma profissão bastante completa, a meu ver. É preciso tocar o negócio, ter receita, boa administração, ter lucro, mas ao mesmo tempo é preciso tocar todos aqueles artistas que são os jornalistas. No caso do Frias, artistas variados, com opiniões diferentes e além do mais, existe o dever público de informar, de sempre reportar a verdade. Então, é uma profissão bastante completa. Quando possui um negócio normal, geralmente o indivíduo está concentrado em vender, servir bem o cliente, ser eficiente, ter lucro. Em jornal, além disso, tem a responsabilidade pública, que é grande. Eu acho que ele se saiu bem nisso. É interessante ter o jornal com as opiniões mais diversas. Eventualmente, sou marretado por alguém, porque tem tanta opinião diferente na *Folha* que tem sempre um que é contra".

Quanto ao negócio jornalístico propriamente dito, Lemann confessa que não conhece bem o ramo, mas diz que "o Frias é uma pessoa que entende de eficiência. Ele sempre tocou o jornal com a principal característica que eu acho deve ser a de qualquer empresário: perpetuar o negócio. Ou seja, que seja um negócio de longa duração, longa durabilidade. Tanto que a *Folha* está aí. Não era o maior jornal do Brasil. Hoje em dia é. Não tinha a circulação que tem. Não tinha os jornalistas que tem escrevendo lá. Não tinha o poder que tem. O pessoal lê a *Folha*. Tem muita gente que não gosta, mas lê. Senão, o jornal não estaria vendendo tanto. Então, seguramente, alguma coisa certa o Frias fez. Eu tenho a maior admiração e o maior carinho por ele. Acho que ele é um grande empresário e uma figura humana realmente importante na nossa sociedade. É uma pessoa de grande valor".

Texto a partir de entrevista concedida em 3 de maio de 2006.

Jorge Paulo Lemann *nasceu em 26 de agosto de 1939, no Rio de Janeiro. Formou-se pela Harvard University em 1961. É membro do Conselho de Administração da AmBev, Lojas Americanas e InBev. Até o início de 2005, foi membro do Conselho de Administração da Gillette (Boston) e Swiss Re (Zurique). Integra ainda o International Advisory Board da DaimlerChrysler e o HBS Board of Dean's Advisors da Harvard University.*

O velho é quem sabe das coisas
JOSÉ SARNEY

Nossa geração foi testemunha da maior revolução tecnológica de todos os tempos na imprensa. O século 20 assistiu ao papel desaparecer das redações, onde ele era o começo de tudo. Vieram o computador, os sistemas de impressão e até a existência de um jornal feito de imagens, signos e sons.

Assistir a essas transformações e adaptar-se a elas, tendo a decisão de acompanhá-las, foi o desafio de fazedores e proprietários de veículos impressos. Na imprensa brasileira do século 20, a figura de Octavio Frias foi predominante e relevante. Não somente como testemunha, mas como protagonista da nossa modernidade, fazendo com que a *Folha de S.Paulo* fosse a vanguarda das mudanças na forma e na linguagem, assumindo o lugar de maior jornal de circulação nacional.

Frias acompanhou a revolução das comunicações, entendeu a nova mídia e, antes que os outros, viveu o futuro. Fez o jornal moderno e a linguagem moderna desse novo tempo.

É uma personalidade fascinante, uma figura humana de traços inesquecíveis e marcantes. Na sua tranqüilidade e no falar manso existe o dialético, não aquele que no dizer de Engels deseja chegar ao acordo das contradições, mas aquele que está mais chegado ao diálogo, que é conversa, ensino, filosofia de compreender os fatos. Seu famoso jeito de perguntar é o contrário das indagações platônicas, porque as dele são concretas, reais, claras, objetivas.

Ele fez desse seu feitio de repórter o novo estilo da *Folha*. Cada matéria é uma pergunta do Frias. É sua alma de repórter dando aos formuladores e fazedores do jornal o papel de trabalhar opiniões contrárias, diversas, e deixar ao leitor julgá-las.

Conheci Octavio Frias em 1967. Eu era governador do Maranhão. No arroubo dos 37 anos, iniciei um programa educacional, "João de Barro" (alusão ao pássaro que constrói sua casa), para levar ensino às zonas rurais, com a participação da comunidade, quando isso era chamado de comunismo. A velha *Folha* fazia uns cadernos educacionais dirigidos por Calazans Fernandes e fui a São Paulo fazer uma exposição do meu projeto. A *Folha* daqueles anos fez um caderno sobre o assunto. E então conheci Frias. Recebeu-me para um coquetel e nasceu uma empatia de toda a vida. Nem os caminhos desencontrados nem as surpresas que o destino me preparou nos afastaram. Sempre o mesmo carinho e sempre o perguntar sobre tudo. Nunca discutimos, sempre perguntamos. Esse querer bem passou à sua família, filhos e filhas, Cristina a mais de perto.

Colaborei na *Folha*, na mesma coluna que até hoje ocupo às sextas-feiras, desde 1983, quando Expedito Quintas dirigia a sucursal de Brasília. Depois veio a Presidência. Escrever em jornais, nem pensar.

Voltei a ser cidadão comum. Estava em 1990 na Cidade do México. O telefone tocou. Era Octavio Frias. O que queria ali o Frias comigo? Lá veio a pergunta: "Você quer voltar a escrever na *Folha*, na coluna das sextas-feiras?". Respondi sem tergiversar: "Quero". Frias pediu-me a confirmação: "Você aceita mesmo?" ."Claro que aceito, Frias." Era tudo que eu queria, mas não tinha coragem de postular.

Dessas colunas já vão cinco livros de coletâneas publicadas e uma antologia, *Tempos de Pacotilha*, com algum sucesso de leitores.

Dois anos depois, estava na casa de Roberto Sodré, amigo comum, num jantar. Frias chama-me ao terraço e me faz uma confissão: "Sarney, quando o convidei para colaborar com a *Folha* quase a Redação em conjunto se demite". (Era meu tempo de ostracismo, saído do governo maltratado, Collor triunfante.) Frias continuou: "Hoje você é um dos cronistas mais bem lidos do jornal. Sabe o que o pessoal da Redação disse? 'O Velho é quem sabe das coisas'".

Dei-lhe um abraço e confessei: "É uma das alegrias e vaidades da minha vida, minha coluna das sextas-feiras na *Folha*!". Como tenho gosto e preocupação com ela. E disse com um gesto amigo: "Ex-presidente, não aceito trabalhar em nada. Só aceito ter mandato popular e emprego do meu patrão Frias".

Grande figura humana, grande amigo, grande jornalista. É difícil encontrar alguém tão firme em suas convicções de liberdade, de direitos humanos, de respeito à coisa pública, de coragem na hora de decidir, de enfrentar todas as iras para manter-se fiel ao seu patriotismo, à sua consciência, à sua missão jornalística de informar. Nesse lugar está junto a Patrocínio, Evaristo da Veiga, Carlos Castello Branco, Joaquim Serra, Bocaiúva e mais tantos e tantos que fizeram a história da imprensa brasileira.

José Sarney *nasceu em 24 de abril de 1930, na cidade de Pinheiro, Maranhão. Iniciou a carreira política em 1956, quando se elegeu suplente de deputado federal pelo extinto PSD. Foi governador do Maranhão (1966-70) e senador (1971-85). Em 1980, foi eleito membro da Academia Brasileira de Letras. Vice de Tancredo Neves, assumiu a Presidência interinamente, em 15 de março* *de 1985. Com a morte de Tancredo, foi efetivado como presidente da República em 21 de abril de 1985. Terminado o mandato presidencial, elegeu-se senador pelo Amapá a partir de 1991. Seu mandato atual vai até janeiro de 2007. Advogado, professor, escritor, poeta e jornalista, é autor de vários livros.*

Objetividade e inteligência fazem a diferença
JOSÉ SERRA

Passados quatorze anos de exílio, José Serra retornou ao Brasil em 1978 e, no ano seguinte, foi apresentado a Octavio Frias de Oliveira. Na conversa, muitas perguntas sobre o Brasil e a economia. Cerca de dois meses após o encontro, Cláudio Abramo foi o emissário de um convite para que ele trabalhasse na *Folha* como editorialista. "Havia a idéia de que intelectuais pudessem participar dos editoriais. O Rogério Cerqueira Leite foi o primeiro deles. Eu fui o segundo e, por meu intermédio, chegaram outros, como o José Augusto Guilhon de Albuquerque e o Eduardo Graeff", relata Serra. O então editorialista permaneceu na *Folha* até janeiro de 1983. Em março daquele ano assumiu a Secretaria de Economia e Planejamento do Estado de São Paulo, no governo Franco Montoro.

José Serra lembra que "o sr. Frias, à moda dele, contribuiu para eu ser secretário do Montoro. Não interferindo ou dando palpites, mas convidando pessoas importantes de São Paulo para me conhecerem. Eu tinha vindo do exílio havia pouco tempo, com fama de esquerdista e de imprevisível na ação pública. E, no geral, o empresariado não gosta de gente assim. Ainda mais no regime autoritário que vigorava na época. Eu fui o primeiro 'subversivo' que foi nomeado secretário. Naturalmente, na vida política, sempre é necessário criar-se um ambiente de conhecimentos em volta e, nesse sentido, foi ele quem me apresentou para muitos empresários, convidando-os para um papo sobre economia".

Nascido em 19 de março de 1942, José Serra iniciou sua vida política aos 17 anos, quando ingressou na Escola Politécnica da Universidade de São Paulo. Foi presidente da União Estadual dos Estudantes (UEE) de São Paulo e da União Nacional dos Estudantes (UNE), além de fundador da Ação Popular (AP). Depois do golpe militar de 1964, exilou-se na Bolívia, na França, no Chile e nos Estados Unidos.

Obrigado a interromper seus estudos de engenharia no Brasil, José Serra começou a estudar economia na França, onde fez o curso da Comissão Econômica para a América Latina das Nações Unidas (Cepal), em 1966, com especialidade em planejamento industrial, e mestrado em economia pela Universidade do Chile, de 1967 a 1968. Foi funcionário da Cepal entre 1969 e 1970, professor da Universidade do Chile, de 1968 a 1973, e membro do Institute for Advanced Study, de Princeton, de 1976 a 1978, nos Estados Unidos. Entre 1974 e 1976, fez mestrado e doutorado em ciências econômicas na Universidade Cornell, nesse mesmo país.

Boris Casoy era o editor-chefe da *Folha de S.Paulo* quando José Serra ingressou no jornal: "Desenvolvi uma amizade muito cordial com o Boris, mas quem cuidava diretamente dos editoriais e da condição profissional dos editorialistas era o sr. Frias. Nós dois ficamos muito próximos, porque foram quatro anos de atividade intensa, em que eu ia ao jornal umas duas vezes por semana. E o sr. Frias era sempre muito interessado, debatia o conteúdo de cada editorial. Com observações muito inteligentes, ele não impunha nenhum ponto de vista. Não impunha mesmo. Às vezes, "perdia" a discussão e descobria, digamos, virtudes ou defeitos que passavam despercebidos pelos outros. Nós acabamos desenvolvendo uma amizade pessoal muito grande".

Quanto à inegável vitalidade de Octavio Frias de Oliveira, José Serra se recorda de um episódio que o deixou bastante impressionado: "Na época, ele me convidou para ir à granja dele, em São José dos Campos, que era a negação do que Adam Smith[38] pregou em seus ensinamentos, porque tudo era feito lá, até os postes. A divisão do trabalho com o resto da economia era mínima. Ele plantava eucalipto, passava o piche. Era uma granja quase auto-suficiente, uma coisa fascinante. Além do aspecto da resistência física. Ele tinha uns 67, 68 anos, e andava a cavalo como um jovem. Fui jogar tênis com ele – e eu nunca tinha jogado tênis, evidentemente. Ele ganhava de longe e depois

---

38. Economista escocês (1723-90), considerado pai da economia moderna. Defensor da livre iniciativa, da divisão do trabalho e da especialização para incremento da produtividade.

ainda tomava banho turco e, em seguida, caía na piscina gelada. Eu tive que fazer tudo isso, seguindo-o à risca, de língua de fora".

Para Serra, objetividade e inteligência fazem a diferença em Octavio Frias de Oliveira. "Ele é das pessoas mais inteligentes com quem eu convivi e tem um atributo que, a meu ver, é próprio da inteligência, que é a curiosidade. Eu acho inconcebível que alguém possa ser inteligente sem ser curioso. No caso dele, isso sempre apareceu, de maneira muito clara. No período em que fui editorialista, havia também, fora os embates intelectuais, discussões às vezes acaloradas sobre os editoriais, até pelas minhas características pessoais, que também são de muita franqueza.

Mas não é só isso. Eu jamais vi o sr. Frias perder a paciência. Se ele perdeu, não foi na minha frente. Ele é bastante franco e, se algo o desagrada, ele fala. Mas sempre com muita delicadeza e respeito pelos outros, o que nunca o impediu de tomar decisões, inclusive afetando a atividade profissional das pessoas. Olha, de todas as pessoas de quem sou ou fui próximo, ele é o que menos tem o sentimento da arrogância. Páreo duro para o Montoro."

Em sua trajetória política, José Serra foi eleito deputado federal constituinte em 1986 e, depois, reeleito em 1990. Em 1994, foi eleito senador. Também foi ministro do Planejamento e Orçamento do primeiro governo de Fernando Henrique Cardoso (1995-96) e ministro da Saúde no segundo (1998-2002). Disputou a Presidência da República em 2002. Em 31 de outubro de 2004, foi eleito prefeito da cidade de São Paulo.

Sempre que esteve fora do Executivo, José Serra escreveu, sem exceção, uma coluna semanal para a *Folha*. Segundo ele, "a *Folha* tem a política de não convidar alguém que esteja no Executivo, o que eu acho correto. São tantas as limitações que se criam que imagino que os textos perderiam o interesse diante desses condicionamentos".

Ao longo dos anos, a convivência com Octavio Frias de Oliveira só fez aumentar a admiração do outrora editorialista pelo amigo, inclusive nos gestos do cotidiano: "Ele está sempre disponível para tratar um assunto de interesse. Interrompe o almoço, se é o caso. Quantas vezes eu liguei, ele estava no almoço e me atendeu. Ele nunca deixa de atender uma ligação. Se há uma boa idéia, ele aproveita. Não tem formalismos, o que não significa abusos. A falta de formalidade nunca se traduziu da parte dele em falta de educação, ou impropriedade de horários, nenhuma invasão. Mas é prático, pragmático, pronto para fazer as coisas andarem, para ouvir opiniões e adotar soluções heterodoxas".

Dos almoços que a *Folha* oferece a personalidades, sob a condição de que tudo o que ali é discutido jamais será noticiado, José Serra se recorda de um em especial. O convidado era Paulo Maluf, governador do Estado de São Paulo à época: "Naquele almoço, eu tive uma discussão ácida, embora educada, com o Maluf a respeito de salários do funcionalismo, e tudo correu com a maior liberdade. A gente se sentia absolutamente seguro, porque o sr. Frias dá autonomia e liberdade. A bem da verdade, poucas vezes vi alguém fazer isso, se comportar dessa forma, no seu ambiente de chefia. Eu mesmo, provavelmente, não me comportaria da mesma maneira se estivesse no lugar dele".

Heterodoxia é a palavra de José Serra para definir Octavio Frias de Oliveira: "Nos anos 50, na época em que esteve ligado ao setor financeiro, ele foi o criador de um instrumento de poupança chamado canguru-mirim. Eu fiquei fascinado de saber que a idéia tinha sido dele. O próprio fato de ele ter se transformado em um editor já foi uma mudança heterodoxa. Ele não era um intelectual, era um homem de negócios, um empresário. Convenhamos: ganhar dinheiro em jornal não é a melhor opção. É muito difícil e raro. Eu me lembro, por exemplo, de quando ele estava ensinando o Luís [Frias] a trabalhar na *Folha*, na parte comercial. Eu estava lá e acompanhei tudo de perto. Não era um assunto que eu entendia, nem era da minha área, mas ele tem um talento enorme e vi como foi ensinando o filho. No final, eles criaram um caderno de classificados que a *Folha* não tinha. O *Estadão* e o *Diário Popular* monopolizavam o mercado, salvo falha de memória minha. Extraordinária também é a relação que eu presenciei dele com os filhos. Porque é uma relação inteiramente à vontade, mas também é de amor, de lealdade e de respeito recíprocos".

A independência ampla, geral e irrestrita da *Folha* em relação a anunciantes ou grupos econômicos é outra característica que José Serra atribui a Octavio Frias de Oliveira, bem como o discernimento. "Se alguém trabalhou lá, saiu, brigou ou falou mal dele, não importa. Nada impede que essa pessoa volte a trabalhar no jornal, normalmente, em outra oportunidade, caso seja necessário. Eu não me lembro do sr. Frias esculhambando alguém por trás."

Embora considere que haja opiniões divergentes, José Serra diz que nunca foi favorecido pelo noticiário da *Folha*. "Tive momentos de atrito com o jornal, inclusive. Em várias oportunidades." Mas não nega que procura consultar Octavio Frias de Oliveira sempre que possível, "porque ele é um conselheiro pragmático, que olha o quadro político geral e faz análises boas, práticas e sucintas. Sem nenhuma espécie de frescura".

Texto a partir de entrevista concedida em 1º de maio de 2006.

José Serra *nasceu em 19 de março de 1942, em São Paulo, Estado de São Paulo. Além dos cargos já citados, foi presidente do PSDB em 2003. Eleito prefeito de São Paulo em 2004, deixou o cargo em 31 de março de 2006 para candidatar-se ao governo do Estado de São Paulo e foi eleito governador.*

O jornal é o espelho do Frias
LÁZARO DE MELLO BRANDÃO

Lázaro de Mello Brandão conhece Octavio Frias de Oliveira de longa data: "Nós o respeitamos muito pela maneira como ele conduz a vida dele e a atividade profissional. Ele sempre mostrou grande apreço pelo Bradesco. Isso nos dá muito conforto, porque ele naturalmente tem a sua avaliação. E ele é muito personalista. Se toma um rumo qualquer, tem uma posição muito própria.

Quando ele assumiu a *Folha*, já tinha um relacionamento conosco, porque havia um resquício do passado. Ele foi do banco do Roxo Loureiro, o BNI, que ficou conosco. Mas, ao adquirir a *Folha* do Nabantino Ramos, manteve um contato estreito com o Amador Aguiar, que era o nosso comandante aqui, sempre de uma maneira muito cordial e muito franca. A gente percebia a determinação dele de criar um jornal competitivo e que naturalmente cresceria e alcançaria posições de destaque".

Brandão nasceu em Itápolis, interior de São Paulo, em 1926. Formado em administração de empresas e economia, iniciou sua carreira em setembro de 1942, como escriturário, na Casa Bancária Almeida & Cia. No ano seguinte, em março de 1943, a Almeida & Cia. transformou-se no Banco Brasileiro de Descontos, atual Bradesco. Por isso, pode-se dizer que Brandão é cria da casa, onde passou por todos os escalões da carreira bancária. Em janeiro de 1963 foi eleito diretor e, em setembro de 1977, diretor vice-presidente executivo. Sucedeu o fundador do banco, Amador Aguiar, em janeiro de 1981, quando assumiu a presidência da Diretoria. Em fevereiro de 1990, acumulou a presidência do Conselho de Administração. Em março de 1999, indicou o seu sucessor na presidência da Diretoria, permanecendo na presidência do Conselho de Administração.

O Bradesco criou a Cidade de Deus em Osasco, na Grande São Paulo, em 1953. Brandão lembra que "Frias foi um dos que entenderam que essa era uma medida ousada, e realmente era, que surpreendeu todo o sistema financeiro. Na ocasião, havia dificuldades de transporte, de comunicação, de energia, de tudo. Tinha precariedade em tudo. E, mesmo assim, Frias achava que era uma decisão que daria resultado, mas exigindo um esforço muito grande. Ele acompanhou nossa evolução e isso criou muita proximidade.

Outro fator de ligação foi a gráfica. O sr. Aguiar era tipógrafo quando jovem, e o xodó dele aqui era a gráfica. Depois de um tempo, um prédio de 28.000 m^2 foi construído para abrigar a gráfica. Era uma gráfica voltada para dentro, mas que acabou fazendo trabalhos para fora. Imprimia para o Banco do Brasil, para a concorrência. E, certamente quando Frias aparecia, a visita à gráfica fazia parte da rotina. Os dois trocavam informações sobre questões técnicas da área gráfica".

Para Brandão, "a *Folha* é um jornal que tem uma preferência indiscutível e é confiável, o que é importante. Não tem linhas alternativas. Tem uma linha definida, muito clara, e coloca coisas até que se conflitam com posição dele. Eu acho que, como mídia, é um jornal que tem que ser respeitado". Ele credita essa característica à "independência que Frias levou para a área jornalística. Certamente, Frias imprime um respeito evidente, e sabemos avaliar o que ele tem feito, seja na área gráfica, seja na maneira de conduzir as matérias. Disso, a gente tem uma visão muito clara".

A determinação, o esforço e uma dedicação pessoal indiscutível e plena são os fatores que levaram Frias a tomar gosto pela atividade jornalística, segundo Brandão. "Ele certamente imprimiu uma marca, que é a *Folha*. Ele tem uma disciplina rígida, inquestionável. É muito determinado. E uma disposição para crescer, para dominar, para ter uma posição de destaque na área de mídia. E introduzindo novidades, seja na área gráfica, seja na área de informática. Ele criou o UOL com algumas dificuldades, com alguns tropeços, mas nunca desistiu, nunca recuou, e hoje tem uma posição muito mais definida, muito mais consolidada. Acho que foi um dos primeiros que trouxeram cores para o jornal. E tomando posição muito marcante em vários editoriais. No movimento Diretas-Já, por exemplo, ele foi muito positivo. Me lembro das dificuldades com o governo Collor, ele tinha também posição muito marcante. Recentemente, antes desses problemas todos [de corrupção no país], saiu um editorial em que ele criticava o excesso de uso do poder, que criava todas essas distorções e que, em seguida, se mostrou ser a origem desses problemas."

Por isso, Brandão diz que "o jornal é o espelho do Frias, do que ele se propõe. É indiscutível. E nós temos que enaltecer a energia dele, pela faixa etária em que está e ainda com presença no comando. É um exemplo excepcional. Ele realmente é abnegado nesse sentido. E pensar que ele diariamente media o retorno do faturamento em comparação com a concorrência. Era uma briga de foice, e ele fazia isso pessoalmente. Outra coisa que considero muito importante é essa abertura clara, associando-se à Globo para fazer o jornal *Valor Econômico*.

Texto a partir de entrevista concedida em 13 de abril de 2006.

Lázaro de Mello Brandão *nasceu em 15 de junho de 1926, em Itápolis, São Paulo. Também participa da administração das demais empresas da Organização Bradesco. É presidente da Mesa Regedora e diretor-presidente da Fundação Bradesco; e presidente do Conselho de Administração e diretor-presidente da Fundação Instituto de Moléstias do Aparelho Digestivo e da Nutrição (Fimaden). É presidente do Conselho de Administração da Bradespar S.A.; membro do Conselho Consultivo da VBC Participações S.A.; e membro vogal do Conselho de Administração do Banco Espírito Santo, com sede em Lisboa, Portugal. Foi diretor-presidente do Sindicato dos Bancos nos Estados de São Paulo, Paraná, Mato Grosso e Mato Grosso do Sul; vice-presidente da Diretoria da Federação Nacional dos Bancos (Fenaban);*

membro do Conselho Diretor da Federação Brasileira de Bancos (Febraban); presidente do Conselho de Administração do Fundo Garantidor de Créditos (FGC) e presidente do Conselho de Administração da Companhia Brasileira de Securitização (Cibrasec).

Total aversão a qualquer coisa que pudesse significar prejuízo
MAURO SALLES

Mauro Salles, o jornalista que se tornou publicitário, fundou em São Paulo, em 1966, uma das mais bem-sucedidas agências de publicidade do país – a Mauro Salles Publicidade, que, pouco depois, passaria a se chamar apenas Salles, por decisão do fundador. Para ele, Octavio Frias de Oliveira e Carlos Caldeira Filho compraram a *Folha de S.Paulo* como um negócio, sem a menor pretensão jornalística. "Na época, a grande fonte de receita da dupla Frias-Caldeira era a estação rodoviária, e eu acho que eles perceberam que deixar a rodoviária vulnerável demais aos humores da administração pública era um risco desnecessário. Eles não queriam um jornal para fazer uma gazua, mas eu diria que eles queriam, sim, um jornal para ter um escudo."

Apolônio Salles, pai de Mauro, foi duas vezes ministro da Agricultura de Getúlio Vargas. Ainda jovem, o pernambucano Mauro Salles começou a trabalhar como repórter e fotógrafo no Rio de Janeiro. O primeiro emprego foi no tablóide *O Mundo* e, depois, ele foi para a Rio Gráfica e Editora, hoje editora Globo, para criar um departamento de relações públicas. Ingressou em *O Globo* em 1955, com pouco mais de vinte anos, chegando a diretor de Redação. No final de 1963, licenciou-se do jornal e passou a integrar a primeira diretoria da futura TV Globo, como diretor de jornalismo, participando do grupo encarregado de planejar, construir e botar no ar o canal 4 do Rio de Janeiro. Nessa missão viria a ser um dos principais protagonistas da criação da emissora, a qual efetivamente fez funcionar a partir de 26 de abril de 1964, acumulando o jornalismo com o cargo de diretor de programação.

Apesar de Roberto Marinho ter segurado a sua carteira profissional por quase dois anos "no caso de você ter que voltar", como ele mesmo conta no capítulo que escreveu para o livro *Dr. Roberto*,[39] Mauro Salles tornou-se publicitário a partir do dia em que pediu demissão da TV Globo e de *O Globo*, em outubro de 1965.

Um lance de ousadia o trouxe para São Paulo, ao volante de uma campanha publicitária para o lançamento de uma versão de luxo do automóvel Aero-Willys, que ele rebatizou com o nome de Willys Itamaraty. Com esse trabalho, Salles conquistou a quinta maior verba de publicidade do país à época, abriu a sua própria agência e, nessa condição, apresentou-se à *Folha*.

"Eu me encantei com Frias na primeira visita que fiz. Ele conhecia o meu pai, não sei como. Criamos uma boa empatia, e eu, como de hábito, comecei dando palpites. Ele e o sócio, o Carlos Caldeira, estavam às vésperas de assumir a administração da Fundação Cásper Líbero, que estava quase falida, com o prédio não concluído. Na fachada da avenida Paulista havia uma bandeira de São Paulo, uma coisa horrorosa, de muito mau gosto. A ingerência me levou a ocupar a primeira vaga de conselheiro que surgiu na Cásper Líbero. Eles me avisaram: 'Mauro, você é conselheiro!'. 'Ah, isso é um convite?' 'Não, já está na ata e ela foi aprovada!' Assim eram eles", diz Salles.

"Quando você conhecia os dois, era absolutamente impossível admitir qualquer tipo de convivência entre eles, porque não tinham nada em comum, exceto algumas pequenas coisas raras. Primeiro, os dois respeitavam os números. Eu nunca vi neles grandes ambições de lucro, mas uma total aversão a qualquer coisa que pudesse significar prejuízo. O temperamento deles se distinguia, inclusive, pelos seus gabinetes de trabalho. O salão do Caldeira parecia uma minigaiola aberta aos passarinhos. Havia uma janela com uma pequena floresta e tudo quanto era canário, periquito e sabiá ficava por ali. Só que os passarinhos não lêem placa 'não pode entrar'. Eles entravam no gabinete do Caldeira e aquilo era a maior esculhambação. Enquanto o Frias se preocupava e cuidava dos dois filhos, o Otavio e o Luís, com o seu gabinete sempre aberto às visitas dos garotos, embora sem maiores preocupações jornalísticas, o Caldeira dava muito pouco acesso a sua única filha, Maria Christina."

---

39. Edições Consultor, 2005; p. 256.

Presidente da Cásper Líbero e condutor principal do sonho de salvar a fundação, no início da década de 1970 Frias nomeou o sócio Carlos Caldeira vice-presidente da entidade. Anos depois, Frias resolveu deixar a fundação e Caldeira tornou-se presidente, a partir de 1978. Salles lembra que Frias cansou de ser perseguido por um obtuso curador de fundações na Cásper Líbero. "No entanto, embora o tal curador achasse que imprimir a *Gazeta Esportiva* na maquinaria da *Folha* fosse uma manobra para benefício próprio, a verdade é que a dupla Frias-Caldeira só assim conseguiu livrar a Cásper Líbero da falência. Para gerar caixa para a fundação, fizeram um acordo com o Di Genio e negociaram o aluguel das salas do Objetivo. E, justiça seja feita, depois que o prédio ficou quase pronto, foi o próprio Caldeira quem disse que estava na hora de tirar aquela bandeirona da fachada, substituindo-a por um baixo-relevo de boa qualidade artística e de baixo custo, tanto para construir quanto para manter.

Por causa dessa mania 'econômica', o Caldeira comprava lotes de pastilhas a baixo custo e acabou empastilhando todas as paredes dos seus edifícios, da rodoviária, da *Folha*, da Fundação Cásper Líbero. Para colocar a TV Gazeta no ar – porque havia a concessão, mas não os meios –, os dois levaram para a fundação, a custo zero, todo o acervo da TV Excelsior, que era de propriedade deles. Nessa época, eu era vice-presidente e acabei presidente da Fundação Cásper Líbero, a pedido deles. O Mário Amato, que depois foi presidente da Fiesp, veio a ser meu vice-presidente.

Por inspiração deles e com apoio de todos, negociei para a fundação o aluguel de um espaço no alto do prédio para a TV Globo concluir a obra e colocar no topo a sua torre de transmissão. Foi um contrato absolutamente inédito. As emissoras de TV tinham suas torres lá no Sumaré, que era o lugar errado. A torre da Globo era a primeira que vinha para o lugar certo. Fizemos um contrato pelo qual a Globo levantava a sua torre e, além dos sinais próprios e de dois ou três para os rádios da polícia – que eram obrigatórios –, a fundação podia instalar de graça a sua torre para a TV Gazeta, a rádio Gazeta AM e a rádio Gazeta FM. Foi a salvação da lavoura."

Outros episódios se sucederam depois da passagem pela Fundação Cásper Líbero, e Mauro Salles relata que nunca teve a conta publicitária da *Folha*. "Mas era um contribuinte palpiteiro, intenso, e acompanhei todas as lutas dos dois contra aqueles que queriam tirar deles a rodoviária. Eles nunca pediram privilégio a ninguém. Quando houve a greve dos jornalistas e as lideranças sindicais exigiram que a *Folha* parasse, a *Folha* não parou. Eu, quando resolvi fazer o *Latin America Daily Post*, decidi rodá-lo na *Folha*. A minha Redação era também na *Folha*, na parte baixa do prédio, e é evidente que eu tinha contato diário com os dois caciques da alameda Barão de Limeira. Eles eram chefes que tinham o maior respeito pelos seus repórteres, colunistas e editores. Eu nunca vi nem um nem outro impor matéria para ninguém. Se a gente pensar que os dois largaram os estudos lá atrás para lutar contra as adversidades, é preciso reconhecer que eles venceram."

Texto a partir de entrevista concedida em 18 de abril de 2006.

Mauro Salles *nasceu em 6 de agosto de 1932, em Recife. Além de jornalista e publicitário, também é advogado e poeta. Possui vários livros publicados. Em política, atuou como secretário do Conselho de Ministros presidido pelo primeiro-ministro Tancredo Neves, entre 1961 e 1962, e coordenou a campanha de Tancredo Neves para a Presidência da República, entre 1984 e 1985. Hoje dirige sua própria empresa, a Interamericana Ltda. – Engenharia de Negócios, e é vice-presidente do conselho da Publicis Brasil, sucessora da Mauro Salles Publicidade, que ele fundou.*

Atravessar todas as crises do século 20 e chegar ao século 21 em situação excelente
OLAVO EGYDIO SETUBAL

"Engenheiro!" Assim Olavo Egydio Setubal sempre fez questão de se autonomear, mesmo quando já trabalhava em banco e dirigia funcionários do setor financeiro. Hoje, ele reconhece que "isso era bobagem", só para lembrar que Octavio Frias de Oliveira "é jornalista, por mais que diga o contrário. Ele dirige os jornalistas!".

Setubal nasceu na cidade de São Paulo, em 1923. Filho do jornalista e escritor Paulo de Oliveira Setubal e de Francisca de Souza Aranha Setubal, seguiu o caminho das "exatas" e formou-se engenheiro mecânico e eletricista pela Escola Politécnica da Universidade de São Paulo em 1945.

Na Poli, como é chamada a Escola Politécnica por estudantes e professores, Setubal foi professor-assistente de eletrônica de 1945 a 1948, ao passo em que trabalhava também como pesquisador no IPT, o Instituto de Pesquisas Tecnológicas, desde 1943 e até 1948.

A partir de 1962, ano em que Frias comprou a *Folha de S.Paulo*, Setubal passou a despontar na atividade financeira, tendo sido diretor da Carteira de Crédito Geral do Banco do Estado de São Paulo. Em 1966, já era membro do Conselho Nacional de Seguros Privados. Em 1971, tornou-se membro da Comissão Consultiva Bancária do Banco Central do Brasil e, em 1974, membro do Conselho Monetário Nacional. Sua atividade política levou-o a ocupar o cargo de prefeito da cidade de São Paulo, de 1975 a 1979, e de ministro de Estado das Relações Exteriores, de 1985 a 1986. "Eu tomei posse na prefeitura sem nunca pensar em ser prefeito. Lá pelas circunstâncias da política, o Paulo Egydio [Martins] me convidou e eu aceitei. E aí eu assumi a prefeitura, convidei o secretariado sem conhecer ninguém. Só o Cláudio Lembo eu levei comigo. Ele era advogado do Itaú".

Setubal não se recorda de quando conheceu Frias. "Eu acho que a primeira vez que tive contato com o Frias foi quando eu estava na prefeitura e houve problema com a estação rodoviária. Eu tive contato com o Caldeira e, depois, com o Frias. Eu não me lembro de o Frias ter ido à prefeitura. Eu é que fui lá. Nessa ocasião, a rodoviária era um problema grave para eles [os sócios Frias e Caldeira] e eu tinha tomado a decisão de construir a nova rodoviária, essa que aí está, e aquilo gerou um certo mal-estar. Mas passou e não deixou seqüelas."

De sua passagem na prefeitura de São Paulo, durante os anos da ditadura, Setubal conta que "a única coisa que os militares deixavam fazer era política municipal. Então, os jornais tinham o prefeito como alvo preferido. Basta dizer que, no primeiro dia em que, após tomar posse, eu saí com o meu secretário de Vias Públicas, que era o Otávio Pereira de Almeida, havia vinte carros de imprensa na porta da minha casa. Naquele tempo, quando o prefeito saía de manhã, iam muitos jornalistas atrás. A única coisa possível para a imprensa era meter o pau no prefeito."

Desse primeiro dia, uma coisa que lembro muito é que eu estava andando com o Otávio e fomos na direção do jornal *O Estado de S. Paulo*. De repente, nós entramos num lugar e foi uma lição para o prefeito urbano, que era eu. Eu vi uma correria e perguntei: 'O que é isso?'. E me responderam: 'Ah, é porque estão matando um porco e eles pensam que é a prefeitura que vem apreender'. Então, fiquei sabendo que na periferia de São Paulo se matava porco na rua e se dividia a carne entre as pessoas. Foi a minha primeira lição da realidade da periferia".

A grande capacidade de comunicação pessoal é uma das características que Setubal mais admira em Frias. "Ele sempre foi uma pessoa afável. Pelo menos comigo. A vida inteira nós tivemos um convívio muito cordial. Agora, ele como personalidade, ter pego a *Folha* em uma situação muito difícil, atravessar todas as crises do século 20 e chegar ao século 21 com a *Folha* em uma situação excelente prova que ele é um grande jornalista. Eu não acompanhei em detalhes, quando ele comprou a *Folha*. Se alguém me perguntar os detalhes das fusões do Itaú, eu direi, mas outras coisas, não. Naquele tempo, eu trabalhava doze horas por dia no banco e não olhava para mais nada."

Em suas lembranças, Setubal não registra nenhum conflito entre o banco e a *Folha*. "Aliás, nem com a imprensa em geral. Houve as linhas usuais de meter o pau nos bancos, mas isso passa despercebido, porque é muito genérico. Eu não tive incidentes nem convívio pessoal com o Frias, mas fui muitas vezes à *Folha* para almoçar com ele e com a Redação. Eram almoços muito agradáveis, com jornalistas fazendo debate de algum assunto, em *off*. O Clóvis Rossi sempre tinha uma posição contestadora. Mas tudo isso já está aí para trás. Recentemente, o Frias teve problemas de saúde e eu também. Então, não tivemos muito convívio."

Frias chegou a convidar Setubal para colaborar com a *Folha*, mas ele recusou o convite por alegar escrever mal e não gostar de escrever. "Escrevi apenas alguns artigos sobre política externa, há muitos anos, antes de ser ministro."

Embora diga que não é bom para dar entrevistas e que a sua memória falha, Setubal é um leitor voraz. "Leio o *Estado*, a *Folha* e *O Globo* em casa. Pego só o primeiro e o segundo cadernos. O resto, eu descarto. Aliás, na *Folha*, não é o segundo caderno. É o caderno 'Dinheiro' e o primeiro caderno. Depois, eu venho para cá [escritório do Itaú] e leio o *Valor Econômico*, o *Financial Times*, que eu acho o melhor jornal do mundo, e revistas. Bom, a

Folha é do contra. Desde o tempo do Fernando Henrique [Cardoso], acho que até antes. A *Folha* tornou-se claramente um jornal contestador do *status quo*. Porque, como O *Estado de S. Paulo* representa o *status quo*, a *Folha* representa o oposto. Por isso, a gente tem que ler O *Estado* e a *Folha*."

Texto a partir de entrevista concedida em 24 de abril de 2006.

Olavo Egydio Setubal *nasceu em 16 de abril de 1923, em São Paulo, Estado de São Paulo. É presidente executivo da Itausa — Investimentos Itaú S.A., holding do conglomerado que engloba, entre outras empresas: Banco Itaú Holding Financeira S.A., Banco Itaú S.A., Itautec Philco S.A., Duratex S.A., Itaú Seguros S.A., Elekpart Participações e Administração S.A., Philco Participações Ltda., Sulimob S.A. Empreendimentos Imobiliários. Também é presidente do Conselho de Administração do Banco Itaú S.A.*

No QG das diretas
RICARDO KOTSCHO

"A *Folha* já foi muitas coisas na sua história de 85 anos. O que ela é hoje é produto de três pessoas. Primeiro, do sr. Frias e do Cláudio Abramo, que transformaram um jornal que não tinha importância editorial – aliás, nos anos da ditadura nem editorial tinha – no grande jornal da abertura política. A campanha das diretas entra no bojo da decisão que eles tomaram. E, depois, do Otavio [Frias Filho]. Embora eu não concordasse com o 'Projeto Folha',[40] a verdade é que deu certo. Tanto é que foi imitado, copiado ou inspirou outras publicações brasileiras e mantém o jornal até hoje como líder entre os grandes jornais brasileiros." O depoimento é de Ricardo Kotscho, por duas vezes repórter da *Folha de S.Paulo*.

Ele nasceu na cidade de São Paulo, em 1948. Sua carreira jornalística

---

40. Sobre esse assunto, ver, de Carlos Eduardo Lins da Silva, *Mil Dias — Seis Mil Dias Depois* (São Paulo: Publifoha, 2005).

teve início em outubro de 1964, na *Gazeta de Santo Amaro*, jornal de bairro da capital paulista. Logo, foi para *O Estado de S. Paulo*, onde ficou onze anos, passando por vários cargos. Em seguida, partiu para a Alemanha e lá se fixou como correspondente do *Jornal do Brasil*. Retornou ao país em 1978, indo trabalhar na *IstoÉ* e, depois, no *Jornal da República*.

"O *Jornal da República* durou menos que um ano, mas juntou uma equipe muito boa. Estavam lá o Clóvis Rossi, o Cláudio Abramo, quem comandava tudo era o Mino Carta. Eu estava de férias e, quando voltei, o Mino me disse: 'Não deu para segurar – o jornal faliu –, mas não se preocupe, não, que eu já arrumei emprego para você. Você pode se apresentar lá na *Folha*. Eu falei com o Cláudio [Abramo] e ele falou com o sr. Frias'.

Da minha primeira conversa com o sr. Frias eu nunca vou esquecer. Ele falou: 'Kotscho, eu acompanho o teu trabalho já faz tempo e quero te dizer que aqui na *Folha* não tem esse negócio de lista negra, de coisa que você não pode falar. Aqui é tudo livre. Você pode dizer o que quiser. Agora, não me fale da estação rodoviária. Você nem passe perto da estação rodoviária, porque esse é um problema que eu tenho'. E eu disse a ele: 'Está combinado, sr. Frias. Tem outros assuntos para a gente tratar'. Nessa primeira conversa houve total empatia, eu gostei do jeito dele e se estabeleceu uma relação de confiança."

Na *Folha*, no início dos anos 80, Kotscho cobria os movimentos sociais: os sindicatos, a igreja, os sem-terra. Acompanhou as greves dos metalúrgicos do ABC e tornou-se amigo do então sindicalista Luiz Inácio Lula da Silva.

Foi em meio a esses movimentos que Kotscho captou o anseio popular pelas diretas. Sugeriu a Adilson Laranjeira, seu chefe de reportagem na época, que o jornal fizesse uma cobertura do assunto. Ele não sabia, nem poderia saber, que o assunto tramitava em clima de "segredo de Estado" entre os dirigentes da *Folha*. Otavio Frias Filho, então secretário do Conselho Editorial, já apresentara a idéia de uma campanha pelas diretas ao *publisher* do jornal, Octavio Frias de Oliveira, e ao editor responsável, Boris Casoy. Era novembro de 1983.

"A *Folha* foi o único jornal que cobriu o movimento das diretas. Os outros jornais, toda a grande mídia brasileira, davam pouco ou nada do assunto. E, dentro da *Folha*, quem realmente deu força para os repórteres como eu foi o sr. Frias. Foram meses desde que eu comecei a cobertura, do final de

1983 até abril de 1984, e eu conversei muito com o sr. Frias. Ele era um entusiasta da idéia. Inclusive porque foi o período em que a *Folha* começou a vender mais e se transformou em um jornal nacional. Até então, era um jornal muito de São Paulo", afirma Kotscho.

A *Folha* tinha ambiente para abraçar a campanha das diretas. Para Kotscho, "o *Estadão* foi o jornal da resistência, o jornal que mais afrontou a censura, depois de ter apoiado o governo militar. Houve uma ruptura dos Mesquita com o governo militar, a partir de 1968, mas não havia, no final da censura, um diálogo da direção com a Redação, como havia na *Folha*. Então, a *Folha* se aproveitou disso, e o *Estadão* recuou depois da saída da censura, a meu ver. Houve uma crise lá e toda a equipe do Clóvis Rossi, que tinha participado desse período de resistência à censura, saiu. Uma parte foi para a *IstoÉ*, depois *Jornal da República*, e uma parte foi para a *Folha*, onde, mais tarde, a gente se reencontrou. A *Folha* acabou sendo, a partir do início dos anos 80, o jornal da abertura política".

E como a *Folha* passou a ser QG das diretas? Kotscho conta que "as lideranças políticas todas, com exceção das que apoiavam o regime militar, começaram a procurar a *Folha*. As pessoas iam falar com o sr. Frias. A *Folha* tornou-se ponto de encontro. Era a bandeira que faltava para o jornal. Ele já vinha crescendo, já abrira as páginas para diferentes pensadores, de direita e de esquerda, aquela terceira página de 'Tendências/Debates'. Mas faltava alguma coisa para a *Folha* se transformar no grande jornal brasileiro. E faltava para todo esse movimento social e político, de esquerda, contra a ditadura, uma bandeira que unificasse tudo, que era a das diretas. As duas coisas acabaram conjuminando".

Ricardo Kotscho reuniu todas as matérias que escreveu naquela época no livro *Explode um Novo Brasil – Diário da Campanha das Diretas*.[41]

De sua primeira passagem pela *Folha*, de 1980 a 1987, Kotscho se lembra ainda do CCRR – Conselho Consultivo de Representantes da Redação. "A *Folha* foi o único grande jornal que autorizou a implantação. Era uma reivindicação do sindicato, um conselho de representantes eleito pela Redação para discutir não só problemas trabalhistas, mas tudo com a direção do jor-

---

41. São Paulo: Brasiliense.

nal. Isso com estabilidade, que era uma coisa que nenhuma empresa queria dar e o sr. Frias deu. Eram três ou quatro representantes da Redação que se dirigiam em primeira instância ao Boris, quando alguém era demitido, ou por questões de trabalho, horário, aumento. E, quando não dava certo com ele, o sr. Frias recebia."

Kotscho deixou a *Folha* para trabalhar no *Globo Rural*, na TV Globo, mediante licença não-remunerada. Ele nunca trabalhara em televisão e queria conhecer o veículo. Ao voltar de uma viagem ao México, soube que Augusto Nunes tinha assumido o *Jornal do Brasil* em São Paulo e estava montando equipe. Contrário às mudanças ocorridas na *Folha de S.Paulo* com a implantação do "Projeto Folha", Kotscho voltou ao *Jornal do Brasil*.

Em 1988, era repórter da sucursal do *Jornal do Brasil* em São Paulo, de onde saiu para ser assessor de Lula, em 1989, retornando ao jornal em 1990. Em 1994, novamente participou da campanha de Lula. Em 2001, na fila de cumprimentos pelos oitenta anos da *Folha*, recebeu convite do sr. Frias e voltou à *Folha de S.Paulo*, mas saiu no ano seguinte, para uma nova campanha do candidato Luiz Inácio Lula da Silva. Eleito o presidente, Kotscho assumiu o cargo de secretário de Imprensa e Divulgação da Presidência da República, ali ficando até novembro de 2004, quando pediu demissão.

"O sr. Frias, que sempre gostou de dizer que não é jornalista, tem alma de jornalista, *feeling* de jornalista. Grandes furos da *Folha* foram obra dele. Um, que todo mundo sabe, foi o da verdadeira causa da morte do Tancredo [Neves]. Outro foi a notícia de Bresser-Pereira como ministro da Fazenda. O próprio Bresser- Pereira não sabia de nada. E, em várias outras matérias, o sr. Frias chamava para dar a pauta: 'Ô Kotscho, você conhece o Eliezer Batista? É um grande brasileiro. Ele veio aqui, contou umas coisas de Carajás. Você vai e faz a tua reportagem. Não é porque é meu amigo que você tem que falar bem'. E é verdade, e ele cumpria isso."

Kotscho ainda lembra que "ele também tinha essa história de contratar bons jornalistas. A frase que aprendeu com o Nabantino Ramos é que 'um bom jornal se faz com bons jornalistas'. Isso segundo ele. Porque, segundo outros, a frase é dele e ele atribui ao Nabantino".

Texto a partir de entrevista concedida em 27 de fevereiro de 2006.

Ricardo Kotscho *nasceu em 16 de março de 1948, em São Paulo. É autor de mais de quinze livros. O mais recente é um livro de memórias,* Do Golpe ao Planalto – Uma Vida de Repórter (Companhia das Letras, 2006). *Diretor de Jornalismo da CNT/Gazeta em 1996, também foi repórter do* SBT Repórter *e colaborador* free-lancer *de várias publicações. Em março de 2006, foi convidado pela Rede Globo para fazer a interface da emissora com universidades e, logo em seguida, refazendo a dupla com o fotógrafo e ex-diretor de Redação da* IstoÉ *Hélio Campos Mello, como no início da revista, foi contratado pelo jornal* O Globo *para escrever uma grande reportagem por mês.*

AGRADECIMENTOS

Apesar de necessário, é difícil fazer agradecimentos a todos os que me ajudaram a escrever este livro, porque posso cometer a injustiça de esquecer alguém. Portanto, peço perdão desde já por alguma falta.

Em primeiro lugar, obrigado a toda a família Frias, em especial ao Luís e ao Otavio, que sempre estiveram prontos para dar sugestões e idéias e conseguir todo tipo de ajuda, sem jamais colocar qualquer restrição às informações solicitadas.

Obrigado a todos os entrevistados e citados no livro, que prontamente se dispuseram a me atender.

Obrigado a todos aqueles sempre solicitados e dedicados, mas que trabalham nos bastidores, como:

Betí, secretária de Delfim Netto;
Carlos Jacomine, da Plural Indústria Gráfica;
Carlos Kauffmann, gerente do Banco de Dados *Folha*, pela inestimável paciência em conseguir todas as informações que solicitei;
Cláudio Amaral, por me emprestar o livro *História da Folha de S.Paulo (1921-1981)*;
Eduardo Ribeiro e Marco Antonio Rossi, por terem acreditado na minha idéia;
Fernanda, secretária de Getúlio Bittencourt;
Fernando César Mesquita, assessor de imprensa de José Sarney;
Flávia, Hideo, Juliana, Paula, Sonia e Vinicius, da equipe de José Serra;

Francys, secretária de Clóvis Rossi;
Gislaine e Lucila, secretárias de Alex Periscinoto;
Graziela e Juliana, secretárias de Mauro Salles;
Gustavo Silveira, assessor de imprensa de Delfim Netto;
Ivo, secretário de Pedro Pinciroli Jr.;
José Nabantino Ramos Jr.;
Kelly e Renata, secretárias de Otavio Frias Filho, pela eficiência e incansável paciência todas as vezes que entrei em contato fazendo solicitações;
Lucila Cano, que transcreveu todas as fitas das entrevistas, me ajudou a escrever e reescrever, corrigiu todos os textos, fez pesquisas;
Luís Salles, pelo apoio moral;
Luiz Antônio de Oliveira, pelas informações sobre o CTG-F;
Mailde, secretária de Olavo Egydio Setubal;
Maria, secretária de Ives Gandra Martins;
Maria Isabel, do Instituto Fernando Henrique Cardoso;
Maritza, secretária de Alberto Dines;
Nanci e Rose, secretárias de Lázaro Brandão;
Nilton Horita, assessor de imprensa do Bradesco;
Peter Ens, da Plural Indústria Gráfica;
Rogério Ortega, pelos cuidados na revisão final;
Rosely, secretária de Jorge Paulo Lemann;
Sérgio Luís Gomes Pinheiro, da Secretaria — Geral do Bradesco;
Sílvio Cioffi, editor de "Turismo" da *Folha*, incansável na escolha das fotos e por contribuir com informações preciosas;
Solange, secretária de Elio Gaspari;
Sueli, secretária de Luís Frias, pela eficiência e rapidez em atender a minhas solicitações;
Valéria, secretária de Antonio Ermírio de Moraes.
E, por fim, um obrigado especial à Telefônica, que patrocinou a primeira edição do livro.

FONTES

1. Livros

Antônio Carlos de Almeida Braga, Arnaldo Niskier, Joaquim Falcão e Mauro Salles, *Dr. Roberto*. São Paulo: Edições Consultor, 2005.

Carlos Eduardo Lins da Silva, *Mil Dias: Seis Mil Dias Depois*. São Paulo: Publifolha, 2005.

Carlos Guilherme Mota e Maria Helena Capelato, *História da Folha de S.Paulo (1921-1981)*. São Paulo: Impres, 1980.

Carlos Lemos, *Viagem Pela Carne*. São Paulo: Edusp, 2005.

Cláudio Abramo, *A Regra do Jogo*. São Paulo: Companhia das Letras, 1988.

Dicionário Histórico Biográfico Brasileiro. São Paulo: Fundação Getulio Vargas, 1984. Nova edição na internet (www.cpdoc.fgv.br).

Fernando Morais, *Chatô, o Rei do Brasil*. São Paulo: Companhia das Letras, 1994.

Folha de S.Paulo, Primeira Página. São Paulo: PubliFolha, 2006.

Guilherme J. Duncan de Miranda (org.), *Prêmio Esso: 40 Anos do Melhor em Jornalismo*. Rio de Janeiro: Relume Dumará, 1995.

José Marques de Melo e Samantha Castelo Branco (orgs.), *Octavio Frias de Oliveira – 40 anos de Liderança no Grupo Folha*. São Paulo: UniFiam-Faam, 2002.

Mario Sergio Conti, *Notícias do Planalto*. São Paulo: Companhia das

Letras, 1999.

Samuel Wainer, *Minha Razão de Viver*. Rio de Janeiro: Record, 1987; São Paulo: Planeta, 2005.

Vários autores, *A Revolução de 32, Um Painel Histórico*. São Paulo: CIEE – Centro de Integração Empresa-Escola/Academia Paulista de História/Instituto Roberto Simonsen, 2001.

_____, *Um País Aberto – Reflexões Sobre a* Folha de S.Paulo *e o Jornalismo Contemporâneo*. Cátedra Octavio Frias de Oliveira/Simpósios Uni-Fiam/Faam. São Paulo, Publifolha, 2003.

2. Textos na Internet e Bancos de Dados

Banco de Dados da *Folha de S.Paulo*. Em especial: Depoimento de Octavio Frias de Oliveira a Boris Casoy, Carlos Eduardo Lins da Silva, Clóvis Rossi, Leão Serva e Octavio Frias Filho, nos dias 21 e 28 de maio de 1989.

Dicionário Histórico Biográfico Brasileiro. São Paulo: Fundação Getulio Vargas. Edição na internet (www.cpdoc.fgv.br). Dados biográficos sobre Octavio Frias de Oliveira, 2000.

Folha de S.Paulo, "Fiam Homenageia Publisher da *Folha*", 24/2/2002, a respeito da Cátedra Octavio Frias de Oliveira; reproduzido pelo *Observatório da Imprensa*, 27/2/2002.

_____, "Folha de S.Paulo 80 Anos" – suplemento especial, 19/2/2001.

_____, *Projeto de História Oral*. São Paulo: Banco de Dados, 1995-2006. 56 fitas cassete / Transcrição de áudio.

Getúlio Bittencourt, "Uma Cátedra Para Octavio Frias, Pai". *DCI –Diário Comércio, Indústria & Serviços*, 26/2/02; reproduzido pelo *Observatório da Imprensa*, 27/2/02.

Mino Carta, editorial na revista *CartaCapital* de 8/6/2005, a respeito da saída de Cláudio Abramo da *Folha*.

Octavio Frias de Oliveira, entrevista para o site AOL, concedida ao jornalista Jorge Félix, em 21/10/2003, reproduzida pelo *Observatório da Imprensa* em 28/10/2003.

_____, Depoimento (21 e 28/05/1989). Banco de Dados. 8 CDs. Consultada a transcrição de áudio.

Otavio Frias Filho, "Memórias Trazem Ecos da Casa Paulista", resenha de *Viagem Pela Carne*, de Carlos Alberto Cerqueira Lemos. *Folha de S.Paulo*, 16/7/2005.

Rafael Dubeux, *http://elogica.br.inter.net/crdubeux/historia.html* – "História da República do Brasil".

Revista *Imprensa*.

3.Televisão

Observatório da Imprensa. TVE/TV Cultura (agosto 2001).

ÍNDICE ONOMÁSTICO

Abramo, Cláudio, 203, 204, 206, 212, 215, 216, 221, 222, 224, 229, 125, 126, 233, 235, 127, 128, 129, 131, 190, 144, 241, 145, 146, 147, 150, 151, 154, 155, 157, 158, 159, 160, 161, 163, 247, 164, 165, 166, 168, 168, 169, 171, 173, 269, 178, 260, 260, 196, 198, XV, XXIV
Abramo, Cláudio Weber, 165
(Abramo), Fúlvio, 126
(Abramo), Lívio, 126
(Abramo), Radhá, 229
Abreu, Hugo, 161
Advíncola, Sebastião, 171
Aggio Jr., Antônio, 153, 154, 155, 157
Aguiar, Amador, 211, 79, 80, 81, 92, 92, 115, 117, 169, 243, 251, XIII
Ajzenberg, Bernardo, 174
Alberto 1º, 27
Albuquerque, José Augusto Guilhon de, 247
Alcântara Machado, Caio de, 82, 144, 114, 116, 117, VI
Alcântara Machado, José, 82
Alckmin, Geraldo, XXXIII, XXXIV
Almeida, Antônio José de, 27
Almeida, Guilherme de, 44, 47, 48, 125
Almeida, José Américo de, 53
Almeida, Luciano Mendes de, 285, XXVI

Almeida, Otávio Pereira de, 258
Almeida, Paes de, 114
(Almeida), Tácito (de), 47
Alves, Carlos Pinto (Carlos Piteira), 47, 48
Alves, Francisco, 43
Alves, Francisco de Paula Rodrigues, 23, 24, 104
Alves, Hermano, 118
Amaral, Antonio Carlos Rodrigues do, 238, 239
Amaral, Ricardo, 175
Amato, Mário, 256
Ana [empregada], 89
Andrada, Antônio Carlos de, 36
Andrade, Mário de, 27, 75
Andrade, Oswald de, 27, 75
Aparisi, Fausto Segui, 220, 86
Aranha, Camargo, 107, 109
Aranha, Osvaldo, 37
Arns, Paulo Evaristo, 253, XXII
Azevedo Neto, Luiz Gonzaga de (Chuca), 74, 84, 215, XVII

Bahia, Luiz Alberto, 160, 170
Bandeira, Manuel, 27
Barbalho, Jader, XXXIV
Barbosa, Rui, 24
Bardi, Pietro Maria, 74
Barreto, Benedito Bastos (Belmonte), 27
Barros, Adhemar Pereira de, 58, 79, 103, 104, 105, 107, 108, 165, XII
Barros, Benedito Ferri de, 82
Barroso, Gustavo, 56
Batista, Eliezer, 263
Beltrão, Hélio, 217
Benário, Olga, 85
Beraba, Marcelo, 174
Bernardes, Artur (da Silva), 28,

Bertelli, Luiz Gonzaga, 46 [nota 5]
Beth [filha adotiva], 69, 93
Beting, Joelmir, 264, XXIV
Bettger, Frank, 99
Bi [segunda mulher de Di Cavalcanti], 76, 100
Bittencourt, Getúlio, 232, 233, 234, 235
Bloch, Adolpho, 257, XXIII
Bloem, Ruy, 25
Bocaiúva, (Quintino), 246
Bononi, Alberto, 117
Borba, Tietê, 44
Braga, Rubem, 126
Brandão, Lázaro de Mello, 251, 253
Brecheret, Victor, 44, 45
Bresser-Pereira, Luiz Carlos, 185, 293, 263, XXIX
Brickmann, Carlos, 131, 132
Brizola, Júlio, 103
Brizola, Leonel, 225

Cabral, Bernardo, 238
Caetano [coronel], 155
Caldeira, Carlos Augusto Navarro de Andrade, 72
Caldeira, Coralina Ribeiro dos Santos, 72
Caldeira, Leodéa Bierrenbach de Lima, 179
Caldeira, Maria Christina, 269, 176, 179, 255, XXIV
Caldeira Filho, Carlos, 214, 71, 72, 75, 79, 91, 93, 101, 102, 103, 104,
        105, 106, 107, 109, 144, 113, 114, 116, 118, 119, 120, 121,
        123, 124, 125, 187, 133, 135, 136, 147, 152, 154, 157, 161,
        163, 167, 173, 177, 176, 178, 179, 254, 255, 258, 196, VI, XIV
Calmon, João, 146
Camargo, (Antonio Américo de Camargo Andrade), 45
Camargo, Sebastião, 205, XV
Camargo, Dagmar de Arruda — ver Frias de Oliveira, Dagmar
Campos, Daniel Machado de, 225, XIX

Campos, Francisco, 54
Campos, Roberto, 163, 215, 225, XII, XVII, XIX
Camus, Albert, 101
Caniço, Alfeu, 45
Caniço Filho, 45
Capelato, Maria Helena, 25, 26, 61, 112
Cardoso, Fernando Henrique, 210, 225, 226, 228, 229, 230, 231, 232, 235, 151, 249, 264, 269, 283, 285, 259, 195, 317, 200, XXIV, XXV, XXVII, XL
(Cardoso), Ruth, 230
Cardoso de Mello, Zélia, 238, 239, 174
Carlos, Newton, 159
Carnegie, Dale, 99
Carreira, Alcântara, 32
Carta, Giannino, 62, 63, 126
(Carta), Luis, 62
Carta, Mino, 62, 126, 164, 260
Carvalho, Paulo Machado de, 159, XI
Carvalho Filho, Luís Francisco, 108, 239, 291, XXIX
Carvalho Pinto, Carlos Alberto Alves de, 104, 126, 151
Casoy, Boris, 212, 72, 89, 217, 229, 233, 148, 159, 161, 163, 248, 164, 264, 184, 186, 261, 262, 195, 315, XXIV, XXXVI
(Casoy), Isaac, 159
(Casoy), Raiza, 159
Castanhari, Renato, 161, 162, 175, XXXIV
Castello Branco, Carlos (Castellinho), 234, 246, XII
Castello Branco, Humberto de Alencar, 165, 133, 137, 133 [nota 18] 155
Castro, Tarso de, 228
Castro Andrade, Aristides, 71, 79
(Castro Andrade), Lívio, 71
Ceaucescu, (Nicolae), 176
Celina, 30
Cerqueira César, Bento de, 44
Cerqueira César, Roberto, 106

ÍNDICE ONOMÁSTICO

Chagas, Carlos, 146
Chateaubriand, Assis, 61, 63, 227, 118, 178, XIII
Civita, Victor, 210, XVI
Clauset, Luiz Roberto, 153
Cocteau, Jean, 76
Coelho, Marcelo, 158, XXXVIII
Coimbra, Estácio, 38
Collor, Lindolfo, 21
Collor de Mello, Fernando, 21, 225, 237, 238, 239, 142, 246, 252, 174,
    175, 175, 176, 189
Collor de Mello, Leopoldo, 275, 175
Conti, Mario Sergio, 20, 35, 134, 158, 160, 171, 174, 184 [nota 30]
Corbusier, Roland, 56
Corrêa, Petrônio, 92
Costa, Caio Túlio, 173, 173
Costa, Fernando de Souza, 60, 61
Costa, Mariano, 25
Costa, Miguel, 29
Costa Neto, 60
Costa, filho, Odylo, 203
Costa, Olavo Olívio de Olival, 24, 25, 27, 32, 36, 38
Costa, Roberto Teixeira da, 242
Costa e Silva, Arthur da, 217, XVIII
Costa Neves, Conceição da, 106
Cotrim, Marcelo Barbosa, 155
(Couto e Silva), Golbery (do), 133, 134, 160
Cunha, Flores da, 37
Cunha, Pedro, 24, 25, 32, 36
Cutait, Márcia, XXXIV
Cutait, Raul, XXXIV

Dallari, Dalmo de Abreu, 160, 264, XXIV
Dau, 30
Del Picchia, Pedro, 144, 145, 146

Delfim Netto, Antonio, 210, 211, 212, 108, 225, 241, XIX, XXII
Di Cavalcanti (Emiliano Augusto Cavalcanti de Albuquerque Melo),
    76, 100, 228
Di Gênio, (João Carlos), 255
Diaféria, Lourenço, 160, 161, 196
Dias, Erasmo, 157
Dias, José Carlos, 239
Dimenstein, Gilberto, 175, XXXVIII
Dines, Alberto, 203, 204, 206, 146, 160, 161, 170, 173, 193
Diniz, Abílio, 223
Diniz, Gabica, 45
Dom Quixote, 83
Dráusio, (Dráusio Marcondes de Souza), 45
Duarte, Anselmo, 111
Duarte, Paulo Alfeu Junqueira, 44, 145
Dubeux, Rafael, 52, 54
Dutra, Eurico Gaspar, 53, 60, 67

Einstein, Albert, 27
Elpons, George, 76
Engels, (Friedrich), 245
Eremildo, o Idiota, 228

Faerman, Marcos, 235
Falcão, Armando, 160
Faria, José Eduardo, 171
Faria, Vilmar, 230, 151
Feder, Franklin, 200
Fernandes, Calazans, 245
Ferraz, José Carlos de Figueiredo, 215, 159
Ferreira, Aloizio Nunes, XXXIV
Ferreira, Oliveiros da Silva, 222
Ferreira, Waldemar, 55
Ferreira Neto, Quirino, 144, 116, VI

Fibe, Lillian Witte, 186
Figueiredo, João Baptista, 232, 234, 241
Fina [tia], 29
Fiocca, Demian, 189, 190
Fleury, Sérgio Paranhos, 154
Fonseca, Hermes Rodrigues da, 17, 18
Fonseca, Luís Assis, 57
Fontenelle, Américo, 105, 106, 107, 109
Francis, Paulo, 159, 170, 185
Franco Bahamonde, Francisco, 189, 189 [nota 31]
Franco, Itamar, 230, XXXIV
Frei Betto, (Carlos Alberto Libânio Christo), 153
Freitas, Firmino Rocha de, 108
Freitas, Janio de, 203, 240, 242, 149
Freud, (Sigmund), 88, 115
Freyre, Gilberto, 269, XXIV
Frias, família, 186
Frias, Felix (Kiki), 34, 183
Frias, Luís, 93, 185, 187, 199, 143, 250, 166, 167, 269, 174, 176, 178, 179, 255, 180, 181, 183, 186, 188, 191, 300, 192, 303, 193, 195, 313, 196.197, 199, XIV, XXIV, XXXII, XXXIV, XXXVI
Frias, Maria Cristina, 93, 94, 185, 199, 245, 183, 186, 187, 188, 189, 191, 194, 199, XIV, XXXIV, XXXIX
Frias Filho, Otavio, 209, 75, 93, 94, 224, 231, 120, 185, 187, 190, 237, 239, 199, 205, 143, 239, 146, 150, 151, 154, 157, 159, 160, 166, 167, 169, 170, 171, 172, 173, 174, 176, 178, 225, 185, 186, 187, 188, 191, 300, 192, 193, 194, 195, 260, 261.196, 197, 198, 199, XIV, XV, XXXIV
Frias de Oliveira, Dagmar, 93, 94, 111, 174, 186, 273, XI, XXI, XXXIII, XXXIV
Frota, Sylvio, 229, 231,152,196
Funaro, Dílson, 253, XXIII

Gabeira, Fernando, 296, XXXI

Gable, Clark, 101
Gambirasio, Alexandre, 223, 160
Gaspari, Elio, 226, 138, 228
Geisel, Ernesto, 229, 234, 134, 137, 152, 196
Giannini, Amadeo, 81
Gomes, Saulo, 106
Gomes, Severo, 145, 264, XXIV
Gomes, Venceslau Brás Pereira, 18, 23
Gomide, Antonio Gonçalves, 47
Goulart, João (Jango), 95, 103, 111, 149, 154, 155, X
Gouvêa, Américo Portugal, 58, 67
Gouvêa, Sebastião Portugal, 58, 67, 70
Graeff, Eduardo, 230, 247
Guimarães, Mário Mazzei, 118
Guinle, Guilherme, 20

Halliburton [empresário americano], 77, 78
Herz, Pedro, 168
Herzog, Vladimir, 147
Hitler, Adolf, 30, 57, 85
Hulk, 227

Itaboraí, barão de, 17
Itambi, barão de, 17

Jó [personagem bíblica], 91
Jofre, Éder, 101
Jost, Nestor, 253, XXIII

Kassab, Gilberto, 200
Kennedy, John Fitzgerald, 101
Keynes, (John Maynard), 213
Kipling, Joseph Rudyard, 200
Klinger, Bertoldo, 45

ÍNDICE ONOMÁSTICO

Kotscho, Mara, 151
Kotscho, Ricardo, 151, 185, 260, 261, 262, 263
Kruel, Amaury, 178, 155, XIII
Kubitschek, Juscelino, (JK), 95, 101, 103, 228, 257, XXIII

Lacerda, Carlos, 96, 225, 97, 106, 227, 149, 117, 125, X
Lafer, Celso, XXXIV
Lagreca [colega de trabalho], 35
Ladeira, César, 47
Lamarca, Carlos, 153, 157
Lamounier, Bolívar, 235
Lara, Douglas, 68
Laranjeira, Adilson, 233, 194, 261
Léger, (Fernand), 76
Leitão, (madame) Poças, 58
Leite, Marcelo, 174
Leite, Rogério Cerqueira, 247
Lemann, Jorge Paulo, 242, 243, 244, 198
Lembo, Cláudio, 258, 317, 200, XL
Lemos, Carlos Alberto Cerqueira, 70, 73, 74, 75, 218, 219, 221, 74 [nota 11], 228
Lemos, Celina, 220
Lepiani, Antônio, 154, 155
Levy, Herbert, 96, 135, 136, 159
Lima, Faria, 215, 217, XVII, XVIII
Lima, Haroldo Cerqueira (Leleco), 233
Lima, Luiz Fernando Cirne, 159
Lima, Octaviano Alves de, 38, 40, 59, 60, 64
Lima, Octaviano Augusto Alves de, 49
Lima Sobrinho, Barbosa, 175
Lins da Silva, Carlos Eduardo, 172
Lo Prete, Renata, 174
Lobato, Elvira, 175
Longo, Carlos Alberto, 236

Lopes, Isidoro Dias, 29, 45
Lopes, Mauro, 175
Lopes, Ruy, 206, 145, 160
(Loureiro), Lair Júnior [irmão de Octavio Orozimbo Roxo Loureiro], 56
Loureiro, Octavio Orozimbo Roxo, 56, 67, 70, 77, 78, 79, 82, 83, 219, 84, 87, 91, 92, 115, 162, 251
Lula, 30
Lulu, 30

Maciel, Marco, 235, 200
Magalhães, Antonio Carlos, 225, 303, XXXII
Maldonado, Francisco Cruz, 120
Malfatti, Anita, 27
Maluf, Paulo (Salim), 110, 225, 250, XIX, XXXIV
Mandic, (Aleksandar), 179
Maria [primeira mulher de Di Cavalcanti], 76
Maria Rosaura [prima], 21
Marieta [tia], 30
Marighella, Carlos, 153
Marinho, Roberto, 254, 285, 200, XXVII
Markun, Paulo, 184
Marques Filho, Cipriano, 71
Martins, Ives Gandra da Silva, 236, 237, 238, 240, XXIX
Martins, José da Silva, 237
Martins, (Mario Martins de Almeida), 45
(Martins), Paulo Egydio, 110, 258
Marx, (Karl), 166
Matarazzo, Andrea, 303, XXXII, XXXIV
Matarazzo, (conde) Francisco, 22, 60
Matarazzo, Francisco [filho], 60, 61, 62, 64, 84, 126
Matisse, (Henri-Émile-Benoît), 76
Matiussi, Dante, 233
Mattos, Carlos de Meira, 46 [notas]
Mazzaropi, (Amácio), 20

Medeiros, Borges de, 52
Meirelles, Alcides Ribeiro, 59, 61, 62, 64, 65, 112
Mellé, Jean, 136, 159
Mello, Hélio Campos, 263
Mendes, Antonio Manuel, XXXIV
Meneghetti, 33
Meneses, Raimundo de, 222, XX
Mercadante, Aloizio, 291, XXIX
Mesquita, família, 55, 222, 106, 117, 127, 134, 171, 261
Mesquita, Fernão, 171
Mesquita, Juca, 100
Mesquita, Júlio César, 171
Mesquita, Júlio (de), 44
Mesquita, Rodrigo, 171
Mesquita, Ruy, 126, 127, 171, 303, XXXII
Mesquita, Ruyzito, 171
Mesquita, Luiz Vieira de Carvalho (Zizo), 171
Mesquita Filho, Júlio de, 25, 100, 126, 132, 134, 189
Mesquita Neto, Júlio de, 222, 171
Miragaia, (Euclides Bueno Miragaia), 45
Miranda, Carmen, 43
Miranda, Tavares de, 168, XIII
Mirinha, 30
Monteiro, Edmundo, 178, XIII
Monteiro, Goes, 53
Montenegro, Benedito, 79, 91
Montoro, Franco, 247, 249, 264, XXIV
Moraes, Antônio Ermírio de, 211, 213, 214, 293, XXIX
Moraes, José Ermírio de, 211, 210, XVI
Moraes, Rubens Borba de, 228
Moreira, Delfim, 24
Mota, Carlos Guilherme, 25, 26, 61, 112, 163, 269
Moura, Wanderley de Araújo, 161, 162, 163, XXIV
Mourão, Gerardo Mello, 159

Müller, Filinto, 54
Mussolini, (Benito), 176

(Nabantino Ramos), João Batista, 61, 62
Nabantino Ramos, José, 59, 60, 61, 62, 63, 69, 73, 77, 84, 221, 84, 88,
        93, 95, 96, 98, 101, 111, 112, 113, 115, 117, 118, 119, 123,
        127, 136, 148, 154, 171, 251, 263
(Nabantino Ramos), Luís (Luisão), 60, 62, 84
Nassif, Luís, 92
Natel, Laudo, 168, 215, XIII, XVII
Navarro [capitão], 77
Negreiros, José Carlos de Almeida, 81
Nehring, Carlos, 54, 55
Neruda, Pablo, 207
Neves, Tancredo, 223, 153, 264, 257, 184, 263
Niemeyer, Oscar, 73, 74, 45, 219, 221, 100, 228, 132
Nieto, Armando, 63, 112, 113
Nixon, Richard, 205
Nogueira, Rose, 153
Noschese, Flavio, 144, 225, VI, XIX
Nunes, Augusto, 262

Oliveira, Armando de Salles, 53
Oliveira, Carolina Frias de (Carola),18, 30, 74, 220, 84
Oliveira, Elvira Frias de, 17, 19, 21, 22, 21, I, II
Oliveira, família, 17, 21
(Oliveira), Felix (de), 18, 21, 34, 68, I
(Oliveira), José (de),18, 21, 30, 88, I
Oliveira, Luiz Plinio de (avô de Frias), 17
(Oliveira), Luiz Plinio (de) (irmão de Frias), 17, 21, I
Oliveira, Luiz Torres de, 17, 18, 19, 20, 21, 22, 24, 37, 40, 60, 74, 97,
        83, 84, 219, V
(Oliveira), Maria Carlota (de) (Mocinha), 18, 22, 30, 94
Oliveira, Maria Rosaura (prima), I

Oliveira, Plínio Corrêa de, 217, 234, 269, XXIV
Oliveira, Rafael Corrêa de, 126
(Oliveira), Rosaura (de), 18, 58
(Oliveira), Vera (de), 18, 22, I
Oliveira, Zélia de (irmã), I
Oliveira, Zuleika Lara de, 69, 70, 74, 220, 88, 91, 93, 100, 101
Onaga, Hideo, 118
Otávio [cartunista], 135

Parente, Pedro, XXXIV
Passarelli, Gil, 190, 168, XV
Pati, (Francisco), 27
Patrocínio, José do, 76, 246
Peçanha, Nilo, 28
Pedarrieux, Jean, 20
Pelé, 135
Peralva, Oswaldo, 159
Pereira, Odon, 147, 148, 149, 150, 163, 166
Periscinoto, Alex, 207, 209
Perrone, Nelson, 49
Pessoa, Epitácio da Silva, 24, 27, 28
Pessoa, João, 37
Picasso, (Pablo), 76
Pinciroli Jr., Pedro, 138, 139, 140, 141, 142, 143, 175
Pinochet, Augusto, 225
Pinto, Magalhães, 163, XII
Pinto, Zélio Alves, 144
Pinto, Ziraldo Alves, 144
Poppovic, Pedro Paulo, 230
Portinari, Cândido (Candinho), 75, 76
Prado Junior, Caio, 222, XX
Prandi, Reginaldo, 151
Prestes, Júlio, 36
Prestes, Luís Carlos, 33, 53, 85

Prestes Maia, Francisco, 78, 79
Pucci, Orlando, 162
Puls, Mauricio, 38, 82

Quadros, Jânio, 64, 97, 101, 103, 110, 132, 195
Queiroga, Clóvis Medeiros de, 59, 60, 62, 64, 67, 69, 72, 77, 83, 221, 88, 111, 113, 114, 116, 117
(Queiroga), Edgard, 60, 83, 84, 89
(Queiroga), Eduardo, 59, 64, 72, 77, 83, 88, 98
Queiroga, Maria Zélia (de Oliveira), 17, 21, 59, 60, 64, 77, 83, 88
(Queiroga), Regina, 59, 64, 83, 88
Quércia, Orestes, 315, 147, 151, XXXVI
Quintas, Expedito, 245

Rabello, 51
Rachembacker, Lula, 123, 124
Ramadan, Ibrahim, 136
Ramos, Ieda Medeiros, 70
Ramos, Nilo, 190, XV
Rangel, Flávio, 241, 160
Rangel Pestana, Francisco, 144, 116, 158, 159, VI
Rao, Vicente, 120
Reale, Miguel, 56, 120, XXXIII
Rêgo, Victor Cunha, 171, 198
Reis, José, 116, 117, 118, 119, 125, 126, 127, 128, VIII
Reis, Mário, 43
Reis Velloso, João Paulo dos, 241, XXII
Resnais, Alain, 132
Ribeiro, Eduardo, 200
Ribeiro, Clóvis, 55, 58
Ribeiro, Pádua, 303, XXXII
Roberto, Vera Lia, 175
Rocca, Carlos Antonio, 241, XXII
Rocha, Glauber, 159

Rocha Diniz, Antônio de Pádua, 163, 126, 127, XII
Rodrigues, Antonio, 159
Rodrigues, Newton, 159, 171
Rosa e Silva, Cláudio Humberto, 175
Rossi, Clóvis, 221, 222, 223, 224, 225, 226, 229, 149, 175, 259, 260,
    261, 195, XXXVIII
Rossi, Marco Antonio, 200

Sá, Junia Nogueira de, 173, 174
Saad, João, 178
Sales, Campos, 24
Salgado, Plínio, 52, 53, 57
Salles, Apolônio, 254
Salles, Mauro, 254, 255, 256, 257
Sampaio, Agenor, 82
Sancho Pança, 63, 83, 87
Santayana, Mauro, 160
Santos, Mario Vitor, 173, 174
Santos, Silvio, 206
Sarney, José, 225, 235, 217, 153, 224, 246, 185, 291, XVIII, XXIX, XXXIV
Satie, Eric, 76
Scantimburgo, João de, 117
Schumpeter, (Joseph Alois), 211
Senk, Walter, 21
Serra, Joaquim, 246
Serra, José, 230, 247, 248, 249, 250, 251, 260, 315, XXXIII, XXXVI
Setubal, Francisca de Souza Aranha, 257
Setubal, Olavo Egydio, 109, 184, 257, 258, 259
Setubal, Paulo de Oliveira, 257
Silva, Antonio José da, 206
Silva, Edevaldo Alves da, 315, XXXVI
Silva, Luiz Inácio Lula da, 225, 261, 262, 317, XL
Silva, Orlando, 43
Silveira, Ênio, 220

Silveira, Joel, 126
Simonsen, Mário Wallace, 137
Simonsen, Roberto, 80
Simonsen, Wallace, 80
Smith, Adam, 248
Soares, Mário, 171
Soares, Vidal, 112
Sodré, Roberto Costa de Abreu, 225, 105, 106, 108, 225, 246, 253, XIX, XXIII
Sodré Filho, Levy, 225, XIX
Sousa, Paulo Renato, 315, XXXVI
Sousa, Washington Luís Pereira de, 33, 36, 85
Street, Jorge, 19, 21, 22, 24, 26, 29, 60, 74, 76, 77, 89, 109, III
(Street), Jorginho [filho de Jorge Street], 29, 89
Street, Luiz, 60
Street, Maria Zélia Frias, 18, 22, 60
Suplicy, Eduardo, 264, XXIV
Suplicy, Marta, 293, XXIX

Távora, Juarez, 38
Telles Júnior, Goffredo, 56
Temer, Michel, 303, XXXII, XXXIV
Testa [colega de trabalho], 35
Toledo, Pedro de, 47
Toledo Piza, João Domingos de, 93
Tolentino, 103
Trajano, José, 144
Tsé-tung, Mao, 72
Tuma, Romeu, 154, XXXIV

Ugolini, Sérgio, 210, XVI

Vargas, Getúlio (Dornelles), 20, 36, 37, 46, 52, 53, 57, 59, 67, 83, 85, 95, 225, 103, 254

Veiga, Evaristo da, 246
Vidigal, Gastão, 97, 98, 114, 115

Wainer, Samuel, 204, 206, 229, 118, 134, 135, 160
Wallace, DeWitt, 236
Wallace, Lila, 236
Whitaker, José Maria, 92

Xavier, Fernando, 200

Zerwes, Maria Helena de Toledo (Lena), 93, 185, 199, 186, 186, 187, 188, 192, XIV, XXXVII
Zweig, Stefan, 33

Este livro foi composto nas fontes Grothesque
e Fairfield e impresso em fevereiro de 2007 pela Prol Gráfica, em CTP,
sobre papel chamois bulk 80 g/m².